泰禹慈善基金全程资助文化项目

第十二辑

中華老學

诚至归一

主编 谢清果 宋崇道 詹石窗

九州出版社 JIUZHOUPRESS | 全国百佳图书出版单位

图书在版编目（CIP）数据

中华老学. 第十二辑 / 詹石窗，宋崇道，谢清果主
编. -- 北京 : 九州出版社，2025. 1. -- ISBN 978-7
-5225-3644-6

Ⅰ. B223.15

中国国家版本馆CIP数据核字第2025Q7J953号

中华老学·第十二辑

作　　者	詹石窗　宋崇道　谢清果　主编
责任编辑	郝军启
出版发行	九州出版社
地　　址	北京市西城区阜外大街甲 35 号（100037）
发行电话	（010）68992190/3/5/6
网　　址	www.jiuzhoupress.com
印　　刷	北京捷迅佳彩印刷有限公司
开　　本	720 毫米 ×1020 毫米　16 开
印　　张	17
字　　数	346 千字
版　　次	2025 年 3 月第 1 版
印　　次	2025 年 3 月第 1 次印刷
书　　号	ISBN 978-7-5225-3644-6
定　　价	76.00 元

本辑主题词："诚全归之"——《道德经》

《中华老学》编委会

诚全归之

——从儒、释、道三家浅议"诚"

（代序）

宋崇道 [①]

"诚全归之"出自老子《道德经》第二十二章："曲则全，枉则直，洼则盈，敝则新，少则得，多则惑。是以圣人抱一，为天下式。不自见故明，不自是故彰，不自伐故有功，不自矜故长。夫唯不争，故天下莫能与之争。古之所谓曲则全者，岂虚言哉！诚全而归之。" [②] 通俗解释意思是：委曲便会保全，屈枉便会直伸；低洼便会充盈，陈旧便会更新；少取便会获得，贪多便会迷惑。所以有道的人坚守这一原则作为天下事理的范式，不自我表现，反能凸显明了；不自以为是，反能是非彰明；不自己夸耀，反能得有功劳；不自我矜持，所以才能长久。正因为不与人争，所以遍天下没有人能与他争。古时所谓"曲则全"的话，怎么会是空话呢？它确实全面地归纳了处世之道。

"诚全而归之"，在这里，笔者认为文中承前启后，也可以解释为"品德齐全了自然就会归属"。字圣许慎就把"诚"解释为"信"。《说文解字》："诚，信也。从言，成声。"古人对于"诚""信"的理解，想必一开始就建立在人的道德自觉的基础上——作为伦理规范的"诚"，实际上并不像今天规劝商家"诚信"的那些大道理，肤浅无力，而是处于日常经验层面的人人自觉而为的为人之本。

诚，金文写作 𧧺（诚），其字形由 𢦏（成，实现、达到）、 𧧪（言，心声、承诺）

① 宋崇道，管理博士，《中华老学》集刊主编，《江西道教》执行主编，《袁州文旅丛书》执行总编，中国宗教学会理事，国家"十三五"规划文化重点工程——《中华续道藏》编修监委，华夏老学研究会常务副会长，江西师范大学宗教研究所客座教授，宜春学院兼职研究员，江西省道教协会副秘书长，宜春市道教协会会长，宜春市崇道宫住持。

② 王弼：《老子道德经注校释》，楼宇烈释，北京：中华书局，2008年，第55页。

构成，会意为"真心实意，信守言诺"。篆文䛐（诚）的字形源于金文，只不过将金文字形中的昌（言，契刻，言之凿凿）写成言（言，言为心声），叺（成）写成𢦏（成）而已。隶书誠（成）将篆书字形中的言（言）简写成言（言），𢦏（成）写成成（成），再经简化，遂成今天我们常用的高频字：诚。

图片引自：《象形字典》网站①

中华五千年悠久历史孕育着独特的文化，其中以行儒、明道、释佛为代表。儒、释、道文化形成的历史、社会背景不尽相同，内涵、追求、境界不尽相同，决定了其"诚信"精神既相通也不同。笔者则从儒释道三家之理解谈谈对"诚"的体悟。

一、儒家文化中的"诚"信——明诚信、修心性、执追求

"诚"是儒家道德的重要范畴。孔子认为君子应当"主忠信"（《论语·学而》《论语·子罕》《论语·颜渊》）。孟子说："诚者，天之道也，诚之者，人之道也。"（《孟子·离娄上》）较早将"信"与"诚"连在一起使用的是《逸周书·大匡解》："赋洒其币，乡正保贷，成年不尝，信诚匡助，以辅殖财。"在汉儒那里，则将"信"与"诚"的意思完全打通。《白虎通·性情》："信者，诚也，专一不移也。"儒家文化是"入世"的文化，有着鲜明的目标性、行为性、积极性，儒家诚信精神带着这样的明显特点。

"明诚信" 是重要体现。先秦文化对诚信问题做出较早的探释，《礼记》《荀子》等著作都有提及。"公生明，偏生暗，端悫生通，诈伪生塞，诚信生神，夸诞生惑。"（《荀子·不苟篇》）"身致其诚信，诚信之谓尽，尽之谓敬，敬尽然后可以事神明，此祭之道也。"（《礼记·祭统》）这说明了公、端悫、诚信的重要，诚信可以生神，可以通神。宋元明时期，以"程朱"为代表的"理学"和以陆九渊为首的"心学"，对诚信有更深的理解和阐述，认为信是"人之所固有，心之所同然"的普遍存在。

"修心性" 是主要方法。"君子养心莫善于诚，致诚则无它事矣。唯仁之为守，唯义之为行。诚心守仁则形，形则神，神则能化矣。诚心行义则理，理则明，明则能变矣。"（《荀子·不苟篇》）在儒家的集大成者荀子看来，"诚"是养心的前提，唯

---

① 《象形字典》网站．https://www.vividict.com/Public/index/page/details/details.html?rid=8596.

"诚"方能达成德行修养的精微境界。儒家诚信精神更多的在于把"诚信"作为修身立人的基本准则，孔子要求"言必信，行必果"（《论语·子路》）。"夫诚者，君子之所守也，而政事之本也，唯所居以其类至。操之则得之，舍之则失之。操而得之则轻，轻则独行，独行而不舍，则济矣。济而材尽，长迁而不反其初，则化矣。"（《荀子·不苟篇》）《弟子规》总序有"圣人训，首孝悌，次谨信"，把谨信作为育人要求的第二条。儒家强调，"诚"为慎独打开一道不欺暗室之门，感化万物，教化百姓。"诚"的养心之术不仅以道德修养为目的，更是一种身心践行的实践活动。

"执追求"是关键所在。《礼记·大学》："古之欲明明德于天下者，先治其国；欲治其国者，先齐其家；欲齐其家者，先修其身；欲修其身者，先正其心；欲正其心者，先诚其意；欲诚其意者，先致其知，致知在格物。物格而后知至，知至而后意诚，意诚而后心正，心正而后身修，身修而后家齐，家齐而后国治，国治而后天下平。……此谓知本，此谓知之至。""诚意"作为连接"格物""致知"与"正心""修身""齐家""治国""平天下"的节点，几乎每个有理想的中国知识分子都将其作为追求。也正是这种追求，浇铸在中华民族之魂最深处，才形成"士为知己者死""宁为玉碎，不为瓦全""有所不为，有所必为"的民族精神和信仰境界。

二、佛教文化中的"诚"信——善、戒、报、渡、成

佛教通过自律和他律两个方面来强调诚信。一曰善，"持善念，护善行"。自律方面，佛教强调持善念、护善行，这是个人内在的修行和道德提升。他律方面，佛教通过戒律和清规来规范信徒的行为，如不妄语、不欺诈等，确保信徒的行为符合诚信的标准。二曰戒，"守戒律，持清规"。佛教的戒律是诚信的基石。佛陀将不诚实、撒谎列为"十恶"之一，将"妄言戒"列为僧人的"第一戒"，强调了遵守戒律的重要性。三曰报，"诸善行，因果报"。佛教的三世因果观认为，一切行为都有因果报应，这种观念强化了诚信的重要性。通过诚信的行为，人们可以积累善业，从而在未来的生命中得到好的果报。四谓渡，"渡他人，渡众生"。在佛教中，诚信被视为一种强大的力量，能够赢得他人的信任和尊重。例如，《佛说鹿母经》的故事展示了通过诚信和承诺，即使是动物也能感动猎人，从而获得生存的机会。佛家的菩萨精神是用无我超脱的现实情怀，帮助芸芸众生实现涅槃彼岸。"慈悲同生、大悲同体"，一人信到渡人信、渡众生信，是自律到他律的升华。五谓成，"皆成佛，为净土"。佛教徒被视为诚信的践行者和引领者。在佛教经典和戒律中，佛陀要求弟子们说诚实话、不说妄语，这种教导不仅提升了个人的道德品格，也对整个社会风气和人际关系产生了积极影响。"过去佛、现在佛、未来佛"，"看一切皆是佛菩萨"，是

相信每个人都有佛心，都会成佛。

三、道教文化中的"诚"信——知道、求道、得道

不同于早期儒家所说的"诚"，道家主张"贵真"，故而以"真"论"诚"。《庄子·渔夫》曰："真者，精诚之至也。不精不诚，不能动人……礼者，世俗之所为也；真者，所以受于天也，自然不可易也。"精诚所至，金石为开，要以真诚待人，表里如一，不可虚伪。"故强哭者虽悲不哀，强怒者虽严不威，强亲者虽笑不和。真悲无声而哀，真怒未发而威，真亲未笑而和。真在内者，神动于外，是所以贵真也"（《庄子·渔夫》）。无论是"哭"是"怒"还是"亲"，都不能做作，要有真情实感，发自内心，这样才能打动人。道家主旨思想是自然和谐、超凡脱俗、返璞归真。

道家诚信的表象是"自然之道"，即知道。道家诚信的根本状态是"厚、实、真、善"。"大丈夫处其厚，大丈夫谓得道之君也。处其厚者，谓处身于敦朴。"（《老子河上公章句·论德》）"实者，欲以辅助万物自然之性也。"（《老子河上公章句·守微》）"真者，所以受于天也，自然不可易也。"（《庄子·渔夫》）"善者，以道修身也。不彩文也。"（《老子河上公章句·显质》）道家的"天地自然"、"人法地，地法天，天法道，道法自然"（《道德经·第二十五章》）、"游心于淡，合气于漠，顺物自然，而无容私焉"（《庄子·应帝王》）、"自然者，默之成之，平之宁之，将之迎之"（《列子·力命》），更多的是描述自然、领悟自然中的"知道"。道家不标榜"贤、善、美"，反对欲、利、争，崇尚厚、实、真，在推崇自然和谐的状态中，让求道者明了道的方向，追寻道的做法。

道家诚信的要求是"遵循大道"，即求道。成仙至道，是道家和道教所求，而大道不仅体现在自然里，也反映在求道者的德行中。《文子·符言》说："善怒者必多怨，善与者必善夺，唯随天地之自然而能胜理。"只有跟随天地的自然，才能战胜理。《列仙传·宁封子》说："奇矣封子，妙禀自然。铄质洪炉，畅气五烟。遗骨灰烬，寄坟宁山。人睹其迹，恶识其玄。"宁封子得道成仙，《张三丰先生全集·大道论》说："素行阴德，仁慈悲悯，忠孝信诚，全于人道，仙道自然不远也。"《聊斋志异》中的"崂山道士"的故事告诫人们心不正，即使学会旁门左道的小法术也会失去。清心释累、正心诚信是求道的必经之路。

道家诚信的目标是"实现至道"，即得道。"天地与我并生，万物与我合一。"（《庄子·齐物论》）得道者与道合真，天人合一，可得神通。得道的最高境界是与天地合一、与自然同化。"尧以天下让许由，许由不受……唯无以天下为者，可以托天下也。"（《庄子·让王》）"昔者庄周梦为胡蝶，栩栩然胡蝶也，自喻适志与！不知周

也。"(《庄子·齐物论》)"许由不受天下""庄周梦蝶"等，皆指教人们"实现大道"要看透得失、看淡彼此、看穿时空，把自己置于自然的状态，就不会"天下皆为利来利往"，更无所谓欺诈和不诚信。道家讲圣人行无言之教，感知诚信、追求诚信、实现诚信，从而达到知道、求道、得道。

四、传承中华文化，构筑现代诚信精神

诚信作为社会主义核心价值观个人层面的价值准则之一，是道德建设的重要内容，是构建和谐社会的重要纽带。

以"儒的执着"修炼诚信。人类作为世界灵知的最高文明，灵魂在于思想和信仰。要大力实施《新时代道德建设实纲要》，积极推进社会诚信体系建设，大力传承和发扬儒家"有所不为，有所必为"的精神，更加坚定地把诚信作为社会风尚的评判准则，以"个体"对诚信信仰的执着铸就诚信的广泛社会基础。通过开展创建评比表彰活动，倡导全社会崇尚诚信、遵循诚信、执守诚信。

以"佛的境界"推动诚信。佛学的五乘境界，反映了佛学渡己到渡人、渡众生的不同境界。切实发挥佛家思想对诚信建设的积极作用，一方面，传承发扬佛学小乘的"自律"要求，进一步强化社会各个群体对诚信的"戒守和护念"意识，切实加强对自心的清净进行如实守护，推动每一个躬身追寻"真善美"的人，实现"从俗归真、舍凡趋圣、由迷转悟"，以"自律"维护坚守诚信。另一方面，传承发扬佛学大乘的"他律"宗旨，以"心出世而身入世"为境界，以济世众生为追求，围绕"外布施""内布施""无畏布施"，以自我的诚信境界和追求，带动和推动众生诚信的精进、持戒、禅定、般若，建设社会主义诚信社会体系。

以"道的自然"充溢诚信。"大道不言""大道无言"，不是说"道"不能说，而是"道"本来就自然存在，诚信文化的最高状态应该是"道"。要以高度的文化自觉，按照"道"的方向，遵循社会发展规律，把诚信文化建设作为推进社会主义文化和核心价值观建设的重要组成部分，作为提升国家文化软实力的基本内容，着力搭建诚信文化的宣传平台，丰富诚信文化的宣传载体，建立诚信文化宣传养成机制，形成诚信文化的氛围。用创新实践推动、倡导诚信精神，传承诚信要求，宣传诚信行为，把知行合一的人生观，正道直行、忠信守诚的理想人格，凝聚成中华民族对世界、对生命的历史认知和现实感受，让诚信深入人心、融入社会。

诚信精神的社会融合性和历史继承性决定了现代诚信体系建设必须善于博采与融汇、吸收和借鉴、扬弃并创新，融通各家、兼容古今，才能把握时代特征，适应时代要求，为共建人类命运共同体的构建提供更多精神支撑。

目　录

特　稿

《道德经》"和"思想探析及应用

——以共建人类命运共同体为中心

宋崇道*

内容提要:《道德经》中的"和"思想深邃而博大,其中"冲气为和""和光同尘"以及"和怨无余"三种思想尤为突出,它们分别从不同角度展现了"和"的深层含义和实践方式。这三种思想相互补充,共同构成了《道德经》中"和"思想的丰富内涵,为我们提供了宝贵的思想资源和行为指南。因此,本文旨在探析《道德经》中的"和"思想,并探讨如何将其应用于构建"人类命运共同体"的实践中。

关键词:道德经 "和" 思想 人类命运共同体

一、引言

在当今这个瞬息万变的时代,世界正经历着前所未有的挑战与变革。文化之间的交织冲突,使得全球的文化格局变得错综复杂;局部战争的频繁爆发,给世界人民带来了深深的创伤;而国际形势的瞬息万变,更是让人应接不暇。各国之间的合作与竞争交织在一起,使得国际关系变得更加复杂多变。面对这样的全球背景,人们不禁开始思考,如何在这样一个剧烈而复杂的变革中,找到一条共同应对挑战、追求和谐共生的道路。

于是,习近平主席在出席博鳌亚洲论坛 2015 年年会时,顺时应势地提出了"通过迈向亚洲命运共同体,推动建设人类命运共同体"的倡议。这一倡议提出后,得

* 宋崇道,全国宗教界先进个人,瑞士维多利亚大学管理学院工商管理博士,美国琼斯国际大学心理学博士,《中华老学》集刊主编,江西省道教协会融媒执行主编,《江西道教》执行主编,《袁州文旅丛书》执行总编,中国宗教学会理事,《中华续道藏》(国家"十三五"规划文化重点工程)编修监委,世界道教联合会"东西道教合作计划"项目执行人、江西省道教协会副秘书长,宜春市道教协会会长,世界道教联合会国际友好会员单位、斯洛文尼亚道教协会缔结宫观——宜春市崇道宫住持。

到国际社会的强烈反响，"构建人类命运共同体"写入了联合国决议。①习近平主席还指出，当今世界，开放包容、多元互鉴是主基调。在21世纪人类文明的大家园中，各国虽然历史、文化、制度各异，但都应该彼此和谐相处、平等相待，都应该互尊互鉴、相互学习，摒弃一切傲慢和偏见。唯有如此，各国才能共同发展、共享繁荣。②

《道德经》作为中华文明的瑰宝，其深厚的哲学思想为我们提供了宝贵的智慧之源，其中的"和"思想作为构建和谐社会、推动社会和谐发展的思想基础，对于共建"人类命运共同体"具有重要的指导作用。《道德经》中的"和"思想深邃而博大，其中"冲气为和""和光同尘"以及"和怨无馀"三种思想尤为突出，它们分别从不同角度展现了"和"的深层含义和实践方式。这三种思想相互补充，共同构成了"和"思想的丰富内涵，为我们提供了宝贵的思想资源和行为指南。

二、冲气为和——人类命运共同体的基本准则

"冲气为和"出自《道德经》"万物负阴而抱阳，冲气以为和"。"阴阳"是《道德经》之朴素辩证思想的典型代表，老子认为万物氤氲阴阳之中，因阴阳运作而生，道则是阴阳双方的中和、平衡和统一，万物都背负着虚空之阴，而虚空之阴又拥抱着万物之阳，阴阳二气作为太极中的两个元素，在成为太极的过程中，也就是达道的过程中互相碰撞、激荡、交和，从而达到一种均衡之态。③因此，当阴阳调和之时，便会"冲气为和"。"冲气"和合而化生万物，天地万物本由中和之气而生，所以应当和谐相融，即便当前的意识形态是有所区别的，最终将归于统一。④而"人类命运共同体"同样强调各国之间的相互依存、共同发展和和谐统一。可以说，"冲气为和"就是"人类命运共同体"的理想状态，因此，"冲气为和"不仅仅是一个抽象的理念，更应成为我们共建"人类命运共同体"的基本准则。

"冲气为和"强调的是和谐与统一，它作为《道德经》中实现和谐社会的思想理念显得尤为关键。"人类命运共同体"的构建在这种思想中找到了完美的契合点。因此，我们应深入挖掘这一思想的深刻内涵，将其融入我们的行动和实践中去。要实现这一目标，就需要在文化领域秉持和谐统一的大局观，以推动文化的交流与互鉴，

---

① 潘从义：《人类命运共同体视域下人类共同价值体系构建研究》，湖北大学博士论文，2020年，第12页。

② 习近平：《共倡开放包容促和平发展》，《人民日报》，2015年，第002版。

③ 何潞潞，孙沁熠：《〈道德经〉中"和"文化的传承与发展路径探析》，《汉字文化》2024年第8期。

④ 于晓凌：《"人类命运共同体"视角下修辞范畴"和"的生成语境分析》，《泉州师范学院学报》2024年第1期。

减少文化的对立与冲突为目标。

首先，我们要放下文化霸权主义的傲慢和偏见。面对这些千差万别的文化，我们需要摒弃零和博弈的狭隘思维，以"冲气为和"作为基本原则，让各种文化相互借鉴，相互融合。其次，我们要积极发掘每一种文化背后的独特价值和魅力。不同的文化都有其独特的传统、价值和习俗，这些都是人类文明的重要组成部分。通过学习和交流，我们可以更深入地了解不同文化的精髓和魅力，促进对世界的理解和对不同文化的认同。同时，我们要采取开放包容的政策。在全球化的浪潮中，各国人民的交流日益频繁，彼此之间的联系也越来越紧密。我们应鼓励不同文化之间的交流与合作，通过增进各国人民的友谊与信任，为构建"人类命运共同体"打下坚实的基础。

文化多样性是人类社会的重要特征之一，也是推动人类社会发展的重要动力，因此，任何试图将自己的文化强加于人的做法都是不可取的。我们应该在尊重差异的基础上，推动不同文化之间的交流与融合，增进各国人民的友谊与信任，促进不同文化之间的和谐共处，为人类社会的繁荣发展注入新的活力和动力。

三、和光同尘——人类命运共同体的价值取向

"和光同尘"出自《道德经》中"和其光，同其尘"。所谓"和光同尘"，不只是"光"对"尘"的宽容，也可能意味着"尘"对"光"的转化与治疗，这样才是"光与尘"的"相师与相资"，平等的"共生与共荣"。这个时候的"共生"，就不只是单方面的宽容，而是双方都被丰富化，彼此也都能容纳更多不同脉络的生命故事。① 然而，道生万物之后道散为器，逐渐形成了千差万别的客体形态，同时也形成了主体对客体的认识与价值判断的千差万别。② 这就导致了"光与尘"平等共生的难以实现。因此，要想达到"和光同尘"的境界，就不应有分别之心，做到平等互助与和谐共生。这也是老子的公平观，所以老子又说："天之道，损有余而补不足。"老子主张的公平，不是绝对平均主义，而是要通过消灭"有余"弥补"不足"达到公平。③ 这种观念，便是共建"人类命运共同体"需要坚持的正确价值取向。

在"和光同尘"的价值观指引下，我们能进一步深化对国际关系的理解。这种理解不仅仅停留在表面的合作与共赢，更在于深层次的相互依存和共生共荣。随着

---

① 林明照、陈赟、赖锡三、莫加南、苏泓璋、李志桓:《〈老子〉:"无弃人，无弃物"的"和光同尘"之道》，《商丘师范学院学报》2022 年第 1 期。

② 钱同舟:《"和光同尘"与"心斋":老庄身心和谐思想及其当代价值》，《学术交流》2009 年第 5 期。

③ 周勤勤:《老子和谐社会思想评析》，《中国社会科学院研究生院学报》2008 年第 3 期。

全球化的深入发展，各国之间的利益交织愈发紧密，任何一国的决策和行动都可能对其他国家产生深远的影响。

因此，大国在引领和带动国际发展中扮演着举足轻重的角色。它们拥有更为丰富的资源和先进的技术，更应承担起更多的责任和义务。这种责任并非简单的经济援助或技术输出，更重要的是通过提供发展理念、政策指导、市场机遇等方式，帮助小国和发展中国家实现可持续发展。同时，大国在帮扶小国的过程中，应坚持平等与尊重的原则。这意味着帮扶不是一种施舍或怜悯，而是一种基于共同利益和共同命运的合作。大国应尊重小国的主权和选择，鼓励它们根据自身国情和发展需要，制定适合自己的发展道路。同时，大国也应积极倾听小国的声音，了解它们的关切和诉求，共同推动国际关系的民主化和多元化。

在构建更加合理、有效的国际秩序方面，各国应在公平正义、平等协商的基础上，共同制定和遵守国际规则和标准，确保每个国家都能享有平等的发展权利和机会。此外，国际合作与共赢的实现需要各国之间的共同努力和智慧。这就要求各国应加强在科技创新、环境保护、气候变化等领域的合作与交流，共同应对全球性挑战。同时，各国也应加强文化交流与互鉴，增进彼此之间的理解与信任，推动形成更加和谐、包容、稳定的国际环境。最终，通过合作与共赢，创造一个由全人类共享的和谐的世界，实现"人类命运共同体"的共建。

四、和怨无余——人类命运共同体的实现途径

《道德经》第七十九章所言："和大怨，必有余怨。"这一深刻洞见，揭示了和解"大怨"的局限性。即便表面上的矛盾得以平息，但内心深处的余怨仍如暗流涌动。这种处理方式，显然无法彻底根除怨恨，也非理想之道。老子接着提出的"是以圣人执左契，而不责于人。故有德司契，无德司彻"，便为我们指明了达到"无余怨"境界的途径。有德者不责于人，不令怨生，正是消除怨恨、避免冲突升级的关键。在面对当今世界的资源争夺、政治紧张、战争频发等挑战时，一定不要做出可能产生"大怨"的行为。只有如此，才能实现真正的和谐共生，达成共建"人类命运共同体"的目标。

"和怨无余"作为实现"人类命运共同体"的重要途径。其主旨在于，通过消除怨恨和隔阂，从而降低冲突的可能性。因此，各国应积极开展文化交流、教育合作等活动，并遵守国际法，以和平的方式解决分歧和争端，避免使用武力，以免加剧矛盾和冲突。所以老子还提出了"兵者，不祥之器，非君子之器"的观点，明确反对战争，倡导和平与非侵略的原则。和平思想的根本还是要有一颗公心，有天下为

公的大胸怀，而不能有天下为我的私心私欲。霸权政治、强权政治实际上就是一个"私"字在作祟，公平、公正、公道，是和平共处的前提和基础。①

也正如习近平主席所言："和平、和睦、和谐是中华文明五千多年来一直传承的理念，主张以道德秩序构造一个群己合一的世界，在人己关系中以他人为重。倡导交通成和，反对隔绝闭塞；倡导共生并进，反对强人从己；倡导保合太和，反对丛林法则。"② 和平与发展已成为时代的主题，但目前国际形势依然复杂多变，局部冲突和战争时有发生。这种局面不仅给当事国带来深重灾难，也严重阻碍了全球经济的复苏和人类社会的进步。

因此，各国更应坚定拒绝战争、积极倡导和践行和平理念的决心。通过对话、协商和谈判等友好协商的方式达成共识，解决分歧和争端，是维护世界和平稳定的有效途径。同时，我们要坚持共同、综合、合作、可持续的新安全观。这一观念强调各国在维护自身安全的同时，不可视他国安全于不顾。在共享资源、共担责任方面，应秉持天下为公之心，以"人类命运共同体"的大胸怀去思考和行动，积极参与全球治理体系的改革与完善，推动国际组织更好地发挥作用。

只有各国共同秉持和平理念、坚持共同安全观，才能推动形成更加有效的全球治理体系，确保各国在应对全球性挑战时能够共享资源、共担责任、抓住机遇、推动人类社会的进步与发展。

五、结论

在当前的全球格局下，世界事务的复杂性日益凸显，迫切需要各国共同协商、合作解决。建立有效的国际机制、严格遵守国际规则、共同追求国际正义，已成为国际社会的广泛共识。习近平主席提出的"人类命运共同体"理念，正是对当今世界这一基本事实的深刻洞察和积极响应。《道德经》作为中华文明的瑰宝，其深厚的哲学思想为我们提供了宝贵的智慧之源。其中的"和"思想，作为构建和谐社会、推动社会和谐发展的思想基础，尤其值得我们深入研究和借鉴。这一思想强调和谐、和平、和睦的价值观，与共建"人类命运共同体"的理念高度契合，对于指导我们应对全球性挑战、推动构建开放包容、共同繁荣、持久和平的世界具有极其重要的意义。

"和"思想在《道德经》中不仅是一种价值观，更是一种方法论。它强调万事万

---

① 汪家琪、翟奎凤：《中华文明五大突出特性的哲学基础和内在逻辑》，《周易研究》2024年第1期，第107页。

② 习近平：《在文化传承发展座谈会上的讲话》，《求是》2023年第17期。

物之间的相互联系和相互依存，认为只有通过调和、中和等方法，才能使事物达到和谐的状态。这一思想告诉我们，在处理各种问题时，我们需要综合考虑各种因素，寻求平衡点，使各方利益得到妥善照顾，从而达到和谐共处的目的。当今世界，全人类正处在"地球村"这个共同体中，各国人民的相互依存度达到前所未有的程度，任何单方面追求自身利益而损害他国利益的行为，都是短视和不可持续的。这种损人利己的举动，最终只会导致自身陷入困境。相反，我们应该秉持"人类命运共同体"的理念，以合作共赢为目标。在构建"人类命运共同体"的过程中，我们需要将"和"思想贯穿于各个领域和层面。首先，以"冲气为和"作为基本准则，尊重与包容文化多样性，推动不同文明之间的交流与互鉴。其次，以"和光同尘"作为价值取向，平等互助，加强合作，推动全球经济的繁荣与发展。最后，以"和怨无余"作为实现路径，尊重各国的主权和独立，止战维和，推动建立公平正义的国际秩序。

通过这一过程，我们不仅能够更好地传承和弘扬中华传统"和"思想，也能够为构建"人类命运共同体"，实现人类社会的和谐与稳定贡献独特的中国智慧和中国方案。

《道德经》古代注疏研究

《老子》河上公本探原

汪韶军*

内容提要： 今传《老子》河上公本，已非其旧。若径直用它去校改出土四本，可能会造成一些不必要的讹误。我们先需尽量回到它的原貌，为此，应主要依据河本系统自身与河上注进行校订，同时注意出土简帛、其他传世本、古人引述的佐证功能。相对于王卡点校本，本次校勘增补43字，删削10字，改动20处，恢复到底本13处。这些异文共涉及四十二章，多数没有引发经义上的歧变，但更贴近了河本的原貌，也使几处经义变得直白而不容歧解。

关键词：《老子》　河上公本　校勘　原貌

基金项目： 国家社科基金后期资助项目"可能的《老子》——文本对勘与思想探原（道篇）"（项目编号：16FZX004）

　　笔者这些年基于出土四本（郭店楚简本、马王堆帛甲本、马王堆帛乙本、北大汉简本），参以敦煌五千文本、传世重要版本（河上公本、王弼本、严遵本、傅奕本、范应元本等）[①]，对诸本进行逐字比对和校勘，以期尽可能贴近《老子》文本之旧观。这项工作要求用于比对的版本首先必须确凿可信，否则可能导致用有问题的版本去改动正确版本的现象。

---

　　* 汪韶军（1973—　），男，浙江淳安人，北京大学哲学博士，海南大学人文学院教授，研究方向：老庄哲学、魏晋玄学、禅宗、美学、道德哲学与政治哲学。

　　① 以下分别简称为楚简、帛甲、帛乙、汉简、五千本、河本、王本、严本、傅本、范本。本文所用河本经注皆以《四部丛刊》所录影宋本为底本。河本以外的诸本信息如下：楚简据荆门市博物馆：《郭店楚墓竹简》，北京：文物出版社，1988年；帛书两本据国家文物局古文献研究室：《马王堆汉墓帛书》（一），北京：文物出版社，1980年；汉简本据北京大学出土文献研究所：《北京大学藏西汉竹书》（二），上海：上海古籍出版社，2012年；五千据 P.2584、S.6453 等敦煌写卷，李德范辑：《敦煌道藏》（三），北京：全国图书馆文献缩微复制中心，1999年，第 1149—1155、1158—1173 页；傅本据傅奕：《道德经古本篇》，《道藏》第 11 册，北京：文物出版社；上海：上海书店；天津：天津古籍出版社，1988年，第 482—489 页；范本据范应元：《老子道德经古本集注》，《续古逸丛书》本；王本据《道藏》第 12 册所收《道德真经注》；严本据王德有点校：《老子指归》，北京：中华书局，1994年。

众所周知，古今流传最广的《老子》版本当数河本（唐代至清初王本传世甚稀）。然而流传时间越长、流通地域越广，其遭到有意无意改窜的可能性也就越大。这就使得我们今天所见的，都已不再是原来意义上的河本。目前大陆学界所用河本，多据王卡点校的《老子道德经河上公章句》。王先生以影宋本为底本，结合其他一些版本，对河本经注做了细致的校勘。但此点校本仍有未尽人意处，较为突出的有两点：其一，一些本不属于河本系统的版本，被用来校订河本。比如，王先生用以参校的唐强思齐本、金李霖本，属唐玄宗开元御注本一系；所用的北宋集注本、南宋彭耜本，属宋徽宗政和御注本一系。这些版本的运用，可能造成不同版本间不必要的窜乱。其二，一些非常重要、本可为河本校订提供有力支撑的版本，却未被用作参校本，比如属河本一系的景福碑本、应安本，还有当时已面世多年、可以佐证河本有关字句的帛书两本。

笔者在此将自己的任务设定为尽量回到河本的原貌。具体操作是，仍以影宋本为底本，主要依据河本系统自身与河上注进行校订，同时注意出土简帛、其他传世本、古人引述的佐证功能。以下先简要介绍河本系统中较早、较重要的版本，然后在底本基础上进行校订。其中，王卡已做而为笔者所认同的校订，不再重复。

一、河本系统简介

1.影宋本：《四部丛刊》影印南宋建安虞氏刊本，笔者用作底本。

2.天禄本：南宋初年吕祖谦《音注河上公老子道德经》，序后题有"麻沙刘通判宅刻梓于仰高堂"，后收入《天禄琳琅丛书》。

3.龚本：南宋景定改元（1260）龚士卨《纂图附释文重言互注老子道德经》，南宋建刊巾箱本。

以上三本时间上应是天禄本在先，龚本殿后；版式上，天禄本最为精美，龚本则刻印拙劣。天禄本虽经吕祖谦校正，但其明显错误约有 25 处；影宋本错误近 20 处；龚本大致相当。总体而言，三本经文雷同，表现为错都错成一样。本次校勘，除偶尔可正影宋本之误以外，不再提及天禄本、龚本。

4.治要本：成书于唐初的《群书治要》卷 34 采撷了《老子》部分经文，计 2111 字，并系以河上公注。笔者据日本天明本《群书治要》，收于《四部丛刊》。

1900 年，敦煌莫高窟藏经洞惊现大量经卷，之后散落到国内外。截至目前，共发现内含 70 余件《老子》写卷。学界认为它们多属河本系统，实际情况并非如此。经仔细比对，笔者发现约 50 件应被单独列为五千本。尽管其中几件末题"太极左仙公序系师定河上真人章句"，但五千本实与河本存在较大差异（笔者另文讨论这一现象，此处不赘）。严格地说，70 多件写卷中只有 9 件属河本，其中注本 5 件、白文本 4 件，情况如下。

5. S.477：河上公注本，残留第 3—20 章。抄手比较粗心，经文部分抄错、抄漏、抄反者至少有 7 处。①

6. S.4681V+P.2639：河上公注本，两件缀合后残留第 38—77 章。抄手较为粗心，经文部分多处抄错、误衍、漏抄，分章乱。②

7. S.3926：河上公注本，残留第 39—81 章，后半部分错讹明显增多，有抄错、抄漏、抄反等现象。③

注本除上列四件以外，尚有 BD00004V，然其经文部分仅 14 字，不具校勘价值。

8. P.3895：白文本，残留第 49—55 章。抄手很粗心，多处抄错、误衍、漏抄，分章乱。④

9. 散 0668E：原罗振玉贞松堂藏，白文本，残留第 62—73 章。抄手很粗心，多处抄错、误衍、漏抄，分章乱。⑤

10. P.2420：白文本，其底本为河本，又杂以五千本，用它参校时需谨慎。只存德经部分，抄手也较为粗心。⑥

白文本除上列三种以外，还有 S.5920，此残片仅存 92 字，校勘价值不大。

11. 意林本：马总（？—823），唐代中期学者，其《意林》卷 1 摘抄了部分《老子》经文，计 626 字，并系以河上公注。笔者据武英殿聚珍版《意林》，收于《四部丛刊》。

12. 广明本：此为道德经幢，立于唐僖宗广明元年（880），白文本，八面刻，第四面第五行题"老子德经河上公章三"。清道光丁酉（1837），此幢在泰州出土，残损严重，可辨识的经文字数仅 900 余。⑦

13. 景福碑本：唐昭宗景福二年（893）立于河北易县龙兴观，额题"老子道德之经"，白文本，残损与难以辨识部分 160 字左右。拓片照见严灵峰辑《石刻道德经十一种》。

---

① 李德范辑：《敦煌道藏》（三），第 1321—1332 页。
② 李德范辑：《敦煌道藏》（三），第 1333—1345 页。
③ 李德范辑：《敦煌道藏》（三），第 1346—1372 页。
④ 李德范辑：《敦煌道藏》（三），第 1289—1290 页。
⑤ 李德范辑：《敦煌道藏》（三），第 1291—1294 页。
⑥ 李德范辑：《敦煌道藏》（三），第 1277—1287 页。
⑦ 拓片照见严灵峰辑：《石刻道德经十一种》，《无求备斋老子集成初编》，台北：艺文印书馆，1965 年。另可参考吴云：《二百兰亭斋金石记》，清咸丰六年归安吴氏刊本。后魏锡曾（1828—1881）亦辨识过，其《校老子》末附有此幢，见熊铁基、陈红星主编：《老子集成》第 11 卷，北京：宗教文化出版社，2011 年，第 345—346 页。

14. 刘惟永本：刘氏搜罗百家注老著作，经十余年，于元大德三年（1299）编成大型集注《道德真经集义》。但令人痛心的是，仅百余年，此书便已佚失大部。明初编纂《正统道藏》时仅存第1—11章经注。①

15. 应安本：河上公注本，抄于应安六年（1373），是日本最早的《道德经》抄本。

16. 道藏本：《道德真经注》4卷，题"河上公章句"，抄手非常粗心，错误很多。②

明清刻本（如世德堂本、四库全书本）本于宋刻本，不再作为参校本。

二、增补41字

补一"所"字：第1章人们熟悉的"以观其徼"，帛书两本、汉简本却作"以观其所噭/傲"。河上注曰："可以观世俗之所归趣也"，可知河本尚有"所"字，据补。五千本一系亦可为证，如P.2584、P.2370作"观所噭"，P.2596作"观所徼"。

补六"之"字：第2章"故有无相生，难易相成，长短相形，高下相倾，音声相和，前后相随"，六"相"字上应各有一"之"字。景福碑本、应安本有六个"之"字，道藏本有四个（另两个乃漏抄），广明本尚存两个。李道纯、郑成海、王卡反认为属衍文而将其删除，非是。出土四本、傅范两本皆有诸"之"字，据补。③

补一"其"字：第4章"吾不知谁之子"，刘惟永本同。S.477、景福碑本、应安本、道藏本"谁"上皆有"其"字，帛乙与汉简亦有，当补。

补一"之"字：第6章"是谓天地根"，刘惟永本同。S.477、景福碑本、应安本、道藏本"根"上皆有"之"字，简帛与傅本亦有，当补。

补一"也"字：第9章末尾"天之道"，治要本、景福碑本作"天之道也"。有"也"字近古（"近古"意指近于出土简帛，下同），河上注"此乃天之常道也"亦可证，另外本章几乎全是四字句，据补。

补六"乎"字：第11章"载营魄抱一，能无离。专气致柔，能婴儿。涤除玄览，能无疵。爱民治国，能无知。天门开阖，能无雌。明白四达，能无知"，六句末尾，S.477、景福碑本、应安本、道藏本皆有"乎"字，当补。李道纯、刘师培、朱谦之、王卡反将其删除，比如王卡认为："譣六句经文之河上公注，皆为陈述语气，不当有

---

① 《道藏》第14册，第57—308页。
② 《道藏》第12册，第1—23页。
③ 范本应是唐宋间人士以傅本为底本加工而得，二者同属一个系统，故称"傅范两本"。有关这方面的考证，详见汪韶军：《范应元古本〈老子〉当源出于傅奕本》，《中国道教》2019年第5期。

疑问助词'乎'。"①此说不足据。一则"能无疵"下河上注乃反问语气："不淫邪也，净能无疵病乎？"二则王弼将六句理解为陈述句，但王本有六"乎"字。实际上，除五千本一系以外，地上地下各本都应有"乎"字。无"乎"字者，盖受五千本影响而删（五千本删除大量虚字以凑成5000整，故有"减字本""省字本"之称）。

补一"以"字：第13章"则可寄于天下"，S.477、景福碑本、应安本、道藏本"可"下均有"以"字，出土四本、傅范两本亦有，当补入，正与下文"乃可以托于天下"相偶。

补二"矣"字：第13章末尾"寄于天下""托于天下"后，应安本皆有"矣"，广明本第一处有"矣"，近古，据补。

补一"兮"字：第14章"绳绳不可名"，S.477、景福碑本、道藏本"绳绳"下有"兮"字，更接近原貌，因为帛书两本此处有"呵"（传世本"兮"，帛书本皆作"呵"），傅范两本有"兮"，据补。

补四"焉"字：第18章："大道废，有仁义。智惠出，有大伪。六亲不和，有孝慈。国家昏乱，有忠臣。"广明本"有仁义""有大伪""有孝慈"上皆有"焉"字（若非残损，还应有第四个"焉"字），近似于简帛；应安本有前二"焉"字。诸"焉"字，简帛作"安"或"案"。"安""案""焉"在此作为连词，意为"乃"。②河上注中"乃"的多次出现，似乎也印证了有诸"焉"字，据补。

补一"其"字：第20章"忽兮若海"，道藏本同，广明本、景福碑本、应安本作"忽兮其若海"，多一"其"字，与它本相合。事实上，除五千本无"其"，其他诸本皆应有，据补。

补一"于"字：第26章"而以身轻天下"，治要本、景福碑本、应安本、道藏本"轻"下皆有"于"字，简帛亦有，"于"字突出此处是对身与天下做一比较，据补。

补五"者"字：第27章"善行……善言……善计……善闭……善结……"，景福碑本、应安本于其后皆有"者"字；广明本有前三个，下文残；道藏本也有三个，另两处漏抄；意林本只抄了两句，但有一"者"字。简帛、傅范两本皆有，兹补入。河上注："善行道者""善以道计事者""善以道闭情欲、守精神者""善以道结事者"，也证应有诸"者"字。

补一"于"字：第30章"不以兵强天下"，治要本、景福碑本、应安本、道藏本"强"下皆有"于"字，简帛亦有，据补。

---

① 王卡点校：《老子道德经河上公章句》，北京：中华书局，1993年，第37页。
② 详细分析见汪韶军：《"智慧出，有大伪"是衍文吗？》，《南昌大学学报》（人文社会科学版）2017年第6期。

补一"也"字：第 31 章"是乐杀人"，治要本、景福碑本、应安本末有"也"字，帛书两本、傅范两本皆有。河上注有"也"，亦可佐证。

补一"则"字：第 31 章末尾"战胜以丧礼处之"，治要本、景福碑本、应安本、道藏本"战胜"下皆有"则"字，与楚简同，据补。

补一"焉"字：第 32 章"民莫之令而自均"，广明本、景福碑本、应安本末有"焉"字，近古，据补。

补一"皆"字：第 50 章"人之生，动之死地"，P.2639、P.3895、S.3926、景福碑本、应安本"动"下有"皆"字，简帛亦有，据补。然河上注中两度出现"动之死地"。

补一"以"字：第 54 章"子孙祭祀不辍"，P.3895、道藏本同；P.2639、S.3926、景福碑本、应安本皆作"子孙以祭祀不辍"，多一"以"字，出土四本亦有，据补。

补一"之"字：第 68 章"善用人者为下"，"为下"，唯应安本作"为之下"，然下句河上注曰："谓上'为之下'也，是乃不与人争之道德也。"可知河上所见乃"为之下"，据补。实际上，除五千本以外，地上地下各本皆作"为之下"。无"之"字者，盖受五千本影响而删。

补一"也"字：第 68 章末尾"古之极"，散 0668E、景福碑本、应安本、道藏本皆作"古之极也"，帛书两本、傅范两本亦有"也"字，据补。

补一"矣"字：第 74 章"吾得执而杀之，孰敢"，治要本、P.2639、S.3926、P.2420、景福碑本、应安本句尾皆有"矣"字，简帛亦有，据补。

补一"其"字：第 74 章"希有不伤手矣"，P.2639、P.2420、意林本、景福碑本、应安本、道藏本"手"上皆有"其"字，据补。实际上，所有版本均应有此字。

三、删 10 字，补 1 字

删"以为室"：第 11 章"凿户牖以为室"，传世各本皆如此，出土简帛则皆无"以为室"。观河上注"谓作屋室"，可推知河本亦应作"凿户牖"，否则"谓作屋室"便成多此一举，兹删"以为室"三字。

删一"之"字：第 28 章"圣人用之则为官长"，河上注云："圣人升用则为百官之元长也。"疑河本原无"之"字，简帛亦无。且此处意为圣人被用，而非圣人用他人，有"之"反引起语义混乱，据删。①

删一"敢"字，补一"焉"字：第 30 章"善者果而已，不敢以取强"，清俞樾指出："'敢'字衍文。河上公注曰：'不以果敢取强大之名也。'注中'不以'二字

---

① 汪韶军：《〈老子〉"大制无割"之章属及其义涵》，《中国道教》2021 年第 4 期。

即本经文，其'果敢'字乃释上文'果'字之义，非此文有'果'（当作'敢'——笔者注）字也。今作'不敢以取强'，即涉河上注而衍。"①俞说是，出土简帛、五千本均无"敢"字，当删正。另，治要本、广明本、景福碑本、应安本句末皆有"焉"字，同帛书两本，据补，故"不敢以取强"订正为"不以取强焉"。

删"而无不为"：第37章"道常无为而无不为"，传世各本皆如此，然出土四本均无"而无不为"。河上注云："道以无为为常也。"由此推断，河本似亦无"而无不为"。第48章"无为而无不为"，"无不为"是"无为"的目的和效果，侯王可以守"无为"，但不能说守"无不为"。第37章"而无不为"盖涉第48章而增衍，今删正。

删一"德"字：第51章"故道生之德畜之……"，河上注："道之于万物，非但生之而已，乃复长养、成孰、覆育……"，则河本此处似无"德"字，应安本便作"故道生之畜之"。简帛皆无此字，据删。

四、校改 20 处，并补 1 字

改"若存"为"或存"：第4章"湛兮似若存"，刘惟永本、道藏本同。后二字，S.477、景福碑本、应安本作"或存"，同于简帛，据改。

改"谷神"为"浴神"：第6章"谷神不死"，"谷"，《经典释文》曰："河上本作'浴'。浴者，养也。"②"浴"字近古，今河本经注皆作"谷"，乃后人所改。③

改"不争"为"有静"：第8章"水善利万物而不争，处众人之所恶"，河上注："众人恶卑湿垢浊，水独静流居之也"，表明其所见经文必非"不争"。此二字帛甲作"有静"，河本盖亦如此，此句当改读为"水善利万物，而有（又）静处众人之所恶"。帛乙、汉简"有争"应是"有静"之假借。④

改"治国"为"活国"：第10章"爱民治国"，"治"，《经典释文》称"河上本又作活"⑤。查河上注："治国者，爱民则国安"，从这一条件句推测，河本经注确宜作"活国"。此处帛甲残，帛乙作"栝国"，"栝"乃"活"之假借；汉简作"沽国"，"沽"乃"活"之形讹。换个角度看，"治"在《老子》中属常用字，出现近10次，如果此处真要表达"治国"，为何简帛不直写作"治"？而按传世本统计，"活"字只出现过1次，即第73章"勇于不敢则活"。彼处"活"，帛甲、帛乙作"栝"，汉

① 俞樾：《诸子平议》，北京：中华书局，1954年，第150页。
② 陆德明：《经典释文》，北京：中华书局，1983年，第356页。
③ 更详尽的论证见汪韶军：《〈老子〉重要争议性字词考辨》（一），《南昌大学学报》（人文社会科学版）2019年第2期。
④ 汪韶军：《〈老子〉重要异文汇校辨正》，《海南大学学报》（人文社会科学版）2023年第2期。
⑤ 陆德明：《经典释文》，第356页。

简作"枯",情况与本章相仿,可证本章亦当作"活",据改。盖历史上有加工者认为"活国"甚不辞,故改为"治国"(或因形近而讹)。其实先秦"活"字作使动用法的例子并不鲜见,比如《左传·哀公十七年》:"活我,吾与女璧。"《战国策·燕策一》:"上以活主父,下以存主母也。"《庄子》中更多,《至乐》篇说:"吾未知善之诚善邪?诚不善邪?若以为善矣,不足活身;以为不善矣,足以活人。"《外物》篇:"君岂有斗升之水而活我哉?"《天下》篇:"愿天下之安宁以活民命。"

改"无知"为"无以智":第 10 章"爱民治国,能无知","能无知",S.477、景福碑本、应安本同,刘惟永本、道藏本作"能无为"。王卡认为:"作'能无为'是。若作'能无知',则与后文'明白四达能无知'句重复。"① 这也是学界多数人的观点。然河上注曰:"治国者布施惠德,无令下知也",没有"无为"的意味。《经典释文》出"以知乎"三字,并云:"河上本又直作'智'。"② 由此推断,王弼本此处盖作"无以知乎",河本则作"无以智乎",正与它本高度相合。傅范两本即作"无以知",而帛乙与汉简分别作"毋以知""毋以智"。综上,笔者将此句校定为"爱民活国,能无以智乎"。

更改句序:第 14 章"迎之不见其首,随之不见其后",广明本、景福碑本、应安本两句互倒,同于简帛,据乙。《文选》卷 59《头陁寺碑文》有"随迎不见其终始",李善注引:《老子》曰:随之不见其后,迎之不见其首。③ 当即据此类河本。

改"是谓复命"为"静曰复命":第 16 章"是谓复命",S.477、景福碑本同;应安本、道藏本作"静曰复命",奚侗、蒋锡昌、郑成海认为当如此。按,"静曰"近古,亦更合本章屡用的顶真手法,且河上注"言安静者是为复还性命"似亦针对"静曰复命"或"静是谓复命"而发。若经文作"归根曰静,是谓复命",易使人理解为归根是谓复命。

改"功成事遂"为"成功遂事":第 17 章"功成事遂",S.477、景福碑本、应安本作"成功遂事",近古,当从。东晋王坦之《废庄论》亦有:"成功遂事,百姓皆曰我自然。"④

改"于"为"在":第 24 章"其于道也",从河上注"使此自矜伐之人,在治国之道"判断,似应作"其在道也",且河本以外诸本皆如此,据改。

改"不割"为"无割":第 28 章末尾"大制不割",据河上注"以大道制御天下,无所伤割",当作"无割"。其实地上地下诸本皆应作"无割"。

① 王卡点校:《老子道德经河上公章句》,第 39 页。
② 陆德明:《经典释文》,第 356 页。
③ 萧统编,李善注:《文选》,上海:上海古籍出版社,1986 年,第 2529 页。
④ 房玄龄:《晋书》卷 75,北京:中华书局,1974 年,第 1965 页。

　　改"尚"为"上"，并补一"故"字：第30章"吉事尚左凶事尚右"，两"尚"字，治要本、景福碑本、应安本皆作"上"，近古，据改。"尚"为"上"之假字。又，"吉事"前原无"故"字，应安本、道藏本有，近古，据补。

　　改"为"为"于"：第34章"可名为大"，道藏本河上注云："……故可名于大也。""可名于大"与上文"可名于小"呼应，道藏本即作"可名于大"，河本以外的诸本亦多如此，据改。

　　改"无以"为"无已"：第39章："天无以清将恐裂，地无以宁将恐发，神无以灵将恐歇，谷无以盈将恐竭，万物无以生将恐灭，侯王无以贵高将恐蹶。"诸"无以"当作"无已"，一则更近于简帛"毋已"，二则河上注都用了"无已时"（意为不止息），兹改诸"以"为"已"。

　　改"贵……高必……"为"必贵……必高……"：第39章"故贵以贱为本，高必以下为基"，治要本、P.2639、P.2420、S.3926、意林本、景福碑本、应安本、道藏本"贵"下亦有"必"字，作"贵必……高必……"，王卡从之。然河上注云："言必欲尊贵，当以薄贱为本。……必欲尊贵，当以下为本基。"可知"必"在"贵""高"之上，而非在其下，此与简帛正合，故订正为"必贵……必高……"。

　　改"教之"为"教人"：第42章"我亦教之"，S.3926、P.2420、广明本、景福碑本、道藏本同，P.2639作"我亦义教之"（疑"义"读"以"），范应元所见河本作"亦我义教之"，治要本、应安本作"我亦教人"。按，"亦我义教之"乃五千本的特征。此句简帛作"亦我而教人"，故"人"字近古。且"我亦教之"，"之"承上指"人之所教"，而河上注曰："谓众人所教，去弱为强，去柔为刚。言我教众人，使去强为弱，去刚为柔。"依此注，河本更有可能作"我亦教人"，据改。

　　改"无常心"为"常无心"：第49章开篇"圣人无常心"，河上注："圣人重改更，贵因循，若自无心。"自无心才能因循，以百姓心为心。由此推断，河本应作"圣人常无心"，近古，据乙。

　　改"则我者贵"为"则我贵矣"：第70章"则我者贵"，P.2420、道藏本同（景福碑本误作"明我者贵"），治要本、P.2639、散0668E、应安本作"则我贵矣"，S.3926作"则我者贵矣"。按，当作"则我贵矣"。其一，出土简帛、傅本、严本、东晋孙盛《老子疑问反讯》所引皆如此。其二，河上注曰："惟达道者乃能知我，故为贵也。"可知"者"字当属衍文。其三，今王本虽作"则我者贵"，其注亦作："知我益希，我亦无匹，故曰'知我者希，则我者贵'也"，然据北宋《道德真经集注》

所引王注，可知王本经注原亦无此"者"字。①

改"与之"为"补之"：第 77 章"不足者与之"，"与之"，唯 P.2639 作"益之"。王卡据此及河上注"夫抑高举下，损强益弱，天之道也"，将"与之"改为"益之"。按，河本似应作"补之"，后因音近而误作"与之"。其一，河本以外诸本皆作"补之"；其二，河本下文"天之道损有余而补不足"，注曰："天道损有余而益谦"，也是以"益"释"补"。

改"弱"为"水"：第 78 章"弱之胜强"，河上注曰："水能灭火……"，则河本似同严本，作"水之胜强"。若经文果为"弱之胜强"，则注中"水"字似无处挂搭。此句帛乙作"水之胜刚也"，汉简作"故水之胜刚"，亦可为证。

改"轝"为"车"：第 80 章"虽有舟轝"，P.2420、应安本同，治要本、S.3926、道藏本作"虽有舟舆"，王卡改从"舆"。按，"舆""轝"二字古通。然《经典释文》称河本作"车"，与简帛正合。盖河本原作"车"，后受他本影响书作"舆""轝"。现改回。

五、13 处恢复到底本

此指王卡对河本做的校订，但笔者不能认同者，今改回。

第 31 章"杀人之众"，应安本、道藏本作"杀人之众多"，治要本、景福碑本作"杀人众多"。王卡改从治要本。按，此句简帛均作"杀人众"，后世增字为"杀人之众""杀人众多""杀人之众多"。河本一系包揽了这三种情况，不必以其一否定其余，笔者仍依底本。

第 38 章末尾"是以大丈夫处其厚不居其薄，处其实不居其华"，"居""处"的使用情况可说为"处居处居"，景福碑本作"□居□居"（此处有残损），道藏本作"处处居居"，治要本、P.2420 作"处处处处"。王卡改作"处处处处"。经查，河本以外的使用情况是，简帛均作"居居居居"，《韩非子·解老》所引、严本、傅本作"处处处处"，五千本作"处处居居"，王本作"处居处居"。可见，这几种情况在河本一系中几乎都有体现，且"居"同"处"，故王卡之举似不必，笔者仍依底本。

第 39 章"是以侯王自谓孤寡不穀"，"自谓"，河本一系的它本或作"自称""自曰""自谓曰"，王卡取"自称"。此举不为无据，然地上地下诸本多作"自谓"，故不必改作"自称"。

第 41 章"建德若偷"，河上注："建设道德之人，若可偷引使空虚也。"俞樾云：

---

① 《道藏》第 13 册，第 95 页。楼宇烈也认为此"者"字衍，其分析详见《王弼集校释》上册，北京：中华书局，1980 年，第 178 页。

"河上公盖读'偷'为'揄',《说文·手部》:'揄,引也',故解为'若可偷引'。又因其义未足,加'使空虚'三字以足成之,非经旨矣。"[1] 王卡据此说改"偷"为"揄",非是。其一,俞樾并不认同河上注,也未认为本字作"揄"。其二,河本一系除 S.3926 作"揄"以外,其他全作"偷"。俞樾紧接着说:"今按,'建'当读为'健'。……'健德若偷',言刚健之德反若偷惰也,正与上句'广德若不足'一律。"[2] 此论甚确,故从文义看,"偷"是本字,"揄"乃借字。

第 41 章"质真若渝",刘师培、朱谦之疑"真"当作"悳(德)",以与"上德……广德……建德……"并列。[3] P.2639、P.2420、S.3926、景福碑本作"质直",王卡据改为"质直(悳)若渝"。但楚简本提示我们,原貌当作"质贞若渝","贞""渝"语义上恰相反对。笔者推测,"贞(貞)""真"音同形近,故它本多误作"真"(河本当亦如此),又进一步讹为"直"。

第 50 章"以其生生之厚",与严本、王本、傅本同。简帛作"以其生生",无"之厚",应是原貌,因为"生生"已是求生之厚。传世本均多出"之厚",似为蛇足。河上注:"言人所以动之死地者,以其求生之事太厚。"王卡据此将经文"生生"改为"求生",没有版本依据,笔者仍依底本。

第 53 章末句"是谓盗夸,非道哉",治要本、S.3926、景福碑本、应安本作"是谓盗夸,非道也哉",多一"也"字;P.2639 作"是谓盗夸,盗夸非道";P.2420、道藏本作"是谓盗夸,盗夸非道也哉",王卡从之,即在底本基础上补入"盗夸……也"三字。按,地上地下诸本中,帛乙、五千本、傅本重"盗夸",汉简、严本、王本则不重,帛甲此处残损。河本不重的可能性更大。另河上注曰:"人君所行如是,此非道也。复言'也哉'者,痛伤之辞。"综合看来,河本当作"是谓盗夸,非道也哉",故"也"字当补,"盗夸"则不必补。

第 54 章"其德有余",P.2639、P.3895、S.3926、景福碑本、应安本亦如此,近古。治要本、道藏本作"其德乃余",王卡改从"乃",非是。

第 57 章"人多伎巧","伎",治要本、P.2639、P.2420、景福碑本、应安本亦如此,道藏本作"技",S.3926 作"枝"。王卡据道藏本、S.3926 改为"技",实非。不过"人多伎巧",简帛皆作"人多智"。

第 57 章末尾,P.2639、S.3926、道藏本还有一句"我无情而民自清",王卡据以补入,非是,河本一系的其他版本及河本以外诸本皆无此句。

---

① 俞樾:《诸子平议》,第 152—153 页。

② 俞樾:《诸子平议》,第 153 页。

③ 刘师培:《老子斠补》,宁武南氏校印,1936 年,第 15 页;朱谦之:《老子校释》,北京:中华书局,1984 年,第 171 页。

第59章"可以有国"，S.3926、道藏本作"则可以有国"，范应元云："'则'字，河上公、韩非同古本。"王卡据补"则"字。笔者以为不必，其一，底本无"则"，楚简、帛书两本、五千本、傅本、王本、严本亦无。其二，下文"有国之母可以长久"，各本皆如此，可证前面相应地作"莫知其极可以有国"。多出的"则"字，盖涉上文"重积德则无不克，无不克则莫知其极"而增衍。

第61章"故或下以取"，S.3926、P.2420、景福碑本、应安本、道藏本亦有"故"，近古。王卡所校无"故"，但未出校记，疑脱误。

第75章"以其上之有为"，治要本、S.3926、景福碑本、应安本、道藏本亦有"之"，近古。王卡反将其当作衍文而删除，非是。

另有第9章"不如其已"，王卡点校本误作"不知其已"；第39章"谷无以盈将恐竭"，王卡点校本漏一"以"字。未审此属校订失误抑或排印错误。

六、结语

如上，相对于王卡所校河本，笔者增补43字，删削10字，改动20处，恢复到底本13处。这些异文共涉及四十二章，除第8、10、28、70等章节以外，多数校改并未引发经义上的歧变，但更逼近了河本的原貌，也使几处经义变得直白而不容歧解。此外河本还有几处颇可疑，比如第46章"罪莫大于可欲"，河上注云："好淫色也。"然则"可欲"当如楚简作"甚欲"乎？因证据不够充足，不做改动。

笔者最终将河本校订如下，共计5336字（纯正文，不含篇题及后人强加的章名等）。其中，带着重号的字词是王卡已做且为笔者所认同的校订，加下划线的乃笔者增补、校改部分，加下划线且加删除线的乃底本原有但笔者认为应予删除者。各章前聊以阿拉伯数字提示章次以利检阅，经文不做标点。

附笔者校定的河本全文：

1. 道可道非常道名可名非常名无名天地之始有名万物之母故常无欲以观其妙常有欲以观其所徼此两者同出而异名同谓之玄玄之又玄众妙之门

2. 天下皆知美之为美斯恶已皆知善之为善斯不善已故有无之相生难易之相成长短之相形高下之相倾音声之相和前后之相随是以圣人处无为之事行不言之教万物作焉而不辞生而不有为而不恃功成而弗居夫惟弗居是以不去

3. 不尚贤使民不争不贵难得之货使民不为盗不见可欲使心不乱是以圣人之治虚其心实其腹弱其志强其骨常使民无知无欲使夫知者不敢为也为无为则无不治

4. 道冲而用之或不盈渊乎似万物之宗挫其锐解其纷和其光同其尘湛兮似或存吾

不知其谁之子象帝之先

5. 天地不仁以万物为刍狗圣人不仁以百姓为刍狗天地之间其犹橐籥乎虚而不屈动而愈出多言数穷不如守中

6. 浴神不死是谓玄牝玄牝之门是谓天地之根绵绵若存用之不勤

7. 天长地久天地所以能长且久者以其不自生故能长生是以圣人后其身而身先外其身而身存非以其无私邪故能成其私

8. 上善若水水善利万物而有静处众人之所恶故几于道居善地心善渊与善仁言善信正善治事善能动善时夫唯不争故无尤

9. 持而盈之不如其已揣而锐之不可长保金玉满堂莫之能守富贵而骄自遗其咎功成名遂身退天之道也

10. 载营魄抱一能无离乎专气致柔能婴儿乎涤除玄览能无疵乎爱民活国能无以智乎天门开阖能为雌乎明白四达能无知乎生之畜之生而不有为而不恃长而不宰是谓玄德

11. 三十辐共一毂当其无有车之用埏埴以为器当其无有器之用凿户牖以为室当其无有室之用故有之以为利无之以为用

12. 五色令人目盲五音令人耳聋五味令人口爽驰骋田猎令人心发狂难得之货令人行妨是以圣人为腹不为目故去彼取此

13. 宠辱若惊贵大患若身何谓宠辱宠为上辱为下得之若惊失之若惊是谓宠辱若惊何谓贵大患若身吾所以有大患者为吾有身及吾无身吾有何患故贵以身为天下者则可以寄于天下矣爱以身为天下者乃可以托于天下矣

14. 视之不见名曰夷听之不闻名曰希搏之不得名曰微此三者不可致诘故混而为一其上不皦其下不昧绳绳兮不可名复归于无物是谓无状之状无物之像是为忽恍随之不见其后迎之不见其首执古之道以御今之有以知古始是谓道纪

15. 古之善为士者微妙玄通深不可识夫唯不可识故强为之容与兮若冬涉川犹兮若畏四邻俨兮其若客涣兮若冰之将释敦兮其若朴旷兮其若谷浑兮其若浊孰能浊以止静之徐清孰能安以久动之徐生保此道者不欲盈夫唯不盈故能蔽不新成

16. 至虚极守静笃万物并作吾以观其复夫物芸芸各复归其根归根曰静静曰复命复命曰常知常曰明不知常妄作凶知常容容乃公公乃王王乃天天乃道道乃久没身不殆

17. 太上下知有之其次亲之誉之其次畏之其次侮之信不足焉有不信焉犹兮其贵言成功遂事百姓皆谓我自然

18. 大道废焉有仁义智惠出焉有大伪六亲不和焉有孝慈国家昏乱焉有忠臣

19. 绝圣弃智民利百倍绝仁弃义民复孝慈绝巧弃利盗贼无有此三者以为文不足故令有所属见素抱朴少私寡欲

20. 绝学无忧唯之与阿相去几何善之与恶相去何若人之所畏不可不畏荒兮其未央哉众人熙熙如享太牢如春登台我独怕兮其未兆如婴儿之未孩乘乘兮若无所归众人皆有余而我独若遗我愚人之心也哉沌沌兮俗人昭昭我独若昏俗人察察我独闷闷忽兮其若海漂兮若无所止众人皆有以而我独顽似鄙我独异于人而贵食母

21. 孔德之容唯道是从道之为物唯恍唯忽忽兮恍兮其中有象恍兮忽兮其中有物窈兮冥兮其中有精其精甚真其中有信自古及今其名不去以阅众甫吾何以知众甫之然哉以此

22. 曲则全枉则直洼则盈弊则新少则得多则惑是以圣人抱一为天下式不自见故明不自是故彰不自伐故有功不自矜故长夫唯不争故天下莫能与之争古之所谓曲则全者岂虚言哉诚全而归之

23. 希言自然飘风不终朝骤雨不终日孰为此者天地天地尚不能久而况于人乎故从事于道者道者同于道德者同于德失者同于失同于道者道亦乐得之同于德者德亦乐得之同于失者失亦乐失之信不足焉有不信焉

24. 跂者不立跨者不行自见者不明自是者不彰自伐者无功自矜者不长其在道也曰余食赘行物或恶之故有道者不处也

25. 有物混成先天地生寂兮寥兮独立而不改周行而不殆可以为天下母吾不知其名字之曰道强为之名曰大大曰逝逝曰远远曰反故道大天大地大王亦大域中有四大而王居其一焉人法地地法天天法道道法自然

26. 重为轻根静为躁君是以圣人终日行不离辎重虽有荣观燕处超然奈何万乘之主而以身轻于天下轻则失臣躁则失君

27. 善行者无辙迹善言者无瑕谪善计者不用筹策善闭者无关揵而不可开善结者无绳约而不可解是以圣人常善救人故无弃人常善救物故无弃物是谓袭明故善人者不善人之师不善人者善人之资不贵其师不爱其资虽智大迷是谓要妙

28. 知其雄守其雌为天下溪为天下溪常德不离复归于婴儿知其白守其黑为天下式为天下式常德不忒复归于无极知其荣守其辱为天下谷为天下谷常德乃足复归于朴朴散则为器圣人用之则为官长故大制无割

29. 将欲取天下而为之吾见其不得已天下神器不可为也为者败之执者失之故物或行或随或呴或吹或强或羸或载或隳是以圣人去甚去奢去泰

30. 以道佐人主者不以兵强于天下其事好还师之所处荆棘生焉大军之后必有凶年善者果而已不敢以取强焉果而勿矜果而勿伐果而勿骄果而不得已果而勿强物壮则老是谓不道不道早已

31. 夫佳兵者不祥之器物或恶之故有道者不处君子居则贵左用兵则贵右兵者不祥之器非君子之器不得已而用之恬惔为上胜而不美而美之者是乐杀人也夫乐杀人者则

不可以得志于天下矣故吉事<u>上</u>左凶事<u>上</u>右偏将军居左上将军居右言以丧礼处之杀人之众以悲哀泣之战胜<u>则</u>以丧礼处之

32. 道常无名朴虽小天下不敢臣侯王若能守之万物将自宾天地相合以降甘露民莫之令而自均<u>焉</u>始制有名名亦既有天亦将知之知之所以不殆譬道之在天下犹川谷之与江海

33. 知人者智自知者明胜人者有力自胜者强知足者富强行者有志不失其所者久死而不亡者寿

34. 大道氾兮其可左右万物恃之而生而不辞功成而不名有爱养万物而不为主常无欲可名于小万物归焉而不为主可名<u>于</u>大是以圣人终不为大故能成其大

35. 执大象天下往往而不害安平太乐与饵过客止道之出口淡乎其无味视之不足见听之不足闻用之不可既

36. 将欲噏之必固张之将欲弱之必固强之将欲废之必固兴之将欲夺之必固与之是谓微明柔弱胜刚强鱼不可脱于渊国之利器不可以示人

37. 道常无为<u>而</u>无不为侯王若能守之万物将自化化而欲作吾将镇之以无名之朴无名之朴亦将不欲不欲以静天下将自定

38. 上德不德是以有德下德不失德是以无德上德无为而无以为下德为之而有以为上仁为之而无以为上义为之而有以为上礼为之而莫之应则攘臂而仍之故失道而后德失德而后仁失仁而后义失义而后礼夫礼者忠信之薄而乱之首前识者道之华而愚之始是以大丈夫处其厚不居其薄处其实不居其华故去彼取此

39. 昔之得一者天得一以清地得一以宁神得一以灵谷得一以盈万物得一以生侯王得一以为天下正其致之天无<u>已</u>清将恐裂地无<u>已</u>宁将恐发神无已灵将恐歇谷无已盈将恐竭万物无已生将恐灭侯王无已贵高将恐蹶故<u>必贵</u>以贱为本<u>必高</u>以下为基是以侯王自谓孤寡不毂此非以贱为本耶非乎故致数车无车不欲球球如玉落落如石

40. 反者道之动弱者道之用天下万物生于有有生于无

41. 上士闻道勤而行之中士闻道若存若亡下士闻道大笑之不笑不足以为道故建言有之明道若昧进道若退夷道若类上德若谷大白若辱广德若不足建德若偷质真若渝大方无隅大器晚成大音希声大象无形道隐无名夫唯道善贷且成

42. 道生一一生二二生三三生万物万物负阴而抱阳冲气以为和人之所恶唯孤寡不毂而王公以为称故物或损之而益或益之而损人之所教我亦教<u>人</u>强梁者不得其死吾将以为教父

43. 天下之至柔驰骋天下之至坚无有入于无间吾是以知无为之有益不言之教无为之益天下希及之

44. 名与身孰亲身与货孰多得与亡孰病甚爱必大费多藏必厚亡知足不辱知止不殆

可以长久

45. 大成若缺其用不弊大盈若冲其用不穷大直若屈大巧若拙大辩若讷躁胜寒静胜热清静为天下正

46. 天下有道却走马以粪天下无道戎马生于郊罪莫大于可欲祸莫大于不知足咎莫大于欲得故知足之足常足矣

47. 不出户以知天下不窥牖以见天道其出弥远其知弥少是以圣人不行而知不见而名不为而成

48. 为学日益为道日损损之又损之以至于无为无为而无不为取天下常以无事及其有事不足以取天下

49. 圣人常无心以百姓心为心善者吾善之不善者吾亦善之德善信者吾信之不信者吾亦信之德信圣人在天下怵怵为天下浑其心百姓皆注其耳目圣人皆孩之

50. 出生入死生之徒十有三死之徒十有三人之生动皆之死地十有三夫何故以其生生之厚盖闻善摄生者陆行不遇兕虎入军不被甲兵兕无所投其角虎无所措其爪兵无所容其刃夫何故以其无死地

51. 道生之德畜之物形之势成之是以万物莫不尊道而贵德道之尊德之贵夫莫之命而常自然故道生之德畜之长之育之成之孰之养之覆之生而不有为而不恃长而不宰是谓玄德

52. 天下有始以为天下母既知其母复知其子既知其子复守其母没身不殆塞其兑闭其门终身不勤开其兑济其事终身不救见小曰明守柔曰强用其光复归其明无遗身殃是谓习常

53. 使我介然有知行于大道唯施是畏大道甚夷而民好径朝甚除田甚芜仓其虚服文彩带利剑厌饮食财货有余是谓盗夸非道也哉

54. 善建者不拔善抱者不脱子孙以祭祀不辍修之于身其德乃真修之于家其德有余修之于乡其德乃长修之于国其德乃丰修之于天下其德乃普故以身观身以家观家以乡观乡以国观国以天下观天下吾何以知天下之然哉以此

55. 含德之厚比于赤子毒虫不螫猛兽不据攫鸟不搏骨弱筋柔而握固未知牝牡之合而峻作精之至也终日号而不哑和之至也知和曰常知常曰明益生曰祥心使气曰强物壮则老谓之不道不道早已

56. 知者不言言者不知塞其兑闭其门挫其锐解其纷和其光同其尘是谓玄同故不可得而亲亦不可得而疏不可得而利亦不可得而害不可得而贵亦不可得而贱故为天下贵

57. 以正治国以奇用兵以无事取天下吾何以知其然哉以此天下多忌讳而民弥贫民多利器国家滋昏人多伎巧奇物滋起法物滋彰盗贼多有故圣人云我无为而民自化我好静而民自正我无事而民自富我无欲而民自朴

58. 其政闷闷其民醇醇其政察察其民缺缺祸兮福之所倚福兮祸之所伏孰知其极其无正正复为奇善复为訞人之迷其日固久是以圣人方而不割廉而不害直而不肆光而不曜

59. 治人事天莫若啬夫唯啬是谓早服早服谓之重积德重积德则无不克无不克则莫知其极莫知其极可以有国有国之母可以长久是谓深根固蒂长生久视之道

60. 治大国若烹小鲜以道莅天下其鬼不神非其鬼不神其神不伤人非其神不伤人圣人亦不伤人夫两不相伤故德交归焉

61. 大国者下流天下之交天下之牝牝常以静胜牡以静为下故大国以下小国则取小国小国以下大国则取大国故或下以取或下而取大国不过欲兼畜人小国不过欲入事人夫两者各得其所欲大者宜为下

62. 道者万物之奥善人之宝不善人之所保美言可以市尊行可以加人人之不善何弃之有故立天子置三公虽有拱璧以先驷马不如坐进此道古之所以贵此道者何不日以求得有罪以免耶故为天下贵

63. 为无为事无事味无味大小多少报怨以德图难于其易为大于其细天下难事必作于易天下大事必作于细是以圣人终不为大故能成其大夫轻诺必寡信多易必多难是以圣人犹难之故终无难

64. 其安易持其未兆易谋其脆易破其微易散为之于未有治之于未乱合抱之木生于毫末九层之台起于累土千里之行始于足下为者败之执者失之圣人无为故无败无执故无失民之从事常于几成而败之慎终如始则无败事是以圣人欲不欲不贵难得之货学不学复众人之所过以辅万物之自然而不敢为

65. 古之善为道者非以明民将以愚之民之难治以其智多以智治国国之贼不以智治国国之福知此两者亦楷式常知楷式是谓玄德玄德深矣远矣与物反矣乃至大顺

66. 江海所以能为百谷王者以其善下之故能为百谷王是以圣人欲上民必以其言下之欲先民必以其身后之是以圣人处上而民不重处前而民不害是以天下乐推而不厌以其不争故天下莫能与之争

67. 天下皆谓我大似不肖夫唯大故似不肖若肖久矣其细也夫我有三宝持而保之一曰慈二曰俭三曰不敢为天下先慈故能勇俭故能广不敢为天下先故能成器长今舍其慈且勇舍其俭且广舍其后且先死矣夫慈以战则胜以守则固天将救之以慈卫之

68. 善为士者不武善战者不怒善胜敌者不与善用人者为之下是谓不争之德是谓用人之力是谓配天古之极也

69. 用兵有言吾不敢为主而为客不敢进寸而退尺是谓行无行攘无臂仍无敌执无兵祸莫大于轻敌轻敌几丧吾宝故抗兵相加哀者胜矣

70. 吾言甚易知甚易行天下莫能知莫能行言有宗事有君夫唯无知是以不我知知我

者希则我者贵矣是以圣人被褐怀玉

71. 知不知上不知知病夫唯病病是以不病圣人不病以其病病是以不病

72. 民不畏威则大威至矣无狭其所居无厌其所生夫唯不厌是以不厌是以圣人自知不自见自爱不自贵故去彼取此

73. 勇于敢则杀勇于不敢则活此两者或利或害天之所恶孰知其故是以圣人犹难之天之道不争而善胜不言而善应不召而自来繟然而善谋天网恢恢疎而不失

74. 民不畏死奈何以死惧之若使民常畏死而为奇者吾得执而杀之孰敢矣常有司杀者夫代司杀者是谓代大匠斲夫代大匠斲者希有不伤其手矣

75. 民之饥以其上食税之多是以饥民之难治以其上之有为是以难治民之轻死以其求生之厚是以轻死夫唯无以生为者是贤于贵生

76. 人之生也柔弱其死也坚强万物草木之生也柔脆其死也枯槁故坚强者死之徒柔弱者生之徒是以兵强则不胜木强则共强大处下柔弱处上

77. 天之道其犹张弓乎高者抑之下者举之有余者损之不足者补之天之道损有余而补不足人之道则不然损不足以奉有余孰能有余以奉天下唯有道者是以圣人为而不恃功成而不处其不欲见贤

78. 天下柔弱莫过于水而攻坚强者莫之能胜其无以易之水之胜强柔之胜刚天下莫不知莫能行故圣人云受国之垢是谓社稷主受国之不祥是谓天下王正言若反

79. 和大怨必有余怨安可以为善是以圣人执左契而不责于人有德司契无德司彻天道无亲常与善人

80. 小国寡民使民有什伯人之器而不用使民重死而不远徙虽有舟车无所乘之虽有甲兵无所陈之使民复结绳而用之甘其食美其服安其居乐其俗邻国相望鸡狗之声相闻民至老死不相往来

81. 信言不美美言不信善者不辩辩者不善知者不博博者不知圣人不积既以为人己愈有既以与人己愈多天之道利而不害圣人之道为而不争

治道与炼养

——王一清《道德经释辞》之主旨探析

唐哲嘉[*]

内容提要：王一清的《道德经释辞》将老子之"道"划分为"出世间之道"与"世间之道"，并从治道与炼养两个主题来展开对《道德经》的诠释。通过对"道"的入世论解读，王一清以儒家视角来诠释老子思想，提出了以"道治"为核心的治国论，同时以宋明理学中的"理"来会通"无为"，展现了以儒解老的诠释特色。另一方面，作为道士的王一清将"出世间之道"作为道教炼养的形上基础，并以道教内丹学来阐发老子思想，从而呈现出以道解老的诠释特色。

关键词：王一清 《道德经释辞》 治道 炼养

前　言

王一清（生卒年不详），号体物子，明万历年间道士，著有《化书新声注》《金丹四百字注解》《文始经释辞》《道德经释辞》等。由于王一清之生平不详，故而学界对其关注甚少，目前也仅见尹志华的《明代道士王一清的〈道德经释辞〉略析》为专门性的研究，尹教授从整体上对《道德经释辞》之注释情况进行了探析，指出了王一清将老子之道概括为清静、无为、自然三原则，并将其应用于治国与修身两个方面。[①] 此外，关于学术史方面，由熊铁基、马良怀、刘韶军三人合著的《中国老学史》中也对王一清的老子思想进行了一定的探析，作者指出："王一清对老子思想的研究与众不同，他特别注重老子思想中的治世内容。可以看出，他虽然潜迹岩穴，

---

[*] 唐哲嘉（1992—　　），男，浙江桐乡人，哲学博士。浙大城市学院新时代马克思主义宗教学研究院、城市发展与战略研究院助理研究员，主要研究三教关系、宗教哲学与老子学。

① 尹志华:《明代道士王一清的〈道德经释辞〉略析》,《中国道教》,2001 年第 1 期。

身为道士，却仍然关注现实社会中的政治问题。"① 王一清身份的双重性，使得他对《道德经》的诠释独具特色，一方面作为道士的他注重从道教之炼养来解释老子思想；另一方面由于早年从儒，故而他也强调从儒家的治国论来诠释《道德经》，因此其《道德经释辞》中亦有大量引用儒家经典与思想。本文主要以《道德经释辞》为据，探析其中对老子思想的诠释特色。

一、王一清及其《道德经释辞》

王一清本人生平不详，其《道德经释辞》中收录了同时代姚孟昱所作的《道德经释辞序》，姚序曰："吾乡体物子，少习博士业，弗售。继有悟乎清虚，不欲人间事汩其心，乃遁迹太和之岩，日研穷斯经。历久，一旦豁然贯通也。于是出所见，分章而释之。"② 姚孟昱为明代芜湖繁昌人，明万历十七年（1589）进士，既然姚氏明确提到"吾乡体物子"的说法，由此推断王一清应当也是芜湖繁昌人士。其次，"少习博士业"之说也明确了王一清本人是儒生出身，归隐为道士应当是科举失败之后，由此也解释了《道德经释辞》为何会多引儒家之说。

关于这部《道德经释辞》的写作背景以及成书时间，王一清本人所作的《叙道德经旨意总论》中提道：

> 更历三四寒暑，始壮岁割恩，离俗决志，抵历终南。自湖阴、沂流、湘汉到武当山。阅《道德经》八十余家注释，言多乖劣，罔合经旨，互有得失，罔见全书……目曰：《道德经释辞》。向隐鞴中，未敢轻显。丁酉春，御马监右监承虚玄段公，邂逅于京师白云观中，不数语感合，遂执第（弟）子礼。损赀命工锓梓，以广其传。岂偶然哉，皆宿世之因也，故叙其事以志之。③

通过王一清本人的叙述可知，王氏在科举失败之后，因"志慕清虚"而弃儒从道，在这之后他游历数载，最终在武当山隐居。其间他阅读了八十余家关于《道德经》的注释，但皆不合经旨，故而他折中诸家之说，参而注之，最终形成了这部《道德经释辞》。当然，此书完成后一直处于"未敢轻显"的状态，也就是说未曾刊刻流传。直到万历丁酉年（1597）春，王一清在京师白云观中偶遇御马监右监段公，两人因言语相投，故而段氏执弟子礼。此后，段氏才出资将这部《道德经释辞》刊行。

---

① 熊铁基，马良怀，刘韶军：《中国老学史》，福州：福建人民出版社，1995 年，第 465 页。
② 王一清：《道德经释辞》，载熊铁基，陈红星主编：《老子集成》第七卷，北京：宗教文化出版社，2009 年，第 273 页。
③ 王一清：《道德经释辞》，载熊铁基，陈红星主编：《老子集成》第七卷，第 277 页。

该书又于万历辛丑年（1601）刊入王一清撰写的《四经》中，之后又收入清康熙年间蒋元庭刊行的《道藏辑要》，并在光绪年间由成都二仙庵翻刻入《重刊道藏辑要》之中。

从体例上来看，《道德经释辞》采八十一章之体例，分为《道德上经释辞》和《道德下经释辞》两个部分，每章前取首句三、四字作为章名，如道可道章、天下皆知章第二、天地不仁章第五，文后则附有王一清的注释。王一清虽然言曾参阅八十余家注释，但他并没有采用明人老学惯用的集解之法来注释《道德经》，而是将诸家之说融于己身，形成了自己独特的见解。王氏在《叙道德经旨意总论》中将老子之学归纳为："其旨本清虚，主无为，法自然，务道德，尚敦朴，绝圣智，潜仁义。以清净为本，无为为体，自然为用，长生为徵。以至于齐家、和乡、治国、用兵为余绪。"① 由此观之，王一清认为老子之学不仅仅是清静无为的长生之道，同时也是一种齐家和乡的治国之道。他对《道德经》文本的解读存在两种基本维度：第一，以儒家立场来理解老子之学，强调治国之道；第二，以道教立场来解读老子之学，重视炼养之术。这一基本特征也反映在他对《道德经》本文内容的划分上：

> 五千文不只专言炼养，盖亦兼言治道。如谷神不死，是谓玄牝。载营魄抱一，能无离乎。致虚极，守静笃。含德之厚，比如赤子。治人事天，莫若啬。反者，道之动。道常无为等章，言炼养也。以正治国，以奇用兵。治大国，若烹小鲜。以道佐人主，不以兵强天下。使我介然，得位行志等章，言治道也。若概以炼养之意释之，则隘矣，然非老子之旨也。②

王一清解老不仅仅强调炼养之道，同时也注重阐发《道德经》中的治国理政思想。关于炼养之道，王氏注重从道教的修炼来阐述，而至于治国之道则侧重会通儒家的政治哲学。此外，王一清也揭示出《道德经》的文风特征："其多譬喻，不可以辞而害其意。其中多寓言，不可作真实语。如其必欲尽合孔孟六经之文，则有坚白异同之差矣。学者当具眼观之，圆机而会其理可也。"③《道德经》文本言简而意深，文中多譬喻，故而需要仔细分辨作者之本意，切不可将寓言和譬喻作真实语，这一说法主要是针对《道德经》中反儒家思想的话语。

① 王一清：《道德经释辞》，载熊铁基、陈红星主编：《老子集成》第七卷，第274页。
② 王一清：《道德经释辞》，载熊铁基、陈红星主编：《老子集成》第七卷，第274页。
③ 王一清：《道德经释辞》，载熊铁基、陈红星主编：《老子集成》第七卷，第274页。

二、以儒解老——兼言治道

"道"是老子哲学的核心范畴，也是理解《道德经》文本的重要依据。一般来说"道"之概念在先秦时期的本义是"道路"的意思，正如许慎在《说文解字》中的解释"所行道也，从辵从首。一达谓之道"。老子是第一位将"道"上升至哲学范畴的哲人，在《道德经》中"道"是作为本体论被提出的，老子以"道"阐释了天地万物的来源与生成。王一清在诠释《道德经》第一章的时候就提出有"世间之道"与"出世间之道"的区别，正如其言曰："有世间之道，有出世间之道。世间之道，有形、有名、有理有事，故可道可名。出世之道，无形、无名、视不见、听不闻，故不容言、不能名也。"[①] 王一清在解读"道"范畴的时候并没有舍弃"道"的形下层面，故而他认为："五千文有清净之道，有无为之道，有自然之道，有长生之道，有治国之道，以至于治心、养性、体物、知身，不可作一途看。"[②] "道"贯穿于治身、治心、治国，故而他亦十分强调老学的治国理政意蕴。正如他所谓：

> 古之圣王道治天下，静以修身，动必顺理。无欲无求，无为无执，顺理自然，不妄改作。所以不言而民信，不怒而民畏，无为而民治。其为道也，如斯而已。观夫五千文之道，诚不外乎是矣。其曰：为无为，则无不治。其曰：爱民治国，能无为乎？其曰：治大国，若烹小鲜。其曰：以政治国。其曰：道常无为。不欲以静，天下将自止。其曰：我无为而民自化……此老子之道，极深研几，圣人南面之术也。[③]

王一清认为古之圣王是以"道"来治理天下，而"道治"的核心就在于"无欲无求，无为无执，顺理自然，不妄改作"。因而，他认为《道德经》五千言之主题在于阐发治国之方。由此，他又进一步引用多位儒家学者的观点阐明此论："刘向曰：老子秉本执要，清虚以自守，柔弱以自持，此人君南面之术也。"[④] "欧阳文忠言：老氏之书，虽若虚无，而于治人之术至矣，虽圣人南面之治，不可易也。"[⑤] "苏文忠言：老子以清虚无为为宗，虚明应物为用，以慈俭不争为行，合于易何思何虑。"[⑥] 可见，王一清实际上以儒家视角来看待老子思想，这种诠释角度与其早年儒生身份有着密

---

① 王一清：《道德经释辞》，载熊铁基，陈红星主编：《老子集成》第七卷，第 277 页。
② 王一清：《道德经释辞》，载熊铁基，陈红星主编：《老子集成》第七卷，第 274 页。
③ 王一清：《道德经释辞》，载熊铁基，陈红星主编：《老子集成》第七卷，第 275 页。
④ 王一清：《道德经释辞》，载熊铁基，陈红星主编：《老子集成》第七卷，第 275 页。
⑤ 王一清：《道德经释辞》，载熊铁基，陈红星主编：《老子集成》第七卷，第 276 页。
⑥ 王一清：《道德经释辞》，载熊铁基，陈红星主编：《老子集成》第七卷，第 276 页。

切关系。

　　那么具体而言，王一清所谓的圣人南面之术究竟是什么呢？他提出"道治"作为治国之根本，所谓的"道治"即是宗"道德"，正如他所谓：

　　　　民之难治者，良由在上之人任智术，尚权力，民心怀疑，是以难治也。《孟子》曰："所恶于智者，为其凿也。"治国者若以私智治民，则民亦以私智奉上，上下相窥，各求其利，国之贼也。不任智术，惟以道德抚民，则民亦感化而怀其德，上下攸安，国之福也。[①]

　　王一清认为治国之难在于统治者以"智术"治国，倘若统治者崇尚"智术"并以之治民，而百姓亦会以"智术"来侍奉统治者，上下相互猜忌，各自逐利，故而难治。他引《孟子·离娄下》之言，认为"恶于智者，为其凿也"。用"智"治国恰恰改变了事物本来的面貌，故而为"国之贼"。王氏所谓的"智术"或"智慧"是一个与诈伪相联系的贬义词，正如他在解释大道废第十八章的时候提出："有智慧，则有诈伪。"[②] 老子本身处于礼崩乐坏的春秋战国，"智术"无异于权谋之术，是统治者谋取利益的必备手段，同时假仁假义遍行社会。庄子也曾在《胠箧》篇大呼："诸侯之门，仁义存焉。"[③] 庄子的意思显然是指"仁义"成了掌握权力的诸侯的某种权术，因而老子对仁义礼智的批判实则象征着对人类道德水平陷落的批判。当然，这种贬低是在相对意义上来说的，并非绝对的，故而王一清认为老子本身并没有弃绝仁义礼智："孟子曰：'仁者无敌'，即是此意。此经虽不主仁义礼智，而仁义礼智潜于其中……老子曷尝弃绝仁义礼智哉，盖其善藏诸用耳。"[④] 王氏此论揭示出老子思想中"道"与仁义礼智之关系，同时也摒弃了儒道对立论，从而在一定程度上会通儒家两家关于仁义礼智的看法。

　　既然不能以"智"治国，那么就应该效法"道"的运行，因此王一清认为老子的治国论是"以道德抚民"。"道"的特点即在于自然而然，故而其运行的方式是"无为"，因此"道治"就是要在人类社会中效仿"道"的运行方式，并以此来治理国家。"道家的政治智慧通过无为与自然两个观念开展，无为是对君主的要求，它主张收敛个人权力欲的过度扩张，一切循道依理而行。"[⑤] 因此，"道治"的核心即在于"无为"。

---

① 王一清：《道德经释辞》，载熊铁基、陈红星主编：《老子集成》第七卷，第307页。
② 王一清：《道德经释辞》，载熊铁基、陈红星主编：《老子集成》第七卷，第286页。
③ 郭庆藩：《庄子集释》，北京：中华书局，1961年，第343页。
④ 王一清：《道德经释辞》，载熊铁基、陈红星主编：《老子集成》第七卷，第308页。
⑤ 吴坚、黄荣华主编：《中国人》，上海：复旦大学出版社，2011年，第62页。

正如王一清所提出的：

> 使我得位行志，则介然自守，躬行大道，南面无为以治其国也。然治国教
> 民必自我始，我无为无事而民自正自化也……老子当周室将衰之季，嫉时王之
> 不道。孔子曰："如有用我者，吾其为东周乎。"圣人救世之心一也。①

王一清反复强调南面无为，以治其国，认为统治者只要做到"无为无事"，那么
百姓将顺应社会之发展，国家就自然能治理好。《道德经》中的"无为"并非单纯地
指什么事情都不做，换句话说"无为"本身是一种特殊意义上的"为"。虽然老子并
没有在《道德经》文本中明确解释"无为"的内涵，但其后学文子则对老子所言的
"无为"做了具体的阐释。如《文子》中曾引用老子原文并对"无为"进行了具体的
解释："所谓无为者，非谓其引之不来，推之不去，迫而不应，感而不动，坚滞不流，
卷握不散。谓其私志不入于公道，嗜欲不枉正术，循理而举事，因资而立功，推自
然之势。"② 由此观之，老子"无为"之内涵乃是指顺应万物的发展，不强加干涉的意
思。王一清在解释《道德经》中"无为"之意的时候，基本还是继承了老子之原意，
正如他所言：

> 故知圣人之德，顺理而为，无有一毫人欲私智，增损于事物之上，一切出
> 于自然，是故谓之玄德。③
> 窃尝思之：人岂无为哉，但无妄为耳。是故圣人所谓无为者，无心于为而
> 为之谓也。故知圣人之为，时行则行，时止则止，以辅万物之自然……无事则
> 民安，天下归之。多事则民烦，天下叛之。此人君之南面之术，无为之道也。④

王氏认为"无为"具备两个特点：第一，"无为"并非是不为，而是不妄为，其
为的目的在于顺应自然，达到辅助万物自然发展的效果。第二，"无为"是一种人君
的南面之术，因此"无为"之主体并非一般百姓，而是圣人抑或人君。当然，除了
继承了老子思想之本意，王一清还引入宋明理学中"理"的概念，认为"无为"应
该是"顺理而为"，因而其"无为"论又带有明显的儒家特色。正如他提出：

---

① 王一清：《道德经释辞》，载熊铁基、陈红星主编：《老子集成》第七卷，第302页。
② 王利器：《文子疏义》，北京：中华书局，2000年，第368页。
③ 王一清：《道德经释辞》，载熊铁基、陈红星主编：《老子集成》第七卷，第283页。
④ 王一清：《道德经释辞》，载熊铁基、陈红星主编：《老子集成》第七卷，第300页。

道法自然，故常无为。无为者，道之常也。或曰："然则春生秋杀，岂非为也。"曰："物之生也，时至气聚，不得不生。物之死也，时至气散，不得不死。皆自然而然，大道何尝为之？"有或问圣人之无为，曰："无为者，无心为而为也。"程明道云："顺理即无为。"然非块然不接人事，如土木偶人，召之不来，麾之不去，拱拳蹲踝，为无为哉，殊不知圣人之心如明镜止水，物至则照，物去则空。事物之来，一切循乎自然，顺其理而应之，以辅万物之自然，虽有为犹无为，故曰："无为而无不为也。"①

根据王氏之论述，"道法自然"即是"无为"，"道"的"无为"是顺应万物生长之规律而不加干涉，因而物生物死皆自然化形，"无为"带有尊重事物发展规律的意思。如此，将"道"运行的规律应用于对国家的治理即是"道治"，"道治"之核心在于模仿"道"之"无为"。故而，圣人之"无为"也同样是顺应事物发展之规律，王一清特别引入宋明理学中"理"的概念，认为"顺理即无为"。冯友兰先生认为宋儒亦说"无为"，理学之论"无为"，是就"理"说，因而照着"理"去办就是"顺理"，"顺理"是"无为"②。程朱一脉的理学家在解释"无为"的时候，特别强调以"理"来会通，如朱熹也说："至于圣人，则顺理而已，复何为哉！所以明道云：'天地之常，以其心普万物而无心；圣人之常，以其情顺万事而无情。'"③而王一清在这里所说的"无为"，大体与宋儒之解释并无差异，可见其对"无为"的诠释带有明显的儒道会通倾向。

通过对"道"的入世论解读，王一清以儒家视角来诠释老子思想，提出了以"道治"为核心的治国论，同时以"理"来会通"无为"，阐明了儒道一致的原则。可见，尽管身为道士但其性格中始终保留了传统儒生的入世情怀。

三、以道解老——重在炼养

王一清《道德经释辞》的第二个诠释特色在于"以道解老"，即以道教的修炼思想来解释《道德经》，为道教之炼养提供理论依据。正如前文也曾指出，王一清将老子之"道"归纳为"世间之道"与"出世间之道"，此所谓的"出世间之道"即是指本体。这一本体是作为宇宙万物的生成依据，因而"出世之道，无形、无名、视不

---

①　王一清：《道德经释辞》，载熊铁基，陈红星主编：《老子集成》第七卷，第 295 页。
②　冯友兰：《贞元六书》上（修订版），《冯友兰文集》第 5 卷，长春：长春出版社，2017 年，第99 页。
③　黎靖德编：《朱子语类》，北京：中华书局，1986 年，第 4 页。

见、听不闻，故不容言、不能名也"①。具体而言，"出世间之道"是万物之本原，故而王氏曰：

> 恍惚杳冥，元无定体。有而无形，极玄极妙也。玄也，妙也，毕竟不可见、不可闻、不可道、不可名……虚无自然，而生一气。一气之中，而分阴阳。阴阳交感，而生万物。吾知其所以生万物者，理与气也。有理斯有气，有气斯有形，有形斯有名，有名便属可道也。故知可道可名者，乃太极、阴阳、五行、万物、君臣、父子政教之道之名，而非真常之道之名也。②

作为万物本原的"出世间之道"具有无定无形的特质，故而不可见、不可闻、不可道、不可名，《道德经》中用"恍惚"来加以描述这种状态。王氏在描述"出世间之道"与天地万物关系的时候依旧引入了宋明理学，原本《道德经》中对"道"与万物关系的阐释可以表达为"道生一，一生二，二生三，三生万物"（《道德经》第四十二章），而王一清则将"一"解释为"气"，"二"解释为"阴阳"，因此他说"一气之中，而分阴阳"。其对"道"生万物的阐释与理学鼻祖周敦颐的《太极图说》如出一辙，王氏"道"—"气"—"阴阳"—"万物"的宇宙生化模式与周敦颐"无极"—"太极"—"阴阳"—"万物"的宇宙论基本可以对应。当然，王一清对"出世间之道"的诠释旨趣主要还是道教的炼养，"出世间之道"既然是万物之本原，则同样是人之本原，故而他将"出世间之道"作为道教炼养之术的形上基础，正如他在解释谷神不死第六章的时候言：

> 由是知之，玄者，虚灵之妙也。牝者，窍也。这个虚灵玄窍，阖辟元气，体性圆通，为生化之本。在人身天地之正中，是造化根宗，性命渊源，实天地交界之所，阴阳混合之处，水火交媾之乡，凝结圣胎之地。精神魂魄，皆聚于此。自古神仙修炼内丹，皆在此处，所谓玄关一窍是也。③

王一清在诠释《道德经》第六章的时候，以道教之炼养来解释老子所谓的"玄牝"，他提出人身之中也存在虚灵的玄窍，因此可以通过修炼的方式获取造化生机，最终修成神仙。从王氏此处所表达的道教思想来看无疑也是内丹学，故而其谓"自古神仙修炼内丹，皆在此处，所谓玄关一窍是也"，可见他所接受的道教思想主要也

---

① 王一清：《道德经释辞》，载熊铁基，陈红星主编：《老子集成》第七卷，第277页。
② 王一清：《道德经释辞》，载熊铁基，陈红星主编：《老子集成》第七卷，第278页。
③ 王一清：《道德经释辞》，载熊铁基，陈红星主编：《老子集成》第七卷，第281页。

是内丹学。道教内丹学之炼养工夫大体是强调"性命双修",然亦有先性后命和先命后性之区别。王一清大体是提倡先性后命的,正如其所谓:"性复命至,故知命者至之而后可知也。"[1] 这一工夫路径与全真道的主张是一致的。全真道的"性命双修"之法一方面强调清心寡欲的"性功",另一方面也强调炼形养身的"命功",修心与养身相互结合,二者相辅相成。但于"性命"二法之中,全真教主张先性后命,正所谓"三分命功,七分性学",以修性为主,而修命为辅,最终修成真丹的目的。故而,尽管不能清晰地断定王一清的丹法传承,但极有可能是全真道。

那么,具体而言应该如何修炼呢? 所谓"性命双修"实际上对应心性与生命两个层面。王一清主张先性后命,因而他更加重视心性的修养,正如其所谓:"是以至人教人治其身心也,恬淡无思而心虚矣,心虚则意定,意定则神凝,神凝则气聚,气聚而腹实矣。"[2] 所以修道工夫始于"心虚","心虚"而后"意定","意定"而后"神凝","神凝"而后"气聚",然后才能"腹实"。王氏在解释出生入死章第五十的时候提出:

> 心清意静,生之门也。心慌意乱,死之户也。出入于生死之中者,元神也。心本无心,感物而有元神,化为识神矣。然人有此识神,生出那许多七情六欲,而烦恼忧苦,所以流浪生死也。由是知之,人之所以有生死者,皆七情六欲十有三也。生之徒十有三者,窒情绝欲,情欲泯则金来归性,魂魄抱一,水火相济,生之徒也。[3]

所谓的心性修养重在修心,此中王氏所言之生死并非身体言,而是就心言,心之流浪生死在于有七情六欲。因而要想"心虚"则需要"窒情绝欲",拔除人心中的欲望,复归老子所谓的清净本性。而至于修命则在于"无为",如前所述王氏认为万物皆是由"道"与"气"产生,"道"是万物生成之理,而"气"则是万物生化之形,因此"气"是构成命的基础,王一清提出"无为而气自复"的修养论:

> 虚心而神自返也,无为而气自复也。神返气复,吾身之玄牝立矣。由是知之,谷神不死者,虚心养神之喻,言其体也。玄牝之门者,阴阳阖辟之喻,言其化也。绵绵若存,用之不勤者,志意不分之喻,言其用也。此言虚心养神,神得其所养而返于心,心不外驰而气自还于身。身心妙合,神气归根,结成大

---

① 王一清:《道德经释辞》,载熊铁基、陈红星主编:《老子集成》第七卷,第287页。
② 王一清:《道德经释辞》,载熊铁基、陈红星主编:《老子集成》第七卷,第279页。
③ 王一清:《道德经释辞》,载熊铁基、陈红星主编:《老子集成》第七卷,第300—301页。

药，谓之还丹，乃不死之道也……此章玄奥，为金丹鼻祖，岂易言哉。①

这里说得更加明确"虚心而神自返"是对应修性，"无为而气自复"则对应修命，"从出世之道到玄虚灵窍，其中有体有用有化，从体经化然后到用，这就是根据常道修炼内丹的基本途径"②。因此，"性命双修"的具体过程就可以展现为"虚心养神"—"还气于身"—"神气归根"—"结成还丹"—"修成不死"。由是而观之，王一清所主张的炼养工夫是典型的内丹修炼之道。

四、结语

综上所述，王一清的《道德经释辞》将老子之"道"划分为"出世间之道"与"世间之道"，并从治道与炼养两个主题来展开对《道德经》的诠释，充分展现了道教学者对老子思想的体悟。一方面，明代老子学以会通圆融为特征，王一清以"世间之道"言治道，其内在学理实际上贯穿着以儒解老的思想路径。他将"入世之道"的核心定为"道治"的理想，并以宋明理学的"理"来会通老子的"无为"，展现了其积极入世的"救世之心"。另一方面，其经历了由儒入道的转变，故而他对《道德经》的诠释也带有明显的道教色彩。王一清将"出世间之道"作为道教炼养的形上基础，并以道教内丹学来阐发老子思想，从而呈现出以道解老的诠释的色特。

---

① 王一清：《道德经释辞》，载熊铁基、陈红星主编：《老子集成》第七卷，第281页。
② 熊铁基、马良怀、刘韶军：《中国老学史》，福州：福建人民出版，1995年，第474页。

再论王弼政治哲学中的"无为"

郝董凡*

内容提要：既有研究对王弼政治哲学中"无为"的为政原则、针对的问题已有不少细致的探讨，但其丰富、具体的正面内涵，及在哲学层面的实质意义仍有待揭示。由此展开分析，首先可以看到"无为"对统治者为政姿态与修养的正面要求，及其作为治理活动的具体展现。其次，在哲学层面，"无为"之于"道"是一种对自身体量界限展开的持续不断的否定活动，之于"物"则是对形名及由之而来情欲的否定。由此，统治者的"无为"即破除自身形名之欲的滞碍，以此姿态展开政治治理，引导百姓破除形名之累的过程。同时，万物的活动性也要求"无为"必须落实为切实的政治实践。其最终所达成的，是在肯定万物真实纯粹、通达畅活的生存状态基础上的统一秩序。

关键词：王弼 无为 以无为用 反其形名

作为道家哲学核心的政治主张，"无为"体现着其对现实政治世界塑造的态度与方式。在老子哲学中，这一概念系属于道和圣人或侯王：道以无为的方式辅助万物实现自然的状态；圣人与侯王效法道，以无为的方式展开治理，从而实现百姓的自然。从思想动机的角度审视，"无为"是着眼于对"有为"之弊的反省，作为一种与之相对的治理方式提出的。王博从其针对的主体出发，将之解读为"权力的自我节制"[①]。然而，对于节制的尺度，老子并未予以清楚的说明。若以其描述的"小国寡民"的社会形态为准，则其中"几乎看不到政治秩序与权力的印迹"[②]。"无为"的概念及理论如果只停留于这种理想化的主张，对于必须面对不断复杂、分化之现实的政治

---

* 郝董凡（1998—　），山西翼城人，北京大学哲学系博士研究生，主要研究方向为先秦哲学。

① 王博：《权力的自我节制：对老子哲学的一种解读》，《哲学研究》2010 年第 6 期。

② 孟庆楠：《王弼政治哲学中的"自然"观念浅议》，《中国哲学史》2018 年第 4 期。

而言，无疑缺乏切实的指导意义。

王弼作为卓越的《老子》注释者，敏锐地认识到这一点。出于对其所处时代政治现实的关切与反思，他在准确地把握老子哲学义理结构的基础上，对"无为"概念的意义及其理论根基做出了更加深刻的探究，同时又在对诸多细节文本的注释中给出了丰富而具体的思考。既有研究对王弼政治哲学中"无为"的为政原则、针对的问题等已经做出不少细致的探讨。本文则尝试从更加正面的视角，进一步揭示王弼所言"无为"包含的具体要求和环节，及其背后蕴含的哲学洞见。

一、因顺无私

"无为"即对"为"的否定。承续《老子》的文本脉络，王弼的"无为"首先针对的是统治者在治理活动中的过度作为。在他看来，统治者基于个人意志、偏好展开的"有为"之治必然引起"物不具存"及由此而来"物失其真"的败坏情形。这是"'无为'所要克服的'有为'之弊的关键"。① 由此，"无为"的首要含义就是统治者节制自身的作为，避免对百姓多样的生存、活动方式，与真实、纯粹的自然状态造成干涉。从积极的方面说，即是因、顺万物和百姓的自然之性："顺物之性，不别不析""因物自然，不设不施"（二十七章注），"因物自然，不立不施"（四十一章注）。② 与因、顺相伴随的是对施设、有为的反对。这被王弼落实为对形、名的拒斥：

> 居无为之事，行不言之教，不以形立物。（十七章注）
> 因物之性，不以形制物也。（二十七章注）
> 唯因物之性，不假刑以理物。（三十六章注）
> 用不以形，御不以名。（三十八章注）

有限、确定的形、名，在面对具有无穷差异且处在变化活动中的万物时必然无法照顾周全。同时，形、名根本上亦与万物的自然之性间有相当的距离而不可等同。故以形、名制物必然导致弃人弃物，引发虚伪之弊。由此，王弼将"无为"的政治原则明确为"无形无名"，即拒绝以形、名的方式把捉、规制事物。③ 既有研究往往

---

① 孟庆楠：《失其真与不具存：王弼〈老子注〉对有为之治的反省》，《中山大学学报》（社会科学版）2023 年第 1 期。

② 本文引用的王弼文本以楼宇烈《王弼集校释》（北京：中华书局，1980 年）为主，参考瓦格纳的《王弼〈老子注〉研究》（杨立华译，南京：江苏人民出版社，2009 年）。随文注明篇章，不再出注。文本有争议处，另加说明。

③ 参考王博：《无的发现与确立——附论道家的形上学与政治哲学》，赵敦华编：《哲学门》第 23 辑，北京：北京大学出版社，2011 年，第 95—110 页。

在指出这一点后便停下脚步。然而，仍有必要追问的是：这种无形无名以因顺万物的治理活动究竟如何展开？对此，王弼并没有回避，而是在对诸多文本的注释中给出了细腻的回应。

这首先体现为王弼对理想统治者形象的正面刻画。《老子》十五章注中，他描绘了上德之人不可形名的样貌：

> 冬之涉川，豫然若欲度，若不欲度，其情不可得见之貌也。四邻合攻中央之主，犹然不知所趣向者也。上德之人，其端兆不可睹，意趣不可见，亦犹此也。凡此诸若，皆言其容象不可得而形名也。夫晦以理物，则得明；浊以静物，则得清；安以动物，则得生。此自然之道也。

上德之人面对万物不乏理、静、动的治理活动。但他并不彰显、澄清自己的要求和意愿，而始终像冬天犹豫的渡河之人与受到围攻的君主一样，以晦浊不明、深不可识的状态示人。此状态在十七章注"犹然，其端兆不可得而见也，其意趣不可得而睹也"[1]，二十章注"言我廓然无形之可名，无兆之可举，如婴儿之未能孩也""犹然其情不可睹""无所欲为，闷闷昏昏，若无所识"的表达中得到进一步描摹。相反，统治者一旦"趣睹形见"展现出自己的意志与偏好，就会像造立施化的形名政治一样导致"物知避之"（十八章注）的逃避或虚伪的迎合。由此，晦暗、不可把捉的姿态是"无为"对统治者形象的基本要求。

其次，这种姿态并非出自刻意表演，而应是统治者自身常态在政治治理上的自然呈现。换言之，统治者应主动去除自身偏颇的意志与好恶，真正做到大公无私。这从王弼对统治者无欲、无身、无私的要求中可以证明：

> 言任自然之气，致至柔之和，能若婴儿之无所欲乎？则物全而性得矣。（十章注）
>
> **吾所以有大患者，为吾有身，**由有其身也。**及吾无身，**归之自然也。**吾有何患！**（十三章注）[2]
>
> 与天地合德，乃能包之如天之道。如人之量，则各有其身，不得相均，如惟无身无私乎？自然，然后乃能与天地合德。（七十七章注）

---

① 取"犹然"而非"自然"。参见瓦格纳：《王弼〈老子注〉研究》，第 470 页。

② 加粗字体是《老子》文本，一般字体是王弼注，下同。

这三句的主语都是圣人。圣人通过去除自身过度的私欲，实现与天地合德的自然状态，进而以此姿态从事政治行动，便能使万物保全且不失其性：

> 抱朴无为，不以物累其真，不以欲害其神，则物自宾而道自得也。
> 我守其真性无为，则民不令而自均也。（三十二章注）
> 故灭其私而无其身，则四海莫不瞻，远近莫不至。（三十八章注）
> 上之所欲，民从之速也。我之所欲唯无欲，而民亦无欲自朴也。（五十七章注）

这四句中，王弼更是在统治者的无私、无身、无欲与百姓复归自足素朴的治理效果之间建立起直接的关联。白辉洪敏锐地指出，前引三句中与圣人相属的"自然"概念拓展了老子哲学中道和圣人"无为"对应万物和百姓"自然"的思想结构，即圣人亦有"自然"可言。[①]结合王弼对"无私"的解释："无为于身也"（七章注），可知王弼的"无为"不只是指向万物的政治行动，也是圣人去除私欲，成就其"自然"的必要环节。其实，自庄子哲学以来，道家哲学传统中的"自然"概念就在"自己而然"义的基础上，明确凸显出"本然如此"义。此义即包含"无为"的向度：对过度欲求与机心、智故的去除。[②]相关思考在老子哲学中虽没有被"自然""无为"的概念承载，但已有所体现。王弼的拓展无疑是自觉继承此前道家哲学传统发展的结果。由此，结合五十七章注中的说法，圣人无为以成就百姓自然的过程，在王弼看来，亦是圣人无为于其身，进而以相应的政治行动令百姓无为于其欲[③]，从而共同复归本然之自然的过程。

二、无为之为

在君民关系中，王弼认为统治者始终占据主导地位。故"无为"首先是对统治者品质及其为政姿态的要求。其言"民之所以僻，治之所以乱，皆由上，不由其下也。民从上也"（七十五章注）即强调百姓邪僻、政治混乱都是由统治者引起的，统治者之于百姓有单向的、决定性的影响力。上引段落中，统治者只要做到无私、无欲便能实现百姓均平、自朴的论述亦须在此意义上理解。不过，这一点似也并不绝对。瓦格纳就分析五十三章注中的：

---

① 白辉洪：《王弼哲学思想中的自然概念》，《哲学与文化》2023 年第 6 期。
② 叶树勋：《早期道家"自然"观念的两种形态》，《哲学研究》2017 年第 8 期。
③ 《老子指略》中"夫镇之以素朴，则无为而自正"的"无为"即就百姓而言。

言大道荡然正平，而民犹尚舍之而不由，好从邪径，况复施为以塞大道之中乎？

瓦格纳指出王弼承认百姓有"好从邪径的自发倾向"[1]。此外，从三十七章注，侯王守道无为时同样会出现"化而欲作，作欲成也"而需"镇之无名之朴"的情形看，即便在统治者没有施加影响的条件下，百姓在自己而然的活动过程中，也有产生过度欲望的倾向。上言"自然"的本然义实际意味着"王弼以'自然'或'自然之性'指称的物欲是有节度的"[2]。由此，仅凭统治者无欲、无私，不主动偏举可欲之物、设立贵贱贤否之别，避免对百姓影响，尚不能实现其本然之自然的目标。"无为"还要求统治者对百姓自发产生的过度欲望及由此而来的败坏行径予以治理。《老子》五十八章注中，王弼正面刻画了此种治理的展开方式：

以方导物，令去其邪，不以方割物。所谓大方无隅。廉，清廉也。刿，伤也。以清廉导民，令去其污，不以清廉刿伤于物也。以直导物，令去其僻，而不以直激拂于物也。所谓大直若屈也。

此处，方、廉、直象征的是万物依其自然之性在欲求、活动上的恰当尺度。但圣人的治理并不是将之执定为确定的准则以整齐事物，而是通过积极的引导，使其自己去除邪僻与污秽。这种引导首先体现为圣人对百姓素朴、无知倾向的主动培养，以尽可能杜绝过度欲求、知伪巧诈的出现：

是以圣人之治，虚其心，实其腹；心怀智而腹怀食，虚有智而实无知也。**弱其志，强其骨**。骨无知以干，志生事以乱。**常使民无知无欲**。守其真也。（三章注）

是以圣人为腹不为目，故去彼取此。为腹者以物养己，为目者以物役己，故圣人不为目也。（十二章注）

古之善为道者，非以明民，将以愚之。明，谓多见巧诈，蔽其朴也。愚，谓无知守真，顺自然也。……当务塞兑闭门，令无知无欲。（六十五章注）

---

① 瓦格纳：《王弼〈老子注〉研究》，第 861 页。
② 孟庆楠：《王弼政治哲学中的"自然"观念浅议》，《中国哲学史》2018 年第 4 期。

虚其心、愚其智、实其腹、强其骨等的手段都是圣人意图将百姓的物欲维持在合理尺度内的努力。但即便如此，百姓自发的败坏情形仍不免出现。对此，王弼的策略是发挥万物之间相互影响的作用，使过度欲望的倾向得到制约。此即其所言的"万物自相治理"（五章注）："宇宙作为一个大的整体，其组成的各个部分相互依存，相互制约，也具有自我调节的机制，因而同样不需要任何外来的干预，其存在的状态也是自满自足，完美和谐的。"①如"天地不为兽生刍，而兽食刍；不为人生狗，而人食狗"（五章注）一般，万物会在相互作用的过程中呈现出条理与秩序。但在人类社会中，统治者根据实际情形，因顺万物自相治理的趋势，积极展开的引导同样不可或缺。《老子》三十六章注即可视为这种引导的示例：

> 将欲歙之，必固张之；将欲弱之，必固强之；将欲废之，必固兴之；将欲夺之，必固与之，是谓微明。将欲除强梁、去暴乱，当以此四者。因物之性，令其自戮，不假刑为大，以除将物也，故曰"微明"也。足其张，令之足，而又求其张，则众所歙也。与其张之不足，而改其求张者，愈益而己反危。

强梁、暴乱者是以勇武残暴的方式行凶作乱，戕害他者、破坏秩序的个体。王弼从统治者立场出发，认为动用刑罚直接制裁强梁、暴乱反而会将矛头引向自身，致使自己陷入危险。而如他在其他篇章中提到的"大怨则天下之所欲诛，顺天下之所同者，德也"（六十三章注）、"为逆，顺者之所恶忿也；不仁者，人之所疾也"（七十四章注）、"强兵以暴于天下者，物之所恶也"（七十六章注），强梁、暴乱就是为人所恶嫉、天下所欲诛的大怨。故统治者反而要继续满足、扩张强梁、暴乱者的性情，才可凭借百姓的共同意志，使其受到反制。其中，"众所歙"是强梁、暴乱者为他者制约的必至之势，"足其张，令之足，而又求其张"则是统治者因其势展开引导的主动作为。这种引导还体现在圣人的教化活动中：

> 朴散则为器，圣人用之，则为官长。朴，真也。真散则百行出，殊类生，若器也。圣人因其分散，故为之立官长。以善为师，不善为资，移风易俗，复使归于一也。（二十八章注）
> 故善人者，不善人之师；举善以师不善，故谓之师矣。不善人者，善人之资。资，取也。善人以善齐不善，不②以善弃不善，故不善人，善人之所取也。

---

① 余敦康：《魏晋玄学史（第二版）》，北京：北京大学出版社，2016年，第191页。
② "不"字从楼宇烈校补。"以善弃不善"有弃人弃物之义，与此章《老子》"无弃人"及王弼"不造进向以殊弃不肖"之说违背。参见楼宇烈：《王弼集校释》，第73页。

（二十七章注）

此处，朴、真指的是万物本然之自然的状态，其分散之后而有百行与殊类。它们即便不是已然败坏的状态，至少也包含相应的危险。① 由此，圣人不得不因顺此种情形设立官长，展开移易风俗的治理与教化。其中，"以善为师，不善为资"是为了取不善者以"齐"于善。然而，从"不以善弃不善"的说法看，"齐"不可视为以确定的善的标准对百姓施以规训的政治作为，而要理解为在尊重百姓自己而然基础上的引导性教化。对此，王弼利用《老子》中圣人以强梁者为"教父"的话题，做出具体的说明：

> **人之所教，我亦教之**。我之教人，非强使人从之也，而用夫自然。举其至理，顺之必吉，违之必凶。故人相教，违之必自取其凶也，亦如我之教人，勿违之也。**强梁者不得其死，吾将以为教父**。强梁则必不得其死。人相教为强梁，则必如我之教人不当为强梁也。举其强梁不得其死以教邪，若云顺吾教之必吉也。故得其违教之徒，适可以为教父也。（四十二章注）

圣人教人不可为强梁，并非直接彰明这一准则，强迫人们服从，而是向人们展示强梁者一定不得善终的实际遭遇，使得天生具有过度欲求倾向的人们自觉拒绝强梁的行径。此处，强梁的遭际即其所举"违之必凶"之"至理"的具体体现。由于人们对此"至理"的遵从出于自觉的选择，故亦不违背"自然"的原则。由此，圣人的教化实际上是以"开而弗达，导而弗牵"（《老子指略》）的方式，引导百姓无为于其欲的自化过程。

除以上两例外，再结合王弼的其他文本，可知为实现百姓自然的目标，其所言"无为"的范围是相对灵活的。汤用彤指出，《讼卦·象传注》中的谋始作制、《观卦·象传注》中以宗庙仪式之观对百姓的感化，以及《论语释疑·泰伯》所言因俗立制、矫俗检刑与感以声乐，"就是刑制，只要'因'，亦应有"。② 甚至在面对暴乱的时境下，军事手段也允许被使用："用兵虽趣功，果济难，然时故不得已，当复用者，但当以除暴乱，不遂用果以为强也"（三十章注）。总之，所有行动皆以其所因的自然尺度为内在准则而合于"无为"。

综上，王弼的"无为"对统治者提出了两方面要求：首先，统治者要无私、无

---

① 王弼"朴散真离，事有其奸"（《老子指略》）、"殊类分析，民怀争竞"（五十八章注）、"农人之治田，务去其殊类，归于齐一也"（五十九章注）的语例暗示了这种解读的可能。
② 汤用彤：《魏晋玄学论稿（增订版）》，上海：上海人民出版社，2015 年，第 170 页。

欲，去除偏颇的意志与好恶，以此姿态参与到政治中，避免设立贵贱、贤否、善恶等标准，消除权力对百姓自然的负面影响。其次，针对百姓自化过程中出现过度欲望的倾向，统治者应当主动展开治理与教化，在不违背百姓自己而然前提的基础上，引导他们无为于其欲，复归本然之自然的状态。在面对强梁、暴乱的特殊情况下，亦可利用万物相互制约的作用，通过对强梁、暴乱者的诱导，或有限地使用军事手段，使之收敛或消灭。

由此，进一步的问题是，是否只要依此线索将王弼言及"无为"的政治行动搜罗并加总就可以说是把握了其政治哲学中的"无为"之治呢？答案应当是否定的。限于注释的体例，王弼著作中对"无为"之治零散而有限的讨论本身也拒绝了在实然层面整全描绘"无为"之治的可能性。王弼主观上似亦无意于此。这提示出，或许真正值得追问的是王弼在哲学层面对"无为"实质意义及其理论根据的探讨。

三、以无为用

"以无为用"是王弼在《老子》三十八章注中对"无为"做出的更加理论化的表达。澄清这一概念有助于更加深入地把握"无为"的哲学意义。其言：

> 德者，得也。常得而无丧，利而无害，故以德为名焉。何以得德？由乎道也。何以尽德？以无为用。以无为用，则莫不载也。

此处，"以无为用"是实现"尽德"的方式。然而，由于王弼对"德"的注释有些复杂，"尽德"的意义并不清晰。既有研究注意到其与五十一章注的关联：

> 道者，物之所由也；德者，物之所得也。

结合此处的提示，不少研究者将三十八章注中"得"的主语径直读为万物。[①] 这种读法虽亦可通，却忽视了此章之"德"讨论为政方式的语境。与之不同，孟庆楠指出三十八章注中的"得德"所言当是"君主秉持德"。五十一章注"作为对'道生之，德畜之'的进一步解说""'所由'指'所由生'，'所得'指'所得畜'。万物是

---

① 如刘沁即言："在这里'德'很明确是在万物与百姓的层面言说的，是万物从根源性的'道'那里获得的'常得而无丧，利而无害'的品质。"王葆玹、白辉洪也是在物之德的意义上理解"得德""尽德"之语。参见刘沁：《论王弼"以无为用"与政治秩序的建立》，《中国哲学史》2019年第2期；王葆玹：《通论玄学》，北京：中国社会科学出版社，2023年，第435页；白辉洪：《王弼哲学思想中的自然概念》，《哲学与文化》2023年第6期。

由道而生、得德而畜的，那么所谓'得德'，就是万物得德"①。由此，王弼的"得德"应从君主秉持德治与万物所得畜养的关联中得到界定。这一分析更为细腻而能贴合文本。

那么，所谓君主"得德"的"德"该如何理解呢？从王弼对五十一章"道生之，德畜之，物形之，势成之"所注："凡物之所以生，功之所以成，皆有所由。有所由焉，则莫不由乎道也。故推而极之，亦至道也。随其所因，故各有称焉。"可知，"德"是从道畜养万物作用的角度对道的称谓。这一理解带入君主"得德"的语境同样合适，即君主能够得到畜养万物的能力。长久地保持这一能力不丧失，则有利而无害。这种能力由道而来，通过"以无为用"的方式得以充分发挥。君主做到"以无为用"便可使万物备载。从万物"得德"的角度说，即万物能够得到充分的畜养，实现物全而性得的状态。再结合后文"以无为用，则得其母，故能己不劳焉而物无不理。下此已往，则失用之母。不能无为而贵博施"的说法，可以确认君主的"以无为用"就是指以"无为"的方式展开政治实践。

王弼"以无为用"的概念本于《老子》的十一章：

三十辐共一毂，当其无，有车之用。埏埴以为器，当其无，有器之用。凿户牖以为室，当其无，有室之用。故有之以为利，无之以为用。

此章意在由车轮、器皿、屋室三个例子说明有形之物是凭借其中的"无"才成就其作用。如屋室是因其中空之处，才能发挥容纳它物的功能。王弼注此章曰：

木、埴、壁之所以成三者，而皆以无为用也。言无者，有之所以为利，皆赖无以为用也。

这大致合于以上的理解。由"言无者"三个字，结合王弼对《系辞》大衍之数章的注解"夫无不可以无明，必因于有，故常于有物之极，而必明其所由之宗也"可知，在他看来，此章是以三个有形之物为例对"无"的言说。不过，"无"在有之上显示的仍然是"无"的作用，并非"无"本身。同样，成就车轮、器皿、屋室三者作用的"中空"只是"以无为用"显示于三者的示例，由此仍不能充分把握其意义。汤用彤指出，以无为用"即冲而用之"。②这一提示是深入理解"以无为用"的

---

① 孟庆楠：《失其真与不具存：王弼〈老子注〉对有为之治的反省》，《中山大学学报（社会科学版）》2023 年第 1 期。

② 汤用彤：《魏晋玄学论稿（增订版）》，第 41 页。

契机。王弼注《老子》四章中"道冲而用之或不盈"言：

> 夫执一家之量者，不能全家；执一国之量者，不能成国。穷力举重，不能为用。……冲而用之，用乃不能穷。满以造实，实来则溢，故冲而用之，又复不盈，其为无穷亦已极矣。形虽大，不能累其体；事虽殷，不能充其量。

只具有执持一家一国能力的人，不能周全、妥善地实现相应的治理：一旦发生意料之外的变动，他们就会由于难以应对而陷入混乱。就如同穷尽力气将重物举起，便无法再做其他动作发挥它的作用一样。这是因为相应的对象已经完全耗尽他们的体、量，因而不再有余量允许相应对象在变化活动中成就它们的作用。与之不同，道由于能"冲而用之"即以冲虚的方式应接事物、动作施用，因此能使事物发挥无穷的作用。而从"满以造实，实来则溢，故冲而用之，又复不盈"的说法看，"冲而用之"实则是在不断面对满溢之实的情形下，通过动态的自身否定以提供出源源不断之余量的过程。余敦康指出，"这个道是一个无穷的极限，也就是无限"[①]，而这一无限恰是通过对自身固有限量的不断否定实现的。因此，形即使再大也不会对其体造成拖累，事就算再多也不能充满其限量。正是在这一意义上，才可以理解《老子指略》所言"可道之盛，未足以官天地；有形之极，未足以府万物"，因可道、有形属于有限，故即使达到盛极也无法容纳天地之间始终不断涌现的物事。

由此，理解"冲而用之"或"以无为用"的关键在于不可将"冲"与"无"视为静态的、物理空间意义上的虚空，而要将之把握为动态的、对自身体量界限持续不断展开的否定活动。以下文本可进一步证实这一理解：

> 周行无所不至而免殆，能生、全大形也，故可以为天下母也。
> 不守一大体而已，周行无所不至，故曰"逝"也。（二十五章注）
> 动皆之[②] 其所无，则物通矣。故曰"反者，道之动"也。（四十章注）

此两章注都明确凸显出道活动的面向。道之所以能够生成并周全地畜养万物而无危殆，并不是因为其能持守一个极大的体量，而在于其普遍的运行与活动。正是基于此运行、活动对其体量之界限的不断否定，才为生长、变化不已的万物提供出不屈不竭的余量。"动皆之其所无"更直接地体现出道对自身固有界限的出离，正是

---

①　余敦康：《魏晋玄学史（第二版）》，第 175 页。

②　"之"字从瓦格纳校。参见瓦格纳：《王弼〈老子注〉研究》，第 566 页。

由于这一与自身相反的不已之动，才得以使万物通达畅活地生存。此外，"无状无象，无声无响，故能无所不通，无所不往"（十四章注），及王弼对四十五章"大成若缺，其用不弊；大盈若冲，其用不穷"的注解"随物而成，不为一象，故若缺也。大盈充足，随物而与，无所爱矜，故若冲也"都体现出道的这一特征。由此，可以说，面对差异多样、变化无穷的天地万物而展开的对自身体量界限的持续性的否定活动是理解道之"无"的重要面向。

回到三十八章注所言的"何以得德？由乎道也。何以尽德？以无为用"可知，君主的"以无为用"应正是从对道这一特征的效法而来。故相应的理解也将构成把握作为政治实践之"无为"的更为深层哲学意义的关键所在。

四、反其形名

区别于道之"无"，包括天地在内的万物皆属于"有"的层面。

> 故物，无焉，则无物不经；有焉，则不足以免其生。是以天地虽广，以无为心；圣王虽大，以虚为主。（三十八章注）

从这一论述来看，物实有"无"与"有"两方面开展之可能，且物之"无"亦可实现类于道的"无物不经"的普遍作用。天地、圣王所以能成就畜养万物的广大功业，正由其"无"。这提示着物之内当有合于道之"无"的某种根据。白辉洪通过对王弼哲学中与物性密切相关的"真""朴""一""常"等概念的梳理证实了这一点。

以"常"为例，王弼注十六章"复命曰常，知常曰明"言：

> 复命则得性命之常，故曰"常"也。常之为物，不偏不彰，无皦昧之状、温凉之象。故曰"知常曰明"也。

复命的主语是物，故"常"指的是物的性命状态。而此处对"常"的描摹正合于道之"无"。[1] 这意味着有形有名的万物之性命有着不可形名的一面。这一面，正是在道始万物之时本源于道之"无"而有，且应复归的状态。"因此，万物既有破除

---

[1] 《老子指略》："无形无名者，万物之宗也。不温不凉，不宫不商。听之不可得而闻，视之不可得而彰，体之不可得而知，味之不可得而尝。"

形名以返本的必要，也在自身中具备了此种可能。"①

上节的分析揭示出，道之"无"除了有对静态的、具体形名否定的维度外，还有动态的、对自身体量界限持续不断否定的活动义。对应于物而言，万物虽总是以某种确定的形名呈现，但同时也始终是在时空中动态地生成变化、活动着的，且在这一过程中，由于万物与自身和他者的不同关联，其呈现出的形名同样是变化而不可执定的。道之"无"在有形之物的落实正应于其动态的方面理解。

《老子》二十九章注集中呈现出物的这一面向：

> 万物以自然为性，故可因而不可为也，可通而不可执也。物有常性，而造为之，故必败也。物有往来，而执之，故必失矣。凡此诸或，言物事逆顺反覆，不施为执割也。圣人达自然之性②，畅万物之情，故因而不为，顺而不施。除其所以迷，去其所以惑，故心不乱而物性自得之也。

万物的自然之性不仅有其恒常，拒绝人为造作、干涉的一面，亦有往来活动、逆顺反复、不可执定的面向。圣人只有因顺不施，主动去除迷惑的根源，才能使万物之心不受外物扰乱，在不同境遇的变化活动中始终保持通达畅活、自得其性的状态。此外：

> **生之**，不塞其原也。**畜之**。不禁其性也。（十章注）
> 唯此复，乃能包、通万物，无所不容。（十六章注）
> 动皆之其所无，则物通矣。（四十章注）
> 故能为品物之宗主，苞、通天地，靡使不经也。（《老子指略》）
> 故生之畜之，不雍不塞，通物之性，道之谓也。（《老子指略》）
> 夫立言垂教，将以通性，而弊至于湮。（《论语释疑·阳货》）

---

① 白辉洪：《王弼哲学思想中的自然概念》，《哲学与文化》2023 年第 6 期。需要指出，白氏论证中对王弼所言"玄德"作为物之德的解读是颇可商榷的。一方面，根据上文的讨论，王弼的"德"所言其实是道畜养万物的作用，"玄德"之"玄"是强调从万物的角度不知此畜养之所以然的意义。由此，物的"有德无主"（十章注，又见五十一章注）是在说万物"得德"即得到畜养而不知其主，而非物之性有幽冥、深玄，亦即"无"的层次。另一方面，《老子》六十五章注与《老子指略》对"玄德"的论述也同样合于我们的观察，而不能证实白氏的解释。当然，对这一论据的商榷并不妨碍白氏整体论证思路及其结论的合理性。同时，还可关注的是王弼以"物之极"的辞例对物性的讨论，其在十章注中言"玄，物之极也"，亦凸显了物性深玄的方面。

② "性"本作"至"，从楼宇烈、瓦格纳校改。参见楼宇烈：《王弼集校释》，第 77 页；瓦格纳：《王弼〈老子注〉研究》，第 521 页。

王弼这些不塞、不禁、通物、通性的论说也都指向对万物通达畅活地生成变化的关切。正是基于这种关切，他在根本上拒绝以形、名对事物的把握和规制。同时，万物作为有限者，虽不免身处形名之中，但为了能在变动的关系、境遇中始终保持通达畅活的生成变化，就要避免过往既成之形名对自身的拖累与牵绊。"夫形也者，物之累也"（《乾卦·象传注》）的说法集中体现出形的问题。《老子指略》也强调："凡物之所以存，乃反其形；功之所以克，乃反其名。"万物只有主动出离于自身既有之形名，才能在通达畅活的生成变化中如其自然地存续，成就畜养之功。

前引物"有焉，则不足以免其生"，楼宇烈就指出，"'生'通'身'。'不足以免其生'，即不能免去有身之累害"。[①] 具体而言，形名的累害主要源于与之相伴随的情、欲。《老子注》中"不以物累其真，不以欲害其神"（三十二章注）、"不以欲累其身"（五十章注）的说法，以及《周易注》中的"不以物累其心""忧患不能累""弃夫情累"[②] 都体现出这一点。由此，反其形名实际指向的是对伴随形名而来的情、欲对物通达畅活之生成变化累害的否定。

回到政治哲学的语境中，君主"以无为用"的意义正在于辅助万物去除形名带来的情欲累害，从而使之始终保持在物全而性得、通达畅活的生成变化之中。就此而言，"以无为用"之"用"首先意味着君主以无为的方式展开的政治实践[③]，其次则是由此而实现的万物如其自然、持续不已的功用之发挥。进一步，就其实现的环节来说，君主首先应当用"无"于己，不受自身形名的拖累，从而能够在复杂变动的政治境遇中如实地审视差异的对象及其关系，做出恰当的判断。其次则要通过具体的实践行动引导万物破除形名之累，复归自然。

获得了这一视野，便可知前言君主的无欲、无身、无私即其自反形名的表现。此外，君主的形名之反还体现在"不自"与"不居"：

> 因物而用，功自彼成，故不居也。使功在己，则功不可久也。（二章注）
>
> 自生则与物争，不自生则物归也。（七章注）
>
> 既不失其德，又盈之，势必倾危。故不如其已者，谓乃更不如无德无功者也。（九章注）
>
> 不自见，则其明全也。不自是，则其是彰也。不自伐，则其功有也。不自

---

① 楼宇烈：《王弼集校释》，第 96 页。
② 分别出自《大有卦·上九爻辞注》《遁卦·上九爻辞注》《夬卦·九三爻辞注》。
③ 白辉洪借助王引之的《经义述闻》中对"用"字的具体辨析，发掘出"用"在古代汉语中的实践义："不同于使用义对于工具的聚焦，施行义更加强调行动者的主动作为、谋划、决断，亦即实践。"参见白辉洪：《〈老子〉"无之以为用"新诠》，《哲学动态》2021 年第 7 期。

矜，则其德长也。（二十二章注）

以及由此而来的：

> 贵乃以贱为本，高乃以下为基。（三十九章注）
> 其安不忘危，其存①不忘亡，谋之无功之势。……虑终之患如始之祸，则无败事。……当以慎终除微，慎微除乱。（六十四章注）
> 垂象而见吉凶，先事而设诚，安而不忘危，未兆而谋之。（七十三章注）
> 夫存者不以存为存，以其不忘亡也；安者不以安为安，以其不忘危也。故保其存者亡，不忘亡者存；安其位者危，不忘危者安。（《老子指略》）

慎终之虑与无功之谋都意味着在较长的时间视域中对当下处境的谋划：为了能够在将来实现妥善的安顿，就不能安处在当下已经成就的情形，以之为骄恃，而应保持谨慎的态度，反思自身的不足可能招致的危险，积极判断功业可以进一步得到成就的方向。只有这样才能将已然的成就，通过持续的行动，在未来关系、境遇的不测变动中继续保持和发展。君主的以贵下贱则是从变动的人际关系角度说明同样的道理。

相应的，前言君主针对百姓自发产生之过度欲望而积极展开的治理行动，就是君主根据不同的具体情形引导百姓自反其形名、去除其累害的过程。同时，这一视野还揭示出，所谓自然之性的尺度亦不可被把握为一种静态、不变的标准，而应当具体到不同的时境中，以其是否拖累、滞碍事物通达畅活之生成变化为内在准则予以裁断。而这同时就意味着，"无为"不能仅仅停留在为政原则的层面，而必须落实为深入不同时境的、具体的政治实践。

五、复归于一

以上辨析，使"无为"作为对万物形名之累否定的实质意义，及其实现的本然之自然的动态图景呈现出来。不过，这一揭示主要从个体事物的角度展开，而尚未及于物与物之间的关系。王弼对后者实则亦有关切。其注《老子》四十四章曰：

> 甚爱，不与物通；多藏，不与物散。求之者多，攻之者众，为物所病，故大费、厚亡也。

---

① 从瓦格纳校。参见瓦格纳：《王弼〈老子注〉研究》，第656页。

据前文的分析，甚爱、多藏皆是为形名之欲累害的表现。在这一语境中，其具体展现为对物与物彼此间畅活通达之关系的滞碍。私欲使物皆封闭在一己之内，而难以向他者敞开。而欲与欲相交接便必然引发矛盾和冲突。此即七十七章注所言："如人之量，则各有其身，不得相均。"相反，如果能够去除形名固有的情欲之累，打破一己之私的痼弊，便可以容受他者，在彼此间建立和谐的关系。王弼以下的论说集中体现了这一点：

> 无之为物，水火不能害，金石不能残。用之于心，则虎兕无所投其爪角，兵戈无所容其锋刃，何危殆之有乎！（十六章注）
> 善摄生者，无以生为生，故无死地也。器之害者，莫甚乎兵戈；兽之害者，莫甚乎兕虎。而令兵戈无所容其锋刃，虎兕无所措其爪角，斯诚不以欲累其身者也，何死地之有乎！……故物，苟不以求离其本，不以欲渝其真，虽入军而不害，陆行而不犯，可也。赤子之可则而贵，信矣。（五十章注）
> 赤子，无求无欲，不犯众物，故毒螫之物无犯于人也。含德之厚者，不犯于物，故无物以损其全也。……无物以损其身，故能全长也。言含德之厚者，无物可以损其德、渝其真。柔弱不争而不摧折，皆若此也。（五十五章注）

能够如赤子一般，做到用无于心、不以欲累其身，即于外物无所侵犯，由此便消解了与他者产生对立、冲突之可能，亦可以自然避免一切外来的伤害与危殆。此理施之于统治者与百姓的关系即：

> 自生则与物争，不自生则物归也。（七章注）
> 我守其真性无为，则民不令而自均也。（三十二章注）
> 故灭其私而无其身，则四海莫不瞻，远近莫不至。（三十八章注）

统治者无为于其身、破除私欲的滞碍，即能与百姓建立起彼此通达、和谐关系。去除了可能之蔽隔，百姓便自然而归。王弼所谓"以寡统众"即是此义：

> 毂所以能统三十辐者，无也。以其无能受物之故，故能以寡①统众也。（十一章注）

---

① "寡"本作"实"，从楼宇烈校改。参见楼宇烈：《王弼集校释》，第27页。

此处车毂的比喻中，中空之"无"意指对自身形名之蔽的去除，是容受他者的关键。王弼《论语释疑》对"一以贯之"章的注解也从此一角度予以解读：

> 贯，犹统也。夫事有归，理有会。故得其归，事虽殷大，可以一名举；总其会，理虽博，可以至约穷也。譬犹以君御民，执一统众之道也。
>
> 忠者，情之尽也；恕者，反情以同物者也。未有反诸身而不得物之情，未有能全其恕而不尽理之极也。能尽理极，则无物不统。极不可二，故谓之一也。推身统物，穷类适尽，一言而可终身行者，其唯恕也。

此处，王弼所言的归会之"一"即忠恕之道，凭借此道可以统贯众物。具体来说，"忠"作为"情之尽"是对于"恕"全尽其极之程度的描述。而"恕"则意味着在实践的过程中，以反诸己身、推己及人的方式对他者情状、境遇的通达与体贴。如此，依类而尽，以至其极，便可在与他者畅达通活关系的基础上，实现对众物的统贯。

同时，据前文的分析，统治者的"无为"不仅是对自身私欲的去除，更要引导百姓破除自身形名的滞碍，使之以通达、畅活的姿态生成、活动与变化。在此一状态中，百姓之间亦能相互敞开、彼此容受，由此形成和谐的秩序整体。此即二十八章注所谓"复使归于一"：

> 万物万形，其归一也。何由致一？由于无也。由无乃一。……故万物之生，吾知其主，虽有万形，冲气一焉。百姓有心，异国殊风，而王侯得一者主焉。以一为主，一何可舍？愈多愈远，损则近之。损之至尽，乃得其极。（四十二章注）
>
> 物无妄然，必由其理。统之有宗，会之有元，故繁而不乱，众而不惑。（《周易略例·明象》）

具有差异形名的万事万物，由于统治者的"无为"而能在其真实、纯粹的生存状态中，经由彼此的敞开与容受，形成自然的秩序与条理。如白辉洪指出的，这一统一的秩序并非出于"先行设定"而是在差异之万物的"生成变化过程中所造就的"。

王弼哲学中的"统物"之秩序正是在"通物"的基础上得以实现的。①

　　综上，从王弼"无为"的政治原则对统治者自身及其政治施为的正面要求出发，深入其在哲学层面由道及物，对"无为"实质意义及其理论根据的剖析，可知王弼政治哲学中的"无为"主要以物的形名及由之而来的情欲为对象展开。具体而言，即统治者首先破除自身形名之欲的滞碍，进而以此姿态参与到政治行动之中，以引导百姓破除其形名之累的过程。由此，"无为"不能仅限于一种抽象的政治原则，而必须落实为切实的政治实践。其所要求的对百姓差异的自然尺度的把握，亦须统治者在具体实践境遇中以是否妨碍百姓通达畅活的生成变化为内在准则裁量、勘定。其最终所达成的，是在肯定差异之万物真实纯粹、通达畅活的生存状态的基础上，通过彼此的敞开与容受，于动态过程中成就的统一的整体秩序。

---

① 白辉洪：《从"统物"到"通物"——王弼哲学中"无"的两个层面》，《哲学研究》2020 年第 1期。

《道德经》现代注疏研究

钱锺书老学诠释中的言理观研究

寇凤凯 *

内容提要:《管锥编》记录着钱锺书先生对老学诠释的理解。他以客观理性的态度和立场来辩证分析《老子》，展现出鲜明的科学性、实践性、辩证性。实事求是的"公心"论是诠释发生的起点和基本立场，其中，"公心"是基本原则，同情之理解是基本态度，多元证据是基本参照，具体问题具体分析是基本态度，实践才是检验真理的标准。辩证的语言观揭示语言在表意时的特殊性，即所有的"理"都必须通过言说表达出来，但言说并不能够传达出所有的"理"。创造性的言理观展示着钱氏解老时的特殊思维，即理解不是对语言的理解，而是通过语言对存在所进行的理解。

关键词: 钱锺书 《管锥编》《老子》

基金项目: 钱锺书老学诠释中的言理观研究 基金项目：2024 年度河南省社会科学界联合会调研课题"中原老学的理论基础、基本范畴与学科体系研究"（SKL-2024-2273）

钱锺书先生非常熟悉《老子》。在《管锥编》中，他为《老子王弼注》写下十九篇札记。《老子》的语句也零散分布在《管锥编》各处。他不盲目崇拜《老子》，而是以客观理性的态度和立场来认真辨析《老子》。他主张活学活用《老子》的智慧，而且他自己也经常活学活用《老子》。他研究《老子》，没有任何护卫者的企图，而是辩证理性，既看到《老子》中的精华，同时也警醒其中的糟粕。这种科学性、实践性、辩证性都值得我们当代研究老子者学习。他从来不单独解读《老子》的某一章或某一句，而是以《老子》中的某一点为窗口，贯通《老子》全文，继而扩展至人类文化、思想史上的同类现象。这种贯通古今中外的意识也值得我们学习。

---

* 寇凤凯（1985— ），男，山东临沂人，哲学博士，历史学博士后，讲师，周口师范学院老子暨中原文化研究中心特聘研究员，主要从事道家道教文化研究。

以往所有的老学研究成果揭示一个事实，那就是：《老子》是一个灵活多变的开放性文本，是一个具有无限派生能力和再生能力的文本，在人们一次又一次的理解和解释中获得新的生命。钱锺书认为，这种神奇的能力就在于"道"蕴含着"言"和"理"之间的张力。"言"和"理"之间似乎存在一种契约："言"是"道言"，理是"道理"；无论"言"或是"理"都不能离开彼此而存在，它们都围绕"道"旋转；一切的"理"都能安置在"言"的牢笼之中，一切的"理"又总是想打破壁垒，走出牢笼。因而，妙不可言的"理"似乎总是游离于"言"的疆界。

一、实事求是的"公心"论

钱氏认为，在诠释《老子》时，"公心"是基本原则，同情之理解是基本态度，多元证据是基本参照，具体问题具体分析是基本态度，实践才是检验真理的标准。他首先探讨的是立场问题，要用实事求是、唯物的态度去探求真相，而不是从主观唯心的角度"各逞私意"。

钱锺书在讨论王弼注本时一开始便指出，《老子》及王弼注本都是一种诗性的言说，是"词气"与"文理"的合一。二者的诗学属性更胜于哲学属性。历代注者大多用自己的主观臆断强行解释，并不能够得到有效的理解。这种主观臆断，钱称之为"私意"，"私意"的理解悖逆《老子》本文的原旨，得到的解释并不是《老子》的本意，而是注者自身的认知。钱比喻为"铅华"与"真质"、"脂粉"与"素面"的博弈。显然，钱倾向于将《老子》想象为天生丽质的美人，其美难以用语言准确形容，本不需要浓妆艳抹，而历代注释者各凭己见，肆意涂抹，以至于后人难以见到最本真的美。因此，在开篇，钱锺书就指出，针对这种诗性的言说，有两种理解：一种是"私意"，即主观臆断，一种是"原文本相"，即《老子》文本的真意。可见，钱锺书对老子的理解是以求真为目标的，旨在探求老子本意，而非基于古为今用的实用立场。

在钱锺书看来，王弼注本就是最好的"原文本相"吗？不是。钱通过比较，认为王弼注本缺点最少，主观臆断最少。那么仅仅为了追求"原文本相"，追求老子本意，而推崇以"龙兴观碑文"为代表的新出文本是否正确呢？钱认为这种寻求古本的做法值得称赞，但不应过度推崇，因为过度推崇就是从一个极端走向反方向的极端。即认为以"龙兴观碑文"为代表的新出文本就是老子本意或比王弼注本更接近"原文本相"。这些都是偏颇的。钱提出要"善善从长，当戒偏颇"。也就是说，《老子》本意隐藏在其诗性言说中，而不是文本的早晚先后，更非文本中的文字是"古字"还是"俗人书字"。文字的古与今、雅与俗与诗性言说并无直接的关联，即所谓

"依文义而不依字体"。

追求"原文本相"的人往往有"因袭"与"矫揉"之分:"不自知之因袭,此可以沿流溯源者也;有所为之矫揉,此则刻意'复古',事已断弦,心图续尾,未渠可从而推见其所迻接亲承者也。"钱将"从古"分为两类,依据的标准是有意或无意:有意为之,是"矫揉",难以判断其传承源流;无意为之,是"因袭",易于"沿流溯源"。可见,针对"从古"这一现象,钱持具体问题具体分析的态度,对于"因袭"一类,钱并不否定;对于"矫揉"一类,钱极力批判。可见,"矫揉"就是主观臆断,就是"私意",打着"复古"的旗号发挥自身的一己私解。而"私意"最不可取,应该以"公心"来探求《老子》真意,实质是主张采取实事求是的态度,用客观求真的态度寻求真实。

钱举出七个例子。"'能弊复成'之义固'远胜他本'。顾碑本二六章之'轻则失臣'、四三章之'无有入于无闻'、四五章之'躁胜塞'、五〇章之'揩其爪'、六一章之'牡常以静胜牝'、七七章之'斯不见贤',诸若此类,或义不可通,或义可通而理大谬,得不谓为远输他本哉?亦岂可拈一脔以概全鼎、得笋而并煮丛竹哉?寸长尺短,固宜处以公心耳。"[①]这七个例子可以分为三类:一种是文义好于他本;一种是"义不可通";一种是"义可通而理大谬"。对于"能弊复成"四字,涉及《老子》文本的争议。当前争议是"弊复成""蔽不新成"(王弼本)、"敝不新成"(河上本)、"蔽而新成"等。陈鼓应采用易顺鼎、高亨的观点,认为:"'而''不'篆文相近,误衍。若作'不'讲,则相反而失义。"[②]其中前三者是传统老学的观点,而第四种是当代普遍接受认可的观点。高明经过仔细辨析认为,应该是"敝而不成"。[③]钱显然赞成"弊复成"。惜其未相加解析。对于其余六例,钱说甚是。《老子》文本众多,钱能够准确识别出龙兴碑文中的零星文字的微妙不同,其读书之细致,思考之精微、抓取问题之灵敏度,实不亚于老学资深研究家。钱在这段讨论之末尾提出要以"公心"来对待这类问题,所谓"公心",实质是实事求是的态度。这一主张对于老学研究极为有醍醐灌顶之效。当前老子注疏者众多,以客观求真的态度者少有,自说自话,私意注解者多如牛毛,不可胜数,皆违背"公心"也。

钱也在多次强调不能盲目崇拜《老子》。《老子》中的某些智慧在其他书中也有,老子的某些智慧不是独一无二的,意图就是消除对《老子》的盲目崇拜。在第十七则,钱专门讨论《老子》"祸兮,福之所倚;福兮,祸之所伏"。"'祸兮福倚'即西语所谓'化装之赐福'(blessings in disguise),自慰亦以慰人之常谈;'福兮祸伏'则

---

① 钱锺书《管锥编》,北京:生活·读书·新知三联书店,2014年,第630页。
② 陈鼓应《老子今注今译》,北京:商务印书馆,2003年,第131页。
③ 高明《帛书老子校注》,北京:中华书局,2004年,第298页。

不特可自惕惕人,更足以快餍妒羡者幸灾乐祸之心。"①钱从人情世故或社会经验的角度指出,《老子》的这种祸福辩证法的心理依据,说"福兮祸所伏"是为了安抚羡慕嫉妒者,说"祸兮福所倚"是为了自我安慰。他举出古今中外的很多例子,证明"阅世观化,每同此感,初不必读《老子》《文子》而后恍然"②。

在第十一则中,钱锺书讨论《老子》第二十八、六十一、六十六、七十八、七十七、五十八章、三十六章、六十章等共八章。他说:"'知其雄,守其雌,为天下溪。……知其荣,守其辱,为天下谷。'按六一章:'大国者下流',六六章:'江海所以能为百谷王者,以其善下之',七八章:'受国之垢,是谓社稷主',均同斯旨。"③这几章的意思与《左传》中类似。"即《左传》宣公十五年伯宗谏晋侯所云:'谚曰:'高下在心,川泽纳污,山薮藏疾,瑾瑜匿瑕;国君含垢,天之道也';使伯宗不言为'谚',说者殆将以伯宗为老氏之徒欤。"④钱引用《左传》中的这句话,意在表明《老子》表达的这个道理,不是《老子》所独有。

"七七章:'天之道其犹张弓欤! 高者抑之,下者举之',而《左传》昭公三十二年晋史墨曰:'社稷无常奉,君臣无常位,自古以然,故《诗》(《十月之交》)曰:'高岸为谷,深谷为陵';谷为高者之抑而陵为下者之举也,说者又可以史墨为秉老氏之遗教矣。"⑤钱也是在表明《老子》表达的这个道理,不是《老子》所独有。钱在批评学术史上的一个现象,就是但凡与《老子》思想相似的表述,都认为是受到《老子》的影响。"五八章:'祸兮福之所倚,福兮祸之所伏',而《荀子·大略》曰:'祸与福邻,莫知其门',《战国策·楚策》四或谓楚王曰:'祸与福相贯,生与亡为邻';苟说《老子》者留意及此,将谓韩非之解老、喻老,盖演其师荀卿之绪,且纵横之学亦出道德,不独刑名耳。"⑥钱依然在批评学术史上不良的习惯。何山石说:"此处也说明了《老子》一书,影响广大,能启发不同的思想流派。"⑦

"三六章:'将欲废之,必固兴之;将欲夺之,必固与之',而《魏策》一任章教魏桓子割地与知伯曰:《周书》曰:"将欲败之,必故辅之;将欲取之,必故与之"',《吕氏春秋·行论》:'《诗》曰:"将欲毁之,必重累之;将欲踣之,必高举之"';倘未言《周书》与《诗》,说者或溯《短长书》之源自《道德经》也。"⑧《老子》表达的

---

① 《管锥编》第 709 页。
② 《管锥编》第 709 页。
③ 《管锥编》第 681 页。
④ 《管锥编》第 681 页。
⑤ 《管锥编》第 681 页。
⑥ 《管锥编》第 681 页。
⑦ 何山石《〈管锥编·老子王弼注〉涉典考释与评注》,北京:人民出版社,2020 年,第 228 页。
⑧ 《管锥编》第 681—682 页。

这个道理，不是《老子》所独有。"六〇章：'治大国若烹小鲜'，而《诗·桧风·匪风》：'谁能烹鱼，溉之釜鬵'，《毛传》：'溉、涤也；烹鱼烦则碎，治民烦则散，知烹鱼则知治民矣'；陈启源《毛诗稽古编》谓'周道'以'优柔宽简为治'，'《老子》意与《毛传》正同'，亦其例焉。"[1]《老子》表达的这个道理，不是《老子》所独有。

如何"考论学风道统"呢？钱认为考证学风流派源流时，要注意到历史语境。"一家学术开宗明义以前，每有暗与其理合，隐导其说先者，特散钱未串，引弓不满，乏条贯统纪耳。群言歧出，彼此是非，各挟争心而执己见，然亦每有事理同，思路同，所见遂复不期而同者，又未必出于蹈迹承响也。若疑似而不可遽必，毋宁观其会通，识章水之交贡水，不逐为之谱牒，强瓜皮以搭李皮。故学说有相契合而非相受授者，如老、庄之于释氏是已；有扬言相攻而阴相师承者，如王浮以后道家伪经之于佛典是已。"[2]在先秦诸子时代，百家争鸣，各家都有自己的思考、自己的主张，彼此并不服膺，因此会出现"不期而同"的现象。不可以据此来证明各流派之间的传承。在考证学风流派源流时，尤其要注意"会通"，不可偏听。尤其要注意"学说有相契合而非相受授"这种情况。

二、辩证的语言观

一切的意义都要由语言来承担和传达。语言既是意义的载体，又是意义的创造者；语言既传达意义，又干扰意义的传达。因此，钱锺书对语言怀有警惕心，认为所有的"理"都必须通过言说表达出来，但言说并不能够传达出所有的"理"。

钱锺书完全不认同乾嘉汉学的做法，钱批评乾嘉汉学过于注重考据，而忽视义理；过于注重文字的真实性，而忽视语言的首要任务是承载意义。他说："信斯言也，孔子之道不过塾师训蒙之莫写破体、常翻字典而已，彼尸祝孔林者以及破孔户而据床唾堂者，皆枧虱如轮、小题大做矣！盖学究执分寸而忽亿度，处把握而却寥廓，恢张怀抱，亦仅足以容学究；其心目中，治国、平天下、博文、约礼皆莫急乎而不外乎正字体、究字义。一经笺释，哲人智士悉学究之化身，要言妙道皆字典之剩义。"[3]

钱说："清代以来，治子部者，优于通训解诂，顾以为义理思辨之学得用文字之学尽了之，又视玄言无异乎直说，蔽于所见，往往而有。"[4]清代乾嘉汉学治子学者，精于理解词义和语音（"通训解诂"）；缺点有二：其一是以"文字之学"研究"义理

① 《管锥编》第 682 页。
② 《管锥编》第 682 页。
③ 《管锥编》第 634—635 页。
④ 《管锥编》第 633 页。

思辨之学",即用考据来研究义理,用文献学来研究哲学、思想。其二是用经验思维来解读哲学表述,把"玄言"看成"直说",以至于主观性过强,被自己的成见所禁锢,无法理解"玄言"。钱的观点是"名皆字也,而字非皆名也,亦非即名也"。所有的事物都有名字,是为专属名词;凡是名字都有对应的文字。反过来说,并非所有的文字都是事物的名称,都是专属名词,文字更不可以直接等同于"名"。钱首先举出《春秋繁露》的说法,并以其观点作为自己的观点。"《春秋繁露·深察名号》篇曰:'鸣而施命谓之名;名之为言,鸣与命也。'其言何简而隽耶!""名即通过鸣叫而命名。鸣叫体现了名的气息特征。而命则强调了名的产生的权威性。"① "名"有两个基本特征,其一 "名"用于日常生活中指代事物,即索绪尔所谓"能指"与"所指";其二是"名"一旦固定下来,是不可以改变的,即"名"有固定性或权威性。也就是说,"名"一旦形之于文字,其文字不可随意变更。"名字"具有天然的固定性或权威性。这里是在论证上面所说的"名皆字也"。"俞氏等'名'于'字',盖见有'鸣'而不见有'命'也。"② 俞氏认为"名"即"字",说明他看到了"名"在日常生活中的指称作用,但没看到"名"的固定性或权威性。

钱接着解释"名字"的固定性或权威性:"曰'字',谓声出于唇吻、形著于简牍者也;曰'名',谓字之指事称物,即'命'也,《墨子》'经上''经说上'所谓:'举,拟实也,以之名拟彼实也。'"③ 他解释"字",所谓"字"就是用声音说出来,并在简牍上写出来。而"名"是用特定的"字"来指称事物。因此,"名皆字也,而字非皆名也,亦非即名也"。他引用《墨子》的观点作为辅证,意思是要依据事实来命名,要做到名实相符。钱依然是在重申"名字"的固定性或权威性。"字取有意,名求傅实;意义可了(meaningful),字之职志也;真实不虚(truthful),名之祈向也。"④ 每个字都有专属的意义,字的作用就是记载意义、传达意义;名则是传达真实,指示实体、实物,要求就是"真实不虚"。这是钱进一步总结提炼前面的论点。

"初名旧名无当后实新实,故易字而另名之。"⑤ 因为最初的名不适合后来的实体,旧有的名不适合新发现的实体,所以需要换成新的字来重新命名。实体发生了变化,名字就要改变,就要有新的字来重新命名。"夫易字以为新名,正缘旧名之字'常'保本意而不符新实耳。"⑥ 之所以要为新名更换文字,是因为旧名的字只能保持

---

①　沈顺福:《理解即感应:论传统儒家诠释原理》,《北京大学学报(哲学社会科学版)》2020 年 04期,第 5—14 页。

②　《管锥编》第 633 页。

③　《管锥编》第 633 页。

④　《管锥编》第 634 页。

⑤　《管锥编》第 634 页。

⑥　《管锥编》第 634 页。

原来的意思，不符合新的实体。名与字的关系是，名发生变化，字就要发生相应的变化。所以，名之所以变化，有两个方面原因，主要是因为实物发生变化，其次是因为字义较为固定，难以改变。"故名之变易不'常'，固因实之多方无方，而亦因字之守'常'难变其意。"①

钱锺书敏锐意识到用语言文字来表达"道"的无奈。他说，人的生活离不开语言，"语言文字为人生日用之所必须，著书立说尤寓托焉而不得须臾或离者也"②。但我们不可能利用语言文字表达出心中全部的想法："顾求全责善，啧有烦言。作者每病其傅情、说理、状物、述事，未能无欠无余，恰如人意中之所欲出。"③我们离不开语言文字，但使用文字不能尽如人意。作者总是想尽可能说清楚、说明白，但读者反而越发看不懂，越发不明白，更容易"误解""曲解"。这就是诠释学要解决的问题。"务致密则苦其粗疏，钩深赜又嫌其浮泛；怪其粘着欠灵活者有之，恶其暧昧不清明者有之。立言之人句斟字酌、慎择精研，而受言之人往往不获尽解，且易曲解而滋误解。"④

"语文之于心志，为之役而亦为之累焉。是以或谓其本出猿犬之鸣吠，哲人妄图利用；或谓其有若虺蛇之奸狡（der Schlangenbetrug der Sprache），学者早蓄戒心。不能不用语言文字，而复不愿用、不敢用抑且不屑用，或更张焉，或摈弃焉，初非一家之私忧过计，无庸少见多怪也。"⑤使用语言文字极为消耗心志，语言文字被使用之后，又会出现大量意料之外的事，所以出现了"不愿用、不敢用抑且不屑用"，甚至是"不用"。这都是正常现象。《老子》开宗明义，勿外斯意。心行处灭，言语道断也。"⑥钱认为《老子》开篇所说，就是这个意思，近似于宗教神秘主义。

即便是误解了文字，也有可能得出令人信服的道理。比如对于"天地不仁，以万物为刍狗；圣人不仁，以百姓为刍狗"；《注》曰："物不具存，则不足以备载矣。地不为兽生刍而兽食刍，不为人生狗而人食狗。……圣人与天地合其德，以百姓比刍狗也。"⑦钱很欣赏严复评点《老子》。王弼注的错误是"望文曲解"，但仍然"亦具至理"。

---

① 《管锥编》第 634 页。
② 《管锥编》第 635 页。
③ 《管锥编》第 635 页。
④ 《管锥编》第 635 页。
⑤ 《管锥编》第 635—636 页。
⑥ 《管锥编》第 638 页。
⑦ 《管锥编》第 650 页。

三、创造性的言理观

钱提出了创造性的言理观。他说:"'道可道,非常道';第一、三两'道'字为道理之'道',第二'道'字为道白之'道',如《诗·墙有茨》'不可道也'之'道',即文字语言。"[①] 高明说:"依王弼、河上公两注,'道''可道''恒道'三'道'字,字同而义异。第一个'道'字,通名也,指一般之道理。"[②] "'可道'犹云'可言',在此作谓语。"[③] "'恒道'谓永存恒在之道。此'道'字乃《老子》所用之专词,亦谓为'天之道'。"[④] 陈鼓应也坚持相同的观点。钱引用希腊文和海德格尔的观点:"古希腊文'道'(logos)兼'理'(ratio)与'言'(oratio)两义,可以相参,近世且有谓相传'人乃具理性之动物'本意为'人乃能言语之动物'。"论证"道"有"理""言"两个意思。钱认为"名可名,非常名"是解释"可道"的:"'名可名,非常名';'名'如《书·大禹谟》'名言兹在兹'之'名',两句申说'可道'。"与学界的观点不同。高明说:"'名'为物之称号。""'可名'之'名',在此作谓语,称名也。'恒名'指永恒存在之名,《老子》用以异于世人习用百物之名也。《老子》把'道'与'名'作为同一事物之两方面提出讨论,第一次指出名与实,个别与一般的区别;同时他以'恒道''恒名'与'可道''可名',即'无名'与'有名',阐明事物实体与现象的辩证关系。"[⑤] 陈鼓应说:"第一个'名'字是指具体事物的名称。第二个'名'字是称谓的意思,作动词使用。第三个'名'字为老子特用术语,是称'道'之名。"[⑥] 学界不认为"名可名,非常名"是解释"可道"的。

"'名',名道也;'非常名',不能常以某名名之也;'无名,天地之始',复初守静,则道体浑然而莫可名也;'有名,万物之母',显迹赋形,则道用粲然而各具名也。"[⑦] 钱认为,"名"是用来命名道的。"非常名"的意思是不能用具体的某个"名"来命名道。"无名,天地之始"说的是在天地开始之前,"道"是不可以被命名的。"有名,万物之母"的意思是在事物都有了行迹之后,就都有了各自的名称。钱的断句与学界通常的做法不同,陈鼓应断句为"无,名天地之始;有,名万物之母"。且帛书本中,此句写作"无名,万物之始也;有名,万物之母也"。钱的断句与高明相同。钱写作《管锥编》时并未见到 1994 年的郭店本,但两者断句相同,解释又相同,

---

① 《管锥编》第 638—639 页。
② 高明《帛书老子校注》,北京:中华书局,2004 年,第 222 页。
③ 高明《帛书老子校注》,北京:中华书局,2004 年,第 222 页。
④ 高明《帛书老子校注》,北京:中华书局,2004 年,第 222 页。
⑤ 高明《帛书老子校注》,北京:中华书局,2004 年,第 222 页。
⑥ 陈鼓应《老子今注今译》,北京:商务印书馆,2003 年,第 74 页,
⑦ 《管锥编》第 639 页。

足见钱的卓识。高明大段引用蒋锡昌的观点，说："天地未开辟以前，一无所有，不可思议，亦不可名，故强名之曰'无名'。""迨天地既辟，万物滋生，人类遂创种种名号以为分别，故曰'有名'。质言之，人类未生，名号未起，谓之'无名'；人类已生，名号已起，谓之'有名'。"①

"首以道理之'道'，双关而起道白之'道'，继转而以'名'释道白之'道'，道理之见于道白者，即'名'也，遂以'有名''无名'双承之。由道白之'道'引入'名'，如波之折，由'名'分为'有名''无名'，如云之展，而始终贯注者，道理之'道'。两'道'字所指各别，道理与语文判作两事，故一彼一此，是非异同。"②这是钱对《老子》第一章第一句的论述逻辑的解释。他认为，这一句的要旨是讲述"道理"的"道"，也就是形而上学意义上的"道"，哲学意义上的"道"。因为"道"又可以被理解为"言"，所以"道"与"名"有密切的逻辑联系。"道之全体大用，非片词只语所能名言；多方拟议，但得梗概之略，迹象之粗，不足为其定名，亦即'非常名'，故'常无名'。苟不贰不测之道而以定名举之，是为致远恐泥之小道，非大含细入、理一分殊之'常道'。"③钱指出，道博大精深，不是语言文字所能说清楚、说明白的，只能从多个角度予以描述，从而得到对道的大概认识，所以不能给予确切命名，只能称之为"非常名"。如此，"名可名，非常名"说的是"可道"，那么"道"就是"非常名"。

"盖可定者乃有限者也。不可名故无定名，无定名故非一名，别见《周易》卷《系辞》（一）论"无名"而亦"多名"。④钱引用外文说，能够定名的都是有限的，不能够定名的就是无限者。道就是这种不可定名的无限者。

"世俗恒言：'知难而退'；然事难而人以之愈敢，勿可为而遂多方尝试，拒之适所以挑之。道不可说、无能名，固须卷舌缄口，不著一字，顾又滋生横说竖说、千名万号，虽知其不能尽道而犹求亿或偶中、抑各有所当焉。"⑤道是不可能被充分论说的，但世人偏偏不畏艰难，任意胡说。钱这是从人情、人性的角度来解释的。其实，世人之所以任意解释道，不完全是因为不畏艰难，迎难而上，也有很多人是出于善意，很多人自视高明，为了让别人看懂，所以解释道。学人应该有此公心，不能故意隐藏自己的高见。

---

① 高明《帛书老子校注》，北京：中华书局，2004年，第223—224页。
② 《管锥编》第639—640页。
③ 《管锥编》第640页。
④ 《管锥编》第640页。
⑤ 《管锥编》第640页。

结　语

"言"和"理"的关系本质上是意义问题，即可说与不可说之间的转换与意义生成问题。一个基本的前提是理解不是对语言的理解，而是通过语言对存在所进行的理解。因而，"言"和"理"的关系问题实质是解释和领悟：解释是由"理"及"言"；领悟是由"言"到"理"。具体来说，在解释与领悟之间，认识的形上等级制应该是相互逆向的排列：解老者想要表达的信息量随着《老子》→领悟"理"（读老子的书，产生自己的认识）→解释"言"（构思，用文字表述出来，形成书面文字）的等级递减少，而读者所要领会的信息量则随着解释"言"（构思，用文字表述出来，形成书面文字）→领悟"理"（读老子的书，产生自己的认识）→《老子》的等级递减增。如此存在一个闭环的本意还原过程，即递增的部分可以做到与递减部分相等，从而使老子的信息量重新还原，即回到老子创作《老子》的起点，理解与阐释最终与《老子》的本意重合。钱锺书也认为有一个绝对正确的意义存在，也就是老子的创作意图，阐释的目的就是要发掘、揭示、呈露所谓文本的"本义"。

论傅圆天的老学思想

高大伟 *

内容提要： 作为新时代道教徒中以身行道、积功成真的全真典范，傅圆天一生的功行成就莫不得益于其老学思想的滋润、濡养。《太上道德经自作自述自解》手稿是傅圆天在生命最后阶段对《道德经》毕生领悟的集中总结，也是傅圆天系统阐述其老学思想的重要著述。通过对《太上道德经自作自述自解》及其他相关文献的考察，我们可以发现，傅圆天老学思想不仅内涵丰富、特色鲜明，而且具有浓厚的宗教修行旨趣。自述自解的解经方式、道教本位的阐释立场、重人重行的价值旨归是傅圆天解老的独特风格。三乘大道说、道德次序说、体天行道说等论说是傅圆天老学思想的特色内容。傅圆天老学思想具有可贵的当代价值，其纯正的道教精神、开放的修道胸怀、坚持守正与革新的辩证统一等内容值得当代中国道教界继承与弘扬。

关键词： 傅圆天　老学　《太上道德经自作自述自解》　三乘大道　道教精神

基金项目： 本研究成果由"国家资助博士后研究人员计划"（GZB20240578），"湖北省博士后创新人才培养项目"（2024HBBHCXB070）资助

傅圆天（1925—1997），四川简阳人，全真龙门派第十九代弟子，中国道教协会第四任会长，全真律坛第二十三代方丈大律师。改革开放以来，傅圆天"带领全国道教界积极协助党和政府落实宗教政策，首倡白云观开坛传戒，在恢复修缮宫观，培养道教人才，弘扬道教事业中作出了巨大贡献，是道教界以及党和政府共同信赖

---

* 高大伟（1989—　），四川蒲江人，武汉大学哲学学院博士后、助理研究员。

和尊重的道教领袖人物"①。傅圆天不仅修持精严,"是一个信仰虔诚,正信,正统的道士……一直守着道教的原始风范"②,而且一生潜心精研《道德经》,"晚年越来越倾心于对教理教义的研究和道教文化的弘扬……终生学而不倦"③。傅圆天"对道教经典《道德经》有较深研究,不仅能背诵,且能用道教义理详解全文,依旨修持"④,对《道德经》"有许多生动朴素深得道意的领悟"⑤。傅圆天的老学思想丰富且深刻,"与他讨论《道德经》者,莫不赞佩他的宏论博识及弘扬道教之卓绝精神"⑥。作为新时代道教徒中以身行道、积功成真的全真典范,傅圆天一生的功行成就莫不得益于其老学思想的滋润与濡养。

教内外人士虽对傅圆天的老学造诣多有提及,但对傅圆天的老学思想却鲜有详述,系统研究的论文尚付阙如。③傅圆天老学思想相关文献资料较为零散,其遗世手稿《太上道德经自作自述自解》的发现为我们研究傅圆天老学思想提供了一份难得的重要资料。本文将在广泛搜罗教内外文献基础上,对傅圆天老学思想加以初步探析。

一、傅圆天的解老风格

傅圆天身为全真道士,"是在皈依道教以后,在劳作与工作之余,刻苦学习,深谙教义真谛和《道德经》真义的"⑧。傅圆天对《道德经》有许多独到的体会,其解老风格也别具特色。

(一)自述自解的解经方式

傅圆天遗世手稿《太上道德经自作自述自解》是其生命最后阶段对《道德经》

---

① 袁志鸿:《鸿爪雪泥:袁志鸿修道文集·中道协在青城山召开传戒座谈会》,北京:社会科学文献出版社,2013年,第296页。傅圆天生平事迹,可参阅张明心主编:《不言之教——纪念傅圆天道长登真二十周年》,北京:宗教文化出版社,2018年;《傅元天大师生平简介》,《中国道教》1997年第3期。因传统习惯,"傅圆天"有时亦作"傅元天"或"付元天",今统作"傅圆天"。文中所引文献标题中若有"傅元天"字样,则维持原标题不变。

② 当代高道任法融评傅圆天语。张明心主编:《不言之教——纪念傅圆天道长登真二十周年》,第204页。

③ 王纯五:《爱国爱教 继往开来——缅怀傅圆天大师》,《中华文化论坛》1997年第3期。

④ 李远国:《缅怀大师的丰功伟绩 弘扬济世度人的精神》,盖建民主编:《弘道利人 服务社会:傅圆天大师道教思想学术论坛文集》,北京:宗教文化出版社,2019年,第37页。

⑤ 王纯五:《爱国爱教 继往开来——缅怀傅圆天大师》,《中华文化论坛》1997年第3期。

⑥ 王纯五:《爱国爱教 继往开来——缅怀傅圆天大师》,《中华文化论坛》1997年第3期。

③ 目前所见,盖建民主编《弘道利人 服务社会:傅圆天大师道教思想学术论坛文集》一书较为集中地收录了一批有关傅圆天的纪念文章及研究论文等资料,书中文章也多以傅圆天生平功行评述为主。

⑧ 王纯五:《爱国爱教 继往开来——缅怀傅圆天大师》,《中华文化论坛》1997年第3期。

毕生领悟的总结，是傅圆天系统阐述其老学思想的重要著述。① 阅此手稿可以发现，傅圆天注解《道德经》的风格鲜明且独特，认为《道德经》是老子一人"自作自述自解"，手稿内容也多有"道经自述自解"等语，如：

> 老子自解"无名"，这个"道"，是天地之始，上上乘之道，生天生地生万物之本源。②
>
> 道经自解第一个"道"，自述"无名"，这个"道"，是生天生地的母亲。③
>
> 道经自解有"有名万物之母"，是指的宇宙大道理，运行总规律。④
>
> 道经自述，"无名"的"道"，是天地之始。⑤
>
> 道经自述"可名"，自解"可道"，就是万物之母。⑥
>
> 这个"名"，是阐述那个"道"字的。"可名"是述"可道"的，"非常名"是述"非常道"的。⑦

傅圆天注解《道德经》时，善于将《道德经》前后经义融会贯通，运用以经解经、解经不离经、经文自为释解的诠解方法，以此发挥其老学见地。傅圆天解老强调老子《道德经》自述自解的解经方式是其独特且一贯的解老风格。《太上道德经自作自述自解》集中体现了傅圆天这一别具特色的解老风格。傅圆天曾对《道德经》的"自作述解"有过解说：

> 《道德经》的阐述……"道可道非常道"，这是《道德经》的第一句话。老

---

① 傅圆天手稿《太上道德经自作自述自解》整理文字及部分手稿图片见载于张明心主编《不言之教：纪念傅圆天道长登真二十周年》（第40—46页）附"傅圆天道长注解《道德经》部分"。原手稿现存青城山飞仙观，为未完稿。傅圆天只是将《道德经》前三章部分内容进行了注解，全稿共约三千字许，盖因其不久便羽化而未能将《道德经》注解完全。相关研究可参见拙作：《傅圆天〈太上道德经自作自述自解〉及其修道思想考略》（待刊稿）。

② 傅圆天：《太上道德经自作自述自解》，张明心主编：《不言之教：纪念傅圆天道长登真二十周年》，第40页。笔者发现，《不言之教：纪念傅圆天道长登真二十周年》书中所录傅圆天手稿《太上道德经自作自述自解》整理文字存在漏字、句读不当等诸多乖错之处。笔者未能亲睹此手稿全部图片，故只能对照书中部分手稿图片，根据文意，对书中所录手稿整理文字进行重新校录整理。本文所引傅圆天《太上道德经自作自述自解》内容皆为笔者自己整理版本，所注页码仍为《不言之教：纪念傅圆天道长登真二十周年》书中页码，以供查阅参校。傅圆天相关论道文字多有地方语言习惯的口语化表达，文辞也多有省略，本文所引概遵原貌，特此说明。

③ 傅圆天：《太上道德经自作自述自解》，第43页。

④ 傅圆天：《太上道德经自作自述自解》，第40页。

⑤ 傅圆天：《太上道德经自作自述自解》，第42页。

⑥ 傅圆天：《太上道德经自作自述自解》，第43页。

⑦ 傅圆天：《太上道德经自作自述自解》，第43页。

子讲的大道说明了"无名天地之始",他自己做了阐述。这部《道德经》是他一人写成,一人自述,一人自解。本书的第二句话"名可名非常名",这是阐述"道可道非常道"的阐述论语……没有形象的"道"是无法阐述出来的,他借用"名""形"来阐述"道"……第三句话"无名天地之始",解释的是第一个"道"……"无名天下之始"这一句后面有一章进行了专门论述:"有物混成,先天地生,寂兮寥兮,独立而不改,周行而不殆,可以为天下母。吾不知其名,字之曰道。"这是老子自作自解第一个"道"字。还有部经典,就是日诵早课里的《清静经》。老君曰:"大道无形,生育天地。大道无情,运行日月。大道无名,长养万物。吾不知其名,强名曰道。"这也是解释"道可道"的第一个"道"的经典。①

傅圆天认为,《道德经》是老子一人写成,一人自述,一人自解,还举《清静经》老君(老子)语为其自作自述自解之例证。傅圆天还在注解"常无欲以观其妙"一段中对道经"自述自解"的来源做了说明:"真常,无欲的基础,以观其妙。这是道经说明注道经的来源。主观是'常无欲',莫有尘见,观察一切,认识外界。宇宙天地之内,多得不可数,其中妙不可言。"② 其实,这也即是傅圆天注解《道德经》的方法论说明。

(二)道教本位的阐释立场

作为道教徒,傅圆天老学思想具有鲜明的道教本位色彩。傅圆天恪守对道的基本信仰,尊崇老子(太上老君),在注解《道德经》时秉持道教本位的阐释立场。傅圆天在《太上道德经自作自述自解》中明确表示:

> 个人把《道德经》中辞语崇拜得至高无上,所以不敢妄解。个人对《道德经》称太上老君最高上,经中乘次高,经文高,广范(泛),超出宇宙形相之外,深不可测,不可比,不可形,不可言,深进浅出,细入微尘……天地万物生死,治乱太平之道,无不表达。太上老君居超凡入圣,与物相同,理论高不可测,底不可比,深入浅出的语言,极重事物中心。太上道经总立身行道,圣人处无为之事,行不言之教。③

---

① 傅圆天:《中国道教协会会长傅圆天大师为海外道众讲经说法》,陈明光根据录音整理,2014年12月20日,http://www.360doc.com/content/14/1220/14/14083033_434363364.shtml,2024年6月6日。本文所引文字笔者有所校改。

② 傅圆天:《太上道德经自作自述自解》,第43页。

③ 傅圆天:《太上道德经自作自述自解》,第45页。

　　傅圆天推崇道教"三祖"："中国道教到底根在何处？我认为，根在创造中华民族历史文化的伏羲，是中华民族的人文始祖黄帝。道教尊黄帝为始祖……道是道教的基本信仰……老子《道德经》阐扬道的精义，我们尊老子为道祖。汉天师张道陵开创道教，我们尊他为教祖。"[①] 傅圆天老学思想认为，"道教以黄帝为宗、老子为教，道教文化是中国传统文化的一部分"[②]，"由华夏民族思想文化孕育形成"[③]，中国道教的根底在伏羲、黄帝，中华民族历史文化滥觞之际，即是中国道教蕴生之时；道教"三祖"——始祖黄帝、道祖老子、教祖张道陵，是道教脉源之依归与根据。老子所言"继承中国文化传统，总结了中国祖先文化结晶，更名'道德'"[④]，著《道德经》以阐扬道的精义。

　　傅圆天坚持"道教观点以道立场"[⑤]，故而在解老时格外注重道教本位的阐释立场，字里行间充满了道教徒的信仰情怀。

（三）重人重行的价值旨归

　　傅圆天解老风格平实质朴，具有重人重行的价值旨归，其解老的重心也是围绕做人行事的主题而展开。傅圆天说："一部《道德经》，中心只有两个议题——道和德，'道'由'首'和'辶'组成，即人在走路，路标是'德'；《道德经》就是告诉人们一个做人的准则：一言一行要以德为标准。"[⑥] 傅圆天对"道"字还别有一番详解：

　　　　道的观点存人存己。"道"字上面有两点，这就是阴阳。下面"一"字，即在道的统一下，他的一举一动，一言一行，既要照顾到客观的主人，也要照顾到自己的生存，是两者并重的关系。自己的"自"与上面合起就是一个"首"字。首是父（阳）精母（阴）血合一而成的，人的形象如此。人有人的头首，万物都有各自的头首，兽有兽的头首，禽有禽的头首。飞禽走兽皆各有自己的来源，道即代表了他本身的来源，也是万物的规律，运转不息，自始至终。有了头首就有了生命，就要动，下面一个"辶"就是动。头首加上"辶"，即是一个完整的"道"字，道要走要运行。中华文化言简意深，词简意通，一个字代表了很全面的宇宙整体，也很全面地代表了人生的整体。人从幼壮衰老是按照

　①　王纯五：《爱国爱教 继往开来——缅怀傅圆天大师》，《中华文化论坛》1997 年第 3 期。
　②　傅圆天：《为促进祖国和平统一贡献力量》，《中国道教》1995 年第 2 期。
　③　傅圆天：《在中国道协第五届六次常务理事会上的讲话》，《中国道教》1995 年第 3 期。
　④　傅圆天：《太上道德经自作自述自解》，第 41 页。
　⑤　傅圆天：《太上道德经自作自述自解》，第 46 页。
　⑥　张继禹：《可亲可敬的师长爱国爱教的楷模——深切怀念傅元天大师》，《中国宗教》1997 年第 4 期。

自然规律运行，代代相传。①

可见，傅圆天老学思想具有强烈的人学意味，体现了道教贵生重人的传统。

傅圆天老学思想具有浓厚的宗教修行旨趣，认为"人道未修，仙道远矣"②，"全于人道，仙道不远也"③，注重以人道达仙道。在对人道的修习与完善中，傅圆天指出首先要学会做人行事，"千里之程始于足下，一步一步走，路程景界，变化不择，要像上善若水那样去应付环境、求得生存"④，"人身一世，对得起在世一场，不求大道全通成仙，对国家、团体、人民不有罪过"⑤，"克己奉公就是根本"⑥，"智理通达，无所不知，平常小事动不了自己的心，所以心不乱。天律赏罚严明，不可逃"⑦。傅圆天强调"道以德为基，积功累行是人道的门径"⑧，只有"先学会做人，才能学做神仙"⑨，唯有"以人道立基，以仙道修命……才能修真修性，益寿延年"⑩。

二、傅圆天老学思想的特色内容

傅圆天老学思想内容丰富，始终紧扣道教修持。三乘大道说、道德次序说、体天行道说等论说是傅圆天老学思想的几大特色内容。

（一）三乘大道说

三乘大道说首先是对"道"的含义分作三乘来进行解说。在对《道德经》第一章内容进行诠解时，傅圆天认为"《道德经》对'道'的阐述，分为三乘道理来讲"⑪，"'道可道非常道'一字的规律，分三乘道理：'名可名非常名'"⑫，故而提出"三乘大道说"的老学思想。他说："《道德经》的阐述，对'道'分为三乘道理来讲。'道可道非常道'，这是《道德经》的第一句话。老子讲的大道说明了'无名天地之始'……

---

① 傅圆天：《中国道教协会会长傅圆天大师为海外道众讲经说法》，陈明光根据录音整理，2014 年 12 月 20 日，http://www.360doc.com/content/14/1220/14/14083033_434363364.shtml，2024 年 6 月 6 日。

② 王纯五：《爱国爱教 继往开来——缅怀傅圆天大师》，《中华文化论坛》1997 年第 3 期。

③ 王纯五：《爱国爱教 继往开来——缅怀傅圆天大师》，《中华文化论坛》1997 年第 3 期。

④ 傅圆天：《太上道德经自作自述自解》，第 41 页。

⑤ 傅圆天：《太上道德经自作自述自解》，第 45 页。

⑥ 傅圆天：《太上道德经自作自述自解》，第 41 页。

⑦ 傅圆天：《太上道德经自作自述自解》，第 46 页。

⑧ 王明凯：《道法不离世间法——傅圆天大师谈道德修持》，《中国道教》1996 年第 1 期。

⑨ 王明凯：《道法不离世间法——傅圆天大师谈道德修持》，《中国道教》1996 年第 1 期。

⑩ 王纯五：《爱国爱教 继往开来——缅怀傅圆天大师》，《中华文化论坛》1997 年第 3 期。

⑪ 傅圆天：《大师论道，道可道，说的是什么"道"？》，2021 年 9 月 11 日，http://www.360doc.com/content/21/0911/16/246990_995063529.shtml，2024 年 7 月 9 日。

⑫ 傅圆天：《太上道德经自作自述自解》，第 41 页。

第二句话'名可名非常名'，这是阐述'道可道非常道'的论语……第三句话'无名天地之始'，解释的是第一个道。"① 又说："第一，道，作'真常道'，是'无名'的，无始无终，无形无象，无声无色……第二，可道，可名，'有名'道，不是长存不变的，是有始有终，有声有色，是有形有象，有规律的……（第三，）非常道，经解'非常名'，不常名，是生生化化，时刻无常的在发挥，大则宇宙，小则事物，不停在运动。"②

傅圆天认为"讲道要讲上乘、中乘和下乘的三乘道理"③。在诠解"道生一，一生二，二生三，三生万物"（《道德经》第四十二章）④ 时，他进一步阐述了三乘大道说的"三乘"含义：

> "道生一"就是道，"一"就是宇宙，就是无极，无极就是"一"字……《道德经》是从无极以上"道"的形成（开始），这"道"是先天的大道，不是后天有形的道理……天有盖载之德，就是"道生一，一生二"，自是天和地，天占一、地占一就为二，就形成了宇宙。"二生三"，就是天上的真阴下降，地上的真阳上升，两气相合而产生了万物，"三生万物"。这很能代表《道德经》主观发展规律的。⑤

"道生一，一生二，二生三，三生万物"讲的是自然发展规律，是道教的宇宙观，"人法地，地法天，天法道，道法自然"（《道德经》第二十五章）则是道教的人生观。⑥ 傅圆天讲道：

> （道教）的人生观就是"人法地，地法天，天法道，道法自然"。她的最高境界就是一步一步上升的，就是人总是怀着私心，没有公心，人要向地学习。地可以载养万物，哺育万物。人呢，就是一切就为自己。"人法地"，人要向地

---

① 傅圆天：《中国道教协会会长傅圆天大师为海外道众讲经说法》，陈明光根据录音整理，2014 年 12 月 20 日，http://www.360doc.com/content/14/1220/14/14083033_434363364.shtml，2024 年 6 月 6 日。

② 傅圆天：《太上道德经自作自述自解》，第 40 页。

③ 傅圆天：《中国道教协会会长傅圆天大师为海外道众讲经说法》，陈明光根据录音整理，2014 年 12 月 20 日，http://www.360doc.com/content/14/1220/14/14083033_434363364.shtml，2024 年 6 月 6 日。

④ 本文所引《道德经》为通行本，参阅（魏）王弼注，楼宇烈校释：《老子道德经注》，北京：中华书局，2011 年。

⑤ 傅圆天：《中国道教协会会长傅圆天大师为海外道众讲经说法》，陈明光根据录音整理，2014 年 12 月 20 日，http://www.360doc.com/content/14/1220/14/14083033_434363364.shtml，2024 年 6 月 6 日。

⑥ 傅圆天：《道教的宇宙观人生观天地人的关系》（讲道视频，笔者整理文字），2023 年 10 月 14 日，https://www.bilibili.com/video/BV1Dw411A7W6/?vd_source=db123e975a079decb6bb463ae413b518，2024 年 6 月 6 日。

学习。再进一步，感觉还是不够，就要"地法天"，地要向天学习。天呢，她的阳光雨露哺育万物。万物形成了以后，不晓得有阳光雨露。就是说还没有表达自己的私心，哺育万物的一切，就是说天比地高一层。天呢，还感觉不够，还感觉继续上升，就是"天法道"。道呢，可以生养万物……她的态度就是把万物哺育成了，她还守弱居下，处最低洼脏浊之地。所以说，"道法自然"。①

道教的立场是要将"天地、宇宙和人体三体合成一体"②，傅圆天三乘大道说最终也是要落实到学道修道的人生践履中。

（二）道德次序说

道德次序说是傅圆天老学思想道教本位立场的鲜明表现。对于"道"与"德"的关系，傅圆天认为，两者存在"道"先"德"后的次序。傅圆天曾就《道德经》的两种版本问题谈道：

《道德经》以现在看来有两种版本。第一种是我们现在常读到的，是《道经》在前，《德经》在后。第二种是在湖南马王堆发掘出土的《道德经》，距《道德经》成书时间约 600 年，政治家把这部经典拿来陪葬。从出土的经书来看是《德经》在前，《道经》在后，两部经典合成一部即是《道德经》。为这次序的差异，教授找我讨论，问我究竟是《道经》在前，还是《德经》在前？到底《道经》在前正确？还是《德经》在前正确？

当时我回答：不管用一般常见版本，还是用马王堆出土的也好，看《道德经》的原文就很清楚，差异是两部经典的差异，是上下篇的差异，其实有好几章里都说到了道德的次序。《德经》里说："失道而后德，失德而后仁。"是道在前，不是德在前，就以《道德经》的词语也把事实谈清楚了。失道而后德，假若人失去了道的形象，就用德来接替它。失去了德的形象，用仁来接替它。失去了仁的形象，用忠义的义来接替它。义的形象都又下降，那就是礼的形象来代替它。这已经将礼节的表面形象落到道德的最后标准了。这是道家观点。③

① 傅圆天：《道教的宇宙观人生观天地人的关系》（讲道视频，笔者整理文字），2023 年 10 月 14 日，https://www.bilibili.com/video/BV1Dw411A7W6/?vd_source=db123e975a079decb6bb463ae413b518，2024 年 6 月 6 日。另可参阅《中国道教协会会长傅圆天大师为海外道众讲经说法》。

② 傅圆天：《道教的宇宙观人生观天地人的关系》（讲道视频，笔者整理文字），2023 年 10 月 14 日，https://www.bilibili.com/video/BV1Dw411A7W6/?vd_source=db123e975a079decb6bb463ae413b518，2024 年 6 月 6 日。

③ 李远国：《缅怀大师的丰功伟绩 弘扬济世度人的精神》，盖建民主编：《弘道利人 服务社会：傅圆天大师道教思想学术论坛文集》，第 37—38 页。

由此可见，强调"道"先"德"后的次序也是傅圆天作为道教徒的信仰表达。此外，道德次序说其实也即解决了道的主次问题，"道"主"德"次的理念成为其修道的准则。对此，傅圆天提出"大道须全"的观点：

> 一年的阴阳寒暑，就是正道的两个对立循环，性机和命机就是阴阳，阴阳相对统一才是真正的正道。一年三百六十天，正月代表正月，二月代表二月，它有一定的位置，一定次序，正道把它们融合在一起，这才算一年。一年就有三千六百个门，而任何一天，一门都不能代表正道，而正道也不可缺旁道，正邪之间不可分割。三千六是一个周期，缺了一天也不行。在宇宙之间，大道之间讲全。正道和外道还是要融合一起的，但是正道为主、为正，旁门为次。次不能代表主，主也不能分为次，主次要清楚。①

大道圆全而涵摄正邪，正邪之间不可分割，阴阳相对统一，正道旁门须融合一起且须主次分明，如此才是道教修持的正道正行。

（三）体天行道说

傅圆天老学思想落脚点在道教修持，体天行道说便是其修道的方法论原则。傅圆天认为："体天行道，护国佑民，可以为帝者师，王者师，人者师。以此道为基，修炼为准，达到结果，与天地同寿、日月同明，为中上乘之道，证果是天仙位职。"②体天行道便是根本的修道法则。

人若要体天行道，首先须认识到"这个道当然无始无终，无形无相，无声无色"③，但可"经'可道'证实道的规律"④。大道"生生不已，化化无穷"⑤，"天地万物不可抗拒"⑥，皆"顺自然而生，逆自然而死"⑦。人若能体天行道，懂得善"处顺逆"⑧，

---

① 傅圆天：《中国道教协会会长傅圆天大师为海外道众讲经说法》，陈明光根据录音整理，2014 年 12 月 20 日，http://www.360doc.com/content/14/1220/14/14083033_434363364.shtml，2024 年 6 月 6 日。

② 傅圆天：《太上道德经自作自述自解》，第 40 页。

③ 傅圆天：《太上道德经自作自述自解》，第 42 页。

④ 傅圆天：《太上道德经自作自述自解》，第 42 页。

⑤ 傅圆天：《太上道德经自作自述自解》，第 42 页。

⑥ 傅圆天：《太上道德经自作自述自解》，第 40 页。

⑦ 傅圆天：《太上道德经自作自述自解》，第 42 页。

⑧ 傅圆天：《太上道德经自作自述自解》，第 45 页。

而非一味消极随顺自然,把握"人有'顺生人,逆生仙'这么一个规律"①,努力修道,便可达"逆生仙的这个境界"②。傅圆天对此有段精彩论述:

> 体天行道就是讲天地宇宙的寒暑往来,日月东升西降,哺育成万物。这种道法自然的规律,(是)毫无转移的,年年有一个寒来暑往,月月有一个日月盈亏,天天有一个日月东升西降。在这种情况之下,懂得了宇宙的运转,观天之道,执天之行,将这种道理来修真养性,人的身体配合了天地宇宙,就是人有精、气、神。人身中也有这精、气、神"三宝",合起来人是一个整体。第一个整体的最高境界是神,第二个境界是气,第三个境界是精。精顺可以生人,逆可以成仙。所以在这种宇宙的自然规律里面,寻找一个逆转天关的规律,拿来修真养性,得道成仙。③

傅圆天认为,修道者只要遵从道法自然的规律,将人的身体配合天地宇宙,依循"精顺可以生人,逆可以成仙"的原理,找到"逆转天关"的关键规律,运用人身中的精气神来进行修真养性,便能"体天行道,得来福"④,修成仙道。

三、傅圆天老学思想的当代价值

傅圆天一生丰富的修道实践与巨大的弘教成就,离不开其老学思想的内在驱动。傅圆天老学思想不仅内涵丰富、特点鲜明,而且还具有可贵的当代价值,值得当代中国道教界继承与弘扬。

(一)纯正的道教精神

傅圆天老学思想具有纯正的道教精神,秉持道教爱国爱教、济世利人的优良传统。回忆那段十年劫难,傅圆天曾说:

---

① 傅圆天:《道教的宇宙观人生观天地人的关系》(讲道视频,笔者整理文字),2023 年 10 月 14 日,https://www.bilibili.com/video/BV1Dw411A7W6/?vd_source=db123e975a079decb6bb463ae413b518,2024 年 6 月 6 日。
② 傅圆天:《道教的宇宙观人生观天地人的关系》(讲道视频,笔者整理文字),2023 年 10 月 14 日,https://www.bilibili.com/video/BV1Dw411A7W6/?vd_source=db123e975a079decb6bb463ae413b518,2024 年 6 月 6 日。
③ 傅圆天:《道教的宇宙观人生观天地人的关系》(讲道视频,笔者整理文字),2023 年 10 月 14 日,https://www.bilibili.com/video/BV1Dw411A7W6/?vd_source=db123e975a079decb6bb463ae413b518,2024 年 6 月 6 日。
④ 傅圆天:《太上道德经自作自述自解》,第 42 页。

中国道教精神纯正，经得起风浪。那段时间宗教活动被迫停顿了，但我们心中的信仰仍然存在。人民没能公开信奉道教，但不少人暗地里仍然信奉，父传子，子传孙，不公开举行仪式，只当天朝拜。中国道教在历史上经历了多次浩劫，但道统延续不绝。这一方面说明道教文化有其顽强的生命力。另一方面也说明：国强则道兴，国家昌明则大道兴行。①

傅圆天信仰虔诚，精神纯正，极具爱国爱教的情怀，被誉为"当代道教徒爱国爱教的楷模"②。他在《太上道德经自作自述自解》中写道："圣人要人民做的事，首先自己先做人民。民富国强莫人知道，外强中空的国家要受欺负。"③ "人身一世，对得起在世一场，不求大道全通成仙，对国家、团体、人民不有罪过，不自夸，不讲功臣（成）身得，天下所有人都是如此敦朴纯厚，天下就太平了，神仙世界就在前不远了。"④ 傅圆天深刻认识到"道教盛衰与祖国命运息息相关"⑤，"只有国家的繁荣富强，道教才有前途和希望"⑥，"道教徒方能安心修炼长生久视之道"⑦，"只有认识到国强才会教兴这条不变的真理，才能真正悟到修道的真途"⑧。所以，傅圆天坚定认为，"自古至今，没有不爱祖国、不孝父母、不敬师长、不讲社会道德的神仙"⑨，"作为道教徒，忠于祖国、忠于党；孝敬师长、父母。这就是修道的根本"⑩。

在傅圆天看来，"爱国爱教、济世利人"⑪，"积德行善、爱民慈俭"⑫，"自守柔弱"⑬等修道实践都应围绕"道的标准"而展开。他说："我们道教界就是要提倡大道，根本宗旨在于济世度人，我们要用道的标准来服务国家、服务社会。"⑭ 修道之人只有

---

① 王纯五：《爱国爱教　继往开来——缅怀傅圆天大师》，《中华文化论坛》1997 年第 3 期。

② 陈莲笙：《陈莲笙文集·缅怀傅圆天大师》，上海：上海辞书出版社，2009 年，第 229 页。

③ 傅圆天：《太上道德经自作自述自解》，第 46 页。

④ 傅圆天：《太上道德经自作自述自解》，第 45 页。

⑤ 傅圆天：《在中国道协第五届六次常务理事会上的讲话》，《中国道教》1995 年第 3 期。

⑥ 傅圆天：《加强管理 服务社会 发扬道教优良传统——在中国道教协会五届二次理事会上的报告》，《中国道教》1994 年第 4 期。

⑦ 傅圆天：《牢记历史教训　振奋民族精神——在中国宗教界纪念世界反法西斯和抗日战争胜利 50 周年座谈会上的发言》，《中国道教》1995 年第 3 期。

⑧ 王明凯：《道法不离世间法——傅圆天大师谈道德修持》，《中国道教》1996 年第 1 期。

⑨ 傅圆天：《修戒之目的和我们受戒后的努力方向》，《中国道教》1990 年第 2 期。

⑩ 王明凯：《道法不离世间法——傅圆天大师谈道德修持》，《中国道教》1996 年第 1 期。

⑪ 傅圆天：《加强管理 服务社会　发扬道教优良传统——在中国道教协会五届二次理事会上的报告》，《中国道教》1994 年第 4 期。

⑫ 傅圆天：《发扬道教优良传统，为社会主义建设事业作贡献（在道教界爱国爱教表彰会上的报告）》，《中国道教》1993 年第 3 期。

⑬ 傅圆天：《傅元天副会长在成都道协道教知识进修班开学典礼会上的讲话》，《中国道教》1988 年第 4 期。

⑭ 王纯五：《爱国爱教　继往开来——缅怀傅圆天大师》，《中华文化论坛》1997 年第 3 期。

"以道为本，以德为行"①，"以人道立基，以仙道修命"②，做到"性情纯合忠厚，心正不邪，才能学道炼真性。真性纯一无二，才可学道悟长生"③。

道教精神要纯正就必须杜绝封建迷信。傅圆天指出，"道教信仰与封建迷信有着原则的区别"④，"道教是不反对科学的"⑤，"迷信活动大量借用了宗教仪式、神祇……现代的迷信却更加荒谬"⑥，"作为一名信徒，不但要有宗教信仰，还要同时具备政治觉悟"⑦，"禁止在宗教活动场所抽签、卜卦、看相算命、看风水、扶乩等封建迷信活动"⑧。"摘掉戴在道教头上的'封建''迷信'这两顶帽子，传播正统道教"⑨也成为傅圆天生前最希望做的一件大事。

面对日益严重的道教商业化动向，傅圆天高扬纯正的道教精神，旗帜鲜明地反对道教商业化。他说："道士是宗教信仰的载体，是宗教徒，是有宗教信仰的公民，不是文物展品，更不是演员……道观是宗教徒信仰活动的场所，不是演戏的'舞台'，更不是'不冒烟的工厂'。不能一切向钱看！"⑩傅圆天反对"宗教搭台，经济唱戏"说法，认为"宗教信仰是信徒的精神寄托和追求，不是谋生的方式，更不是敛财的幌子"⑪。

傅圆天老学思想具有的纯正道教精神，是当代道教宝贵的精神财富，时至今日仍不乏鲜活的生命力。

（二）开放的修道胸怀

傅圆天老学思想秉承老子"孔德之容，惟道是从"（《道德经》第二十一章）的精神，造就了傅圆天开放包容的修道胸怀。傅圆天虽为全真派道士，但他始终坚持"道教一家，全真、正一没有彼此之分"⑫，只有一个统一的道教。正一派高道陈莲笙

---

① 傅圆天：《加强管理 服务社会 发扬道教优良传统——在中国道教协会五届二次理事会上的报告》，《中国道教》1994年第4期。
② 王纯五：《爱国爱教 继往开来——缅怀傅圆天大师》，《中华文化论坛》1997年第3期。
③ 傅圆天：《太上道德经自作自述自解》，第43页。
④ 王纯五：《爱国爱教 继往开来——缅怀傅圆天大师》，《中华文化论坛》1997年第3期。
⑤ 王纯五：《爱国爱教 继往开来——缅怀傅圆天大师》，《中华文化论坛》1997年第3期。
⑥ 王明凯：《道法不离世间法——傅圆天大师谈道德修持》，《中国道教》1996年第1期。
⑦ 王明凯：《道法不离世间法——傅圆天大师谈道德修持》，《中国道教》1996年第1期。
⑧ 傅圆天：《中国道教协会第四届理事会工作报告》，《中国道教》1992年第3期。
⑨ 王纯五：《爱国爱教 继往开来——缅怀傅圆天大师》，《中华文化论坛》1997年第3期。
⑩ 袁志鸿：《宗师高道 德馨芬芳——我记忆中的傅圆天大宗师》，盖建民主编：《弘道利人 服务社会：傅圆天大师道教思想学术论坛文集》，第24页。
⑪ 袁志鸿：《宗师高道 德馨芬芳——我记忆中的傅圆天大宗师》，盖建民主编：《弘道利人 服务社会：傅圆天大师道教思想学术论坛文集》，第24页。
⑫ 袁志鸿：《宗师高道 德馨芬芳——我记忆中的傅圆天大宗师》，盖建民主编：《弘道利人 服务社会：傅圆天大师道教思想学术论坛文集》，第24页。

道长对傅圆天宽广开放的修道胸怀感触颇深，他曾深切缅怀道：

> 我与傅大师合作共事多年，深为他那宽广的胸怀和一心奉道的精神所感动。他虽为全真道徒，但从无派别之见，在处理正一、全真两派的关系上，平和妥帖。他常说，正一、全真同为道教的两大派，没有彼此的分别，我们应该广泛地加强团结，共同来弘扬道教。在他的积极倡导和中国道协领导集体身体力行下，全国道教界出现了空前的大团结。此外，傅大师对正一派的教务工作也非常关心……①

傅圆天不仅亲自领导了 1989 年北京白云观举行的全真派新中国成立以来首次传戒活动，担纲了 1995 年青城山举行新中国成立以来的第二次全真派传戒活动，而且还极力支持了 1995 年江西龙虎山举行的首次对国内正一派道士授箓活动，积极推动了上海城隍庙的宗教政策落实等工作，对正一道教给予了极大的关注。

阳平观的兴建是傅圆天开放胸怀的又一集中体现。阳平观旧址是祖天师张道陵创立的"二十四治"首治"阳平治"故址，是当年"中央教区"的治所，是正一道教的"圣地"。傅圆天望着荒凉的阳平治遗址，当即发下重誓：今生今世一定要穷尽毕生精力重振阳平治！② 傅圆天认为，道教已经到了"分久必合"的时候，他在羽化前曾专门"嘱咐香港飞雁洞佛道社负责兴建阳平治核心的八卦亭，使之成为道教徒精神中心"③。阳平观八卦亭亭高 5 层，每层题额依次为"三清大殿""正一宗门""全真宗门""正一全真派""道祖宗亭"，这不单是合正一、全真于一亭，更是旗帜鲜明地提出了"正一全真派"的独特主张，正是傅圆天"只有一个统一的道教"信仰理念的彰显。此外，傅圆天生前的一大心愿是"在道教开山祖师张天师开始传教的阳平治（今四川省彭州市阳平观处）创办一所规模更大、学科更全的道教学院"④，可惜天不假年，深以为憾！

（三）坚持守正与革新的辩证统一

坚持守正与革新的辩证统一，是傅圆天老学思想的又一可贵价值。傅圆天认为，"中国道教已有近两千年的历史，在这近两千年的历史长河中，道教总是在不断地发

---

① 陈莲笙：《陈莲笙文集·缅怀傅圆天大师》，第 229 页。
② 张明心主编：《不言之教——纪念傅圆天道长登真二十周年》，第 76 页。
③ 刘松飞：《追随傅大师的脚步》，盖建民主编：《弘道利人 服务社会：傅圆天大师道教思想学术论坛文集》，第 93 页。
④ 王纯五：《爱国爱教 继往开来——缅怀傅圆天大师》，《中华文化论坛》1997 年第 3 期。

展和完善自己，以适应时代的发展……道教历经波折而不断丰富和发展"①，"教祖汉天师张道陵就曾开凿盐井，解决当时的民生问题"②，当代中国道教也要"解放思想，有开拓精神，有经济观念……发扬道教'清修与劳作并重'的优良传统，用修道为善的思想，组织道众"③，"自食其力，劳动自养。兴办生产、服务和公益事业，必须从自身的优势和特点出发，因地制宜，有利于道教事业，有利于自养，目的是方便群众，服务群众，增加收入，达到以庙养庙"④。

傅圆天一方面固守全真原始风范，一方面又善于"执古之道，以御今之有"（《道德经》第十四章），不失与时俱进的精神。他率先突破了历史上道士闭囿于宫观内部的遁世状态，走向社会，兴办实业，先后创办了道家乳酒厂、茶厂，开发道家矿泉水等生产项目，为青城山道教的自养事业开创出了新路。⑤

在新的时代发展中，傅圆天运用老学智慧，坚持守正与革新的辩证统一，"带领广大道教徒走与社会主义社会相适应的道路"⑥，为当代道教的恢复与发展做出了巨大贡献。对此，著名道教学者卿希泰先生曾评价："傅圆天会长执掌中国道教协会的时代是中国道教宫观大发展和宫庙大建设的时代。"⑦

结　语

傅圆天老学思想不仅内容丰富、深刻，而且始终紧扣道教修持，具有浓厚的宗教修行旨趣，非常富有实践性。自述自解的解经方式、道教本位的阐释立场、重人重行的价值旨归是傅圆天解老的独特风格。三乘大道说、道德次序说、体天行道说等论说是傅圆天老学思想的特色内容。傅圆天老学思想具有的纯正的道教精神、开放的修道胸怀、坚持守正与革新的辩证统一等内容值得当代中国道教界继承与弘扬。

傅圆天"一生虚心好学，知识渊博，在修持中有良好的道德修养，他一心为道

---

①　傅圆天：《在中国道协第五届六次常务理事会上的讲话》，《中国道教》1995 年第 3 期。

②　王纯五：《爱国爱教 继往开来——缅怀傅圆天大师》，《中华文化论坛》1997 年第 3 期。

③　王纯五：《爱国爱教 继往开来——缅怀傅圆天大师》，《中华文化论坛》1997 年第 3 期。

④　傅圆天：《发扬道教优良传统，为社会主义建设事业作贡献（在道教界爱国爱教表彰会上的报告）》，《中国道教》1993 年第 3 期。

⑤　可参见李远国：《缅怀大师的丰功伟绩 弘扬济世度人的精神》，盖建民主编：《弘道利人 服务社会：傅圆天大师道教思想学术论坛文集》，第 32 页。

⑥　黄信阳：《爱国爱教一代宗师 不朽精神永留人间——傅圆天大师羽化一周年座谈会发言》，《中国道教》1998 年第 3 期。

⑦　张钦：《缅怀傅圆天大师 展望青城山道教》，盖建民主编：《弘道利人 服务社会：傅圆天大师道教思想学术论坛文集》，第 74 页。

教奉献"[①]，推崇《道德经》，"人们常常会听到他准确地引用《道德经》中的经训，深入浅出地教导人们如何学道、行道和修道，如何对待人生和适应社会，令人豁然有所悟得"[②]。正是在傅圆天的言传身教下，今日的"四川省道教界更是以爱国爱教、道场庄严、弘道奉献而著称"[③]，这正是傅圆天老学思想风范长存的体现。

①　黄信阳：《爱国爱教一代宗师　不朽精神永留人间——傅圆天大师羽化一周年座谈会发言》，《中国道教》1998 年第 3 期。

②　张继禹：《可亲可敬的师长 爱国爱教的楷模——深切怀念傅元天大师》，《中国宗教》1997 年第 4 期。

③　黄信阳：《爱国爱教一代宗师　不朽精神永留人间——傅圆天大师羽化一周年座谈会发言》，《中国道教》1998 年第 3 期。

清静之治：论萧公权对老子政治哲学的阐释

郭敬东 *

内容提要：在对老子思想的理解和诠释方面，萧公权从时代影响和学术源流的角度入手，分析了老子政治哲学中内在所含有的忧患意识和经世理念，并指出了老子政治哲学的体系内容：在治理的理念方面，他认为老子以归根、复命为价值指向，主张实施者按照大道运行的内在逻辑实施治理活动；在政治治理的方式方面，他认为老子强调无为而治的重要性，规劝施政者不能肆意干扰社会政治系统的运行，主张治理政策应契合于民众的自然本性。在此基础上，萧公权剖析了老子政治哲学的实践路径：即倡导施政者在治理活动中应秉承濡弱、谦下、宽容、忧患、见微等精神，转化治理视角，推行无为之治。萧公权对老子政治哲学的诠释彰显了老子思想体系体用兼备的特质。

关键词：萧公权 老子 政治哲学 诠释

基金项目：安徽省哲学社会科学规划青年项目"明清徽州民间法的社会治理路径及其当代价值研究"（项目编号：AHSKQ2021D199）。

一、引言

历代解老、注老者不乏其人，围绕老子思想诠释而形成的著作也非常宏富。如河上公、王弼、顾欢、唐玄宗、吕惠卿、憨山等人都对《道德经》的文本做了详细的解析，从不同的视角以注疏的形式来探讨并诠释老子的思想。可以说，自老子之后，围绕对《道德经》语意的体悟和思考，形成了规模庞大的关于老子思想的注疏之学。大部分学者在诠释老子文本时，都注意到了老子思想中的政治意涵，认为老子学说体用兼备，既具有形而上的本体论述，又具有形而下的待人应物之理，更具

---

* 郭敬东（1983—　），男，安徽淮北人，博士，安徽师范大学法学院副教授。研究方向：政治哲学、中国政治思想史。

有治理维度下的经国济世之道。如王弼就指出："老子之书，其几乎可一言而蔽之。噫！崇本息末而已矣。观其所由，寻其所归，言不远宗，事不失主。文虽五千，贯之者一。"[1] 他认为：其一，《道德经》一书具有完整的理论体系，并非简单的老子话语的汇编。其二，崇本息末是《道德经》的主旨。老子具有强烈的现实主义关怀，他在思考、总结天道运行规律的同时，也对人道所应遵循的原则进行了探讨、归纳。憨山也指出："故老以无用为大用，苟以之经世，则化理治平，如指诸掌。"[2] 他认为那种将老子思想视为避世自怡理论的观点是片面的。老子不仅留心于对形而上的道的意涵的阐发，更由此而构建了一套治国理政的政治学说。可以说，老子思想中含有一套较为系统的政治哲学，涵盖了正当性构建、制度设计以及施政方略等诸多维面。近代以来，从学理阐释而非文本注释来解释老子思想的方式开始兴起，不少学者都有专论问世。在这些学者当中，萧公权是从政治哲学来解释老子思想的典型代表。在《中国政治思想史》一书中，他对老子政治哲学的体系以及内容做了阐发，并将其放在先秦诸子的谱系中，从整体的视角对思想进行了定位。以下详述之。

二、老子政治哲学生成的历史逻辑

在研究方法方面，萧公权较为注重历史背景对思想家的影响，并由此剖析他们政治思想的学说特质。在他看来，政治思想的萌生和发展并非凭空出现的，而是思想家针对当时的社会政治状况，在反思前人的相关理论后做出的思想回应和阐述。故萧公权在解读和诠释中国历代思想家的政治思想时，常从时代影响与学术源流两方面来分析。这种研究路径在他对老子政治哲学的阐发方面体现得非常明显。

其一，萧公权分析了老子所处的时代背景，指出老子思想中具有强烈的忧患意识，认为这是他自觉构建政治哲学的重要影响因素。萧公权言："其所遭之世亦为晚周'无道'之天下。举凡列国之侵夺篡杀，贵族之奢淫辟乱，苛政之甚于猛虎，法令之多如牛毛，孔墨之所闻见者亦必为老子之所深晓。"[3] 自平王东迁之后，周王室对诸侯的控制力越来弱，原有的建立在等级基础上的礼乐制度也逐渐废弛。一些诸侯国相继崛起，成为地方上的实力派。为了保持自身统治地位的稳固，这些诸侯国君采取了功利主义的政策，在经济、军事等方面进行了改革，并不断地从基层社会汲取大量的人力、物力资源来支持彼此之间的争霸战争。这对诸侯国内部的社会政治治理造成了两方面的消极影响：一是出于支持战争的需要，统治者以政治权力为凭

---

① 王弼、楼宇烈：《老子道德经注》，北京：中华书局，2011 年，第 205 页。

② 憨山：《老子道德经解》，武汉：崇文书局，2015 年，第 1 页。

③ 萧公权：《中国政治思想史》，北京：中国人民大学出版社，2014 年，第 103 页。

借，不断地抽取基层社会的各项资源，导致民众生活举步维艰，造成了基层社会经济的衰退。二是伴随着赋税徭役的不断加重，民众的反抗活动也日益增多，这严重动摇了统治者的合法性基础，而统治集团内部的权力争夺行为又进一步加剧了社会政治秩序的动荡。老子曾对当时的状况有过感慨："民之饥，以其上食税之多，是以饥。民之难治，以其上之有为，是以难治。民之轻死，以其求生之厚，是以轻死。"①在老子的观念中，正是由于统治者的肆志广欲造成了民众生活的艰难，进而引发了政治治理危机。特别是老子所曾居住的陈国，屡次面临楚国的侵掠，这对老子内心产生了重要影响。

萧公权从比较的视野对老子和孔子的政治思想做了对比，以此来彰显时代背景对老子政治思想的形塑："而陈为小国，不徒屡受外侵，亦复多生内乱。且舜后所封，与宋并为'亡国之余'，以视周礼所在之鲁国，尚略存开国之余风者，其情形固大有区别。孔子所受周礼之影响，老子殆未尝受之。故一则见周公于梦寐，一则感周政之烦苛。一则冀平世之复兴，一则居乱邦而多惧。"②在萧公权看来，与孔子相较，老子的忧患意识更为强烈。孔子所居住的鲁国在春秋时期虽然处于衰落状态，但仍有一定的军事实力。而老子所曾居住的陈国则经常受到南方楚国的战略威胁，他对于军事战争所带来的危害有着切身的感受。且陈国内部政治矛盾不断，围绕政治权力而产生的斗争经常造成社会秩序的动荡，故老子在论述政治问题时具有强烈的政治批判意识。此外，由于鲁国传承周礼，故孔子自幼熟悉周代典章制度，对于周制的功用持肯定态度。而陈国则较少受周礼的影响，故老子虽然在周为官，但其对周制的情感并不如孔子之深。面对周文疲敝问题，孔子主张革除周制中的消极因素，恢复周制的社会治理之效。而老子则认为周制本身即存在巨大的张力。"因此遂视等差之礼只是人为的虚妄分别。有分别即有对待，有对待即不能超然自足。"③故萧公权认为，老子政治哲学有强烈的批判主义色彩，与孔子从周的思想有着明显的差异。对此，他言："故孔子以从周而变古，复取殷道之宽简以救文极之弊。老子则深信世乱之由，不在制度之不良，而在制度本身之不足为治。"④既然"周文"不足恃，故老子以道为中心，构建了一套建立在无为而治基础上的政治思想。

其二，萧公权对老子政治哲学的思想源流做了分析，认为老子吸收借鉴了古之道术而又有所创新。他言："古之道术本有以柔顺保安全之一宗，吾人于上节已经述及。老子'闻其风而悦之'，则其学固非创新。然老子不徒阐扬其大旨，且取其观察

---

① 王弼、楼宇烈：《老子道德经注》，第 192 页。
② 萧公权：《中国政治思想史》，第 104 页。
③ 牟宗三：《政道与治道》，桂林：广西师范大学出版社，2006 年，第 29 页。
④ 萧公权：《中国政治思想史》，第 104 页。

天道人事之所得，以为此道术之理论根据，使之成为一有故成理之思想系统。"① 在萧公权看来，古代道术糅合了天道和人道，涵盖了人生观、宇宙论与政治观等诸多方面。其中，养生保形思想是其重要的组成部分。老子正是在继承此养生保形思想的基础上加入了自己的创见，并由此展开了对政治治理领域的思考，形成了较为系统的政治哲学体系。概括来说，该体系包含两方面的价值指向：一是修己，二是治人。就修己而言，养生保形的前提和路径是体悟并效法大道，这就需要修道者能够虚己而静，让身体成为道的容器，进而与道相融，由此而直接体悟道的意涵。老子曾言："致虚极，守静笃，万物并作，吾以观复。"② 在老子看来，虚、静为体道的必由路径，只有体道，才能根据道的内在要求来修养身心，实现身与道的合一。就治人而言，养生保形要求施政者能够在体道的基础上实施无为之治，依据道的内在法则而施政，避免施政措施成为虐民的桎梏。老子曾言："道常无为而无不为，侯王若能守之，万物将自化。"③ 而要在实践中达到养生保形的治理目标，就必须在奉行"反者道之动"的基础上做到贵柔守雌。萧公权对老子的这一观点进行了阐发："盖'反者道之动'，而动反者意在得正，非欲反而动反也。准是以论，则'守雌'者欲'为天下溪'也。柔弱者欲胜刚强也。"④ 在萧公权看来，老子所倡导的贵柔守雌并不是政治目的，而是实现清静之治的路径。万物都有其内在的规律可循，政治治理亦是如此，只有遵循政治治理的内在规律，运用一定的政治技艺，才能实现大治的境界。而"反者道之动"就是政治治理的内在规律的表现，施政者只有谨守濡弱谦下之道，才能获得民众的认同和支持，巩固政治统治的正当性基础。对此，萧公权进一步言道："老子曰：'圣人无常心，以百姓心为心。'又曰：'不敢为天下先。'曰：'欲上民必以言下之，欲先民必以身后之。'倘使治国临民者果能一一奉行此诸道术，则天下万民各行其是，各安其生。"⑤ 可以说，在萧公权的观念中，就学术渊源来讲，老子承袭了古之道术中的养生保形思想，并在其基础上构建并发展了一套具体的治术，而这也使老子政治哲学相较于儒家、墨家而言具有强烈的柔顺保全色彩。

三、老子政治哲学体系的内在架构

在从历史背景与学术源流两方面分析了老子政治哲学的标识之后，萧公权又对老子政治哲学体系的内在架构进行了剖析与诠释，意在彰显老子政治哲学的经世意

---

① 萧公权：《中国政治思想史》，第 105 页。
② 王弼、楼宇烈：《老子道德经注》，第 39 页。
③ 王弼、楼宇烈：《老子道德经注》，第 95 页。
④ 萧公权：《中国政治思想史》，第 107 页。
⑤ 萧公权：《中国政治思想史》，第 107 页。

涵。他指出，老子之所以强调虚无，乃是由于其独特的认识逻辑所决定的，并非持有消极避世的想法。萧公权言："凡老子所谓'正言若反'者其作用皆在以退为进，又不仅以知足长保自限。故谓老子之学纯以虚无为归者，诚不免有所误会矣。"① 在他看来，老子作为周朝史官，对于周朝及其以前的历史必然有着充分的理解，熟知治国理政的内在规律。他所阐发的看似消极的政治话语中其实包含着深刻的治理智慧，针对东周以来的各种政治乱象，老子在总结历史经验的基础上，通过哲学性的构建，阐述了一套系统的治世理论。

其一，在政治治理的理念方面，萧公权指出归根、复命是老子治世思想的形而上层面的观念依据。所谓归根、复命，"非舍今存之万物以重归于混成，而欲于万物之中保虚静之德，勿更揠苗助长，以违自然之根本"②。在萧公权看来，道是老子思想中的核心话语，也是老子论述政治问题的基点。在老子的观念中，道是一种实体，在宇宙万物没有生成之前，道已经存在，且按照其内在的法则自然而然地运行，如此周流复始，创生了宇宙万物，形成了空间和时间。空间维度的出现使宇宙万物得以以具体的形态示现；时间维度的出现则使宇宙万物得以生成变化，呈现出不同的样式。对此，萧公权言："若就'有生于无'，进行之程序观之，则宇宙之成乃由虚以至实，缘静以生动，先简而后繁。且道生万物，其事纯出自然，成于无心，绝非有意之造作。"③ 在萧公权看来，老子的话语中包含着这样一种逻辑证成：宇宙万物的生成经历了从虚到实，自静生动，由简而繁的过程。宇宙万物并非一开始就存在的，而是在道的自然发用下形成的。当然，道创生宇宙万物并非出于一种主观目的，而是其内在机制运行所产生的结果。道不具有人格性，更不具有意志性，它属于一种超越性的存在。正是由于道的超越性，它才能创生人类感官所能感知的宇宙万物。自然而然乃是大道运行的内在法则，道的运动变化不依赖于任何外在的因素，它本身就是宇宙万物存在与发展的终极依据，按照其自身固有的法则周流不息地运行。萧公权认为，老子之所以强调道遵循其内在逻辑自然而然地运行这一特点，乃是主张施政者应取法大道运行的内在法则，"慎守原始自然之道而已"④。这种慎守包含双重含义：一是无私，即施政者在施政过程中不偏向于任何一方，保持公正，不将自己的主观情感带入治理活动中。因为施政者特别是君主偏向于任何一方，就意味着除此之外的其他人的利益没有被重视，这会导致社会政治系统中的个体产生强烈的相对剥夺感，且会影响社会政治系统的稳定。此外，施政者一旦显露自己的主观好

---

① 萧公权：《中国政治思想史》，第107页。
② 萧公权：《中国政治思想史》，第108页。
③ 萧公权：《中国政治思想史》，第108页。
④ 萧公权：《中国政治思想史》，第108页。

恶，则必然会有人投其所好以获得施政者的青睐，借此猎取权力并做出徇私舞弊的行为。二是无为，即按照政治治理的法则和程序来施政，以"虚无、宁一、自然为贵"①。政治治理有其内在的运行规律，任何人为的干涉都会导致该规律发生紊乱，进而造成政治运行机制产生张力。施政者应以道为法，严格按照政治治理的内在规律来实施相应的治理活动。在萧公权看来，"归根复命"可以说是老子政治哲学的价值基点，也是其论述政治主张的形上学依据。

其二，在政治治理的方式方面，萧公权认为，老子根据道的运行法则阐发了无为而治的治理路径。无为而治不仅是一种治理的价值主张，更是一种实现天下大治的治理方式。之所以如此，是因为无为而治顺应了大道运行的内在法则。万物根据道所赋予的内在依据运行所呈现出的秩序是最自然的，也是最和谐的。同理，施政者根据道运行的原理而构建的治理方式也是最符合人们需求的。老子正是深刻领悟到了大道运行的法则，观察到了宇宙万物生成变化的规律，故在掌握道的意涵的基础上提出了无为而治的治理主张。对此，萧公权言："以此归根复命之原理应用于政事，则为清静无为之治。"②在治国方面，老子有过经典性的论述，如"清静为天下正"③，"是以圣人处无为之事，行不言之教"④，萧公权对这些话语做了引申式的分析，以诠释老子的无为而治思想。他指出，老子所阐发的无为而治包含双重含义。第一重含义是指"减少政府之功用，收缩政事之范围，以至于最低最小之限度"⑤。在春秋时期，传统的建立在礼乐精神基础的社会政治秩序已经紊乱，不少诸侯国君出于争夺地区霸权的需要，在境内不断地汲取基层社会资源，繁重的赋税徭役造成了民众生活的极度艰难。故在萧公权看来，老子倡导无为，其目的之一在于使统治者能够奉行休养生息之政。而政府减少不必要的行政行为，不干扰基层社会自发形成的社会、经济与伦理等秩序又是推行无为而治的前提。倘若没有外力的影响，民众在道的规制下会自然而然地生成一种秩序，且在此秩序中从事社会、经济等活动以满足自身各方面的需要。正是由于统治者的横征暴敛，打破了基层社会的这种和谐秩序，才导致民不聊生，异常艰苦。正所谓："盖天下之事，若听百姓自为，则上下相安，各得其所。若强加干涉，大举多端，其结果必至于治丝益棼，庸人自扰。"⑥第二重含义则是就统治者个人而言，即少私寡欲。萧公权言："'治大国若烹小鲜'，此老子之语妙天下，最能描画清简之政治。然而无为之义尚不只此也。道生万物，出于无心。

---

① 萧公权：《中国政治思想史》，第 108 页。
② 萧公权：《中国政治思想史》，第 108 页。
③ 王弼、楼宇烈：《老子道德经注》，第 127 页。
④ 王弼、楼宇烈：《老子道德经注》，第 7 页。
⑤ 萧公权：《中国政治思想史》，第 109 页。
⑥ 萧公权：《中国政治思想史》，第 109 页。

故无为亦可训为无所为而为之。"① 春秋时期,统治者常常将满足自身欲望作为政策制定和实施的出发点,甚至为了一己之私而发动战争。为了维持奢侈的生活水平,统治者巧立名目,在基层社会榨取过度的资源。老子对此曾言:"民之饥,以其上食税之多。"② 故就老子看来,统治者必须少私寡欲,以清静之道自持,防止自身的欲望对政治治理产生消极影响。萧公权认为,老子所言的少私寡欲,其深层次含义是强调统治者在日常行为方面应取法自然,顺从自然,不能放任自身欲望的扩展。一旦统治者沉溺于口腹等感官欲望中,则其原有与道相感通的本真之心就会被该欲望所遮蔽,无法为政治行为做出正确的指引,进而导致暴虐之政频出,引发政治统治的危机。因此,包括诸侯国君在内的施政者应该谨守自然清虚之道,避免做出影响民众生活的负面行为,以保证社会政治共同体的有序、稳定运行。

由上述可以看出,萧公权从政治治理理念与治理方式两方面彰显了老子政治哲学的内在架构。在萧公权的诠释下,老子政治哲学可以说是体用兼备的治世之学,既有价值基础维度的政治治理理念,又有政治实践维度的治理方式。事实上,萧氏对老子政治哲学中经世意涵的彰显,其实是有针对性的论述。在当时的理论界,有一种将老子思想视为虚无放任主义的学术思潮。如梁启超的观点颇具有代表性,他在阐发老子思想时言:"此即政治上之复归于自然也。百姓各自谓此我之自然而然,而不知有其上,此即道家之理想的政治。质言之,即'无治主义'也。"③ 萧公权对此观点持否定性的意见,指出:"惟吾人当注意,老子无为之政治哲学,略似欧洲最彻底之放任主义,而究与无政府主义有别。"④ 他认为,无治主义有一个明显的特征,即主张废除政治制度而使人们回归到一种自然放任的状态。但在老子的思想中,他不仅不否认政治制度的作用,甚至非常重视政治制度在构建稳定的社会政治秩序中所发挥的重要作用。老子虽然强调无为,屡言自然,但其内在含义并非主张人们回归到无政府、无社会的原始状态,而是劝诫施政者能够在体道、行道的前提下构建一种既契合于道而又符合人们自然本性的政治制度。对此,萧公权言:"而'朴散则为器,圣人用之则为官长'。万物以有形为自然,则政治上之无为,亦非毁弃君臣之制,以复于禽兽之无羁。所当慎避而勿蹈者,有为之失政而已。"⑤ 在他看来,老子反对的只是掺杂施政者私欲的不良政制,并非反对政治制度本身。而老子所阐发的诸如"小国寡民"的理想状态,也并非想退回到上古蒙昧时代,而是在目睹当时列国恶劣的

---

① 萧公权:《中国政治思想史》,第 109 页。
② 王弼、楼宇烈:《老子道德经注》,第 192 页。
③ 梁启超:《先秦政治思想史》,北京:中国人民大学出版社,2012 年,第 115 页。
④ 萧公权:《中国政治思想史》,第 110 页。
⑤ 萧公权:《中国政治思想史》,第 110 页。

政治生态后所产生的对往昔政治稳定时代的一种赞赏和感慨。

四、老子政治哲学内容中的行为伦理

政治主体在政治治理过程中发挥着政策制定与政策落实的作用。就治理效能的角度来看，政治主体能否采用适当的政治技艺实施相应的治理措施与能否实现稳定且有序的社会政治秩序息息相关。可以说，如果想要实现国家治理的完善，政治主体就必须考虑这样一个问题，即实施什么样的政治行为才能够推动政治制度的稳定运行，保障各项治理措施的顺利落实。一般来说，符合民众利益的政治行为更能够被民众接受和认同。先秦时期的思想流派除了法家之外，儒家、道家等一般来说都较为注重民生问题。如孔子就强调："其养民也惠，其使民也义。"① 他认为施政者在治理过程中必须充分考虑和维护民众的利益，实施良政善治，在运用民力时也要考虑到民众承受的限度，不能根据自身的主观想法随便发号施令。老子亦曾言："天地相合以降甘露，民莫之令而自均。"② 他认为天道公正无私，正如降水一样，均匀地落在大地上，民众都能从其中获益。施政者也应效法天道，实施惠民、利民之政，使民众能够自适其适。儒、道两家在维护民众利益方面存在着同调之处，只不过在如何维持民众利益的方式上，两家有明显的不同。相较于儒家而言，道家更为强调政治技艺的作用，他们认为惠民、利民之政的实现必须满足两方面的条件：一是制定的治理措施本身是正当的，二是制定的治理措施必须获得民众的认同和接受。如果施政者不能充分考虑民众的利益，不站在民众的角度来思考治理措施的可行与否，而是单纯地从政策本身角度考虑、制定并推行政治决策，则会难以获得民众的认同和支持，所实施的政策自然也会遭到民众的抵制。庄子曾以鲁侯养鸟的例子来说明了道家的政治行为伦理观："昔者海鸟止于鲁郊，鲁侯御而觞之于庙，奏九韶以为乐，具太牢以为膳。鸟乃眩视忧悲，不敢食一脔，不敢饮一杯，三日而死。此以己养养鸟也，非以鸟养养鸟也。"③ 鲁侯在见到海鸟之后，用自己认为是最好的东西来款待它。鲁侯的行为出发点可以说是好的，但他之所好并非海鸟之所喜，结果导致海鸟三日而亡。从这个角度而言，庄子认为治理主体在政策制定和实施过程中必须转化视角，从治理客体的角度来思考该政策的可行与否。庄子的这种逆向思维方法及其论点可以说是源自老子。针对春秋时期各国所发生的政治乱象，老子在倡导无为而治主张的同时，也对施政者的政治行为伦理进行了思考。他认为，无为而治的落实需要一

---

① 朱熹：《四书章句集注》，北京：中华书局，2011年，第78页。

② 王弼、楼宇烈：《老子道德经注》，第84页。

③ 郭庆藩：《庄子集释》，北京：中华书局，2013年，第551—552页。

定的政治技艺,这就要求施政者在实施政治行为时要掌握充分的治理艺术,防止所实施的治理措施引发民众的反抗,成为残生害性的桎梏。

萧公权曾对老子的政治行为伦理观做过如下总结:"傥使治国临民者果能一一奉行此诸道术,则天下万民各行其是,各安其生。政府之所施行节制者,其事甚少,而又为百姓言行之所先示,非出于君长之专制独断,强令威迫。"[①] 萧公权认为,"反者道之动"是老子论述政治行为伦理的形上学依据。大道运行周流不息,必然有其内在规律,此规律在老子看来即是"反"。施政者必须以"反"作为规范自身行为的价值原则。在萧公权看来,此"反"应用于政治实践活动中对施政者的规制要求主要有五个方面:

一是施政者必须秉承濡弱的原则。对于春秋时期的统治者而言,为了满足自身的欲望,他们往往一味地追求自身实力的强大。无论是在对内的社会治理方面,还是在对外的邦交处理方面,他们都过度迷信一种强力政治观。萧公权认为,老子之所以强调濡弱,就是要告诫统治者应考虑事物发展的两面性,综合、全面地看待并处理政治问题,防止自身实施的政治行为产生与目的相反的政治效果。他言:"世俗之人无不认强壮足以致胜之术,柔弱势必招侮。于是务为勇健,努力竞争。推其最后之结果,殆皆不免于败亡,自老子视之,此皆未喻于'反'道。"[②] 老子曾说过:"人之生也柔弱,其死也坚强。万物草木之生也柔脆,其死也枯槁。故坚强者死之徒,柔弱者生之徒。"[③] 在老子看来,当时的施政者为了利益往往铤而走险,忽视政治治理的内在规律。他们常常将利益的最大化作为行为活动的价值目标,实施的政策措施极度缺少弹性,这明显与道的内在要求相悖。在自然界中,有生命力的物体都具有一定的柔性,而失去生命力的物体则呈现出僵硬的状态。因此,施政者应以自然界中的物体为鉴,在政治治理方面,实施具有一定弹性的政策措施,并在执行过程中不断地通过政治行为来弥补政策本身的不足。这就需要施政者秉承濡弱原则,避免因刚愎自用所导致的治理失效行为的发生。萧公权亦点出了老子濡弱思想的深意所在:"夫弱柔足以自全而刚强必折,不争可以致胜而无道早已。"[④]

二是施政者需要具备谦下的精神。老子曾言:"是以欲上民,必以言下之;欲先民,必以身后之。"[⑤] 萧公权认为,老子此语意在表达政治认同的重要性。在政治治理方面,施政者特别是君主与民众利益之间存在着一定的张力。如果施政者不能考虑

---

① 萧公权:《中国政治思想史》,第107页。
② 萧公权:《中国政治思想史》,第105页。
③ 王弼、楼宇烈:《老子道德经注》,第193页。
④ 萧公权:《中国政治思想史》,第105页。
⑤ 王弼、楼宇烈:《老子道德经注》,第175页。

民众的利益和诉求，单凭主观好恶来实施治理，必然会激起民众的怨恨和反抗，导致社会政治秩序的动荡。因此，为了能够维持政治统治的稳固性，施政者必须将权力转化为权威，使民众对施政者的政治认同由外在的权力服从转化为内在的价值认可。而谦下在这一转向过程中发挥着至关重要的作用。倘使施政者能够在言语表达和行为活动方面充分考虑民意，以谦下为原则，将民众的利益置于首位，使他们感受到施政者的公正、慈爱与谦恭，则可以有效地消解他们之间存在的张力，保障社会政治系统的有效、稳定运行。萧公权引老子之言对自己的这一观点做了诠释："人事之最合于谦道者莫如王公之自号。'人之所恶为孤寡不谷，而王公以为称。'若以谦下用之于政事，则安内和外，均可操必胜之券。"①

三是施政者要以宽容为政治原则。萧公权指出，老子在观察春秋时期各种政治乱象后，认为缺少宽容是导致社会政治紊乱的重要原因。他言："武断偏执，强人就己，亦为致乱之由。老子欲矫其弊，乃立为宽容之教曰：'圣人无常心，以百姓心为心。善者吾善之，不善者吾亦善之。'"② 在萧公权看来，老子所言的宽容的内涵有两方面：其一是施政者看待问题要有多重视角，不能只站在自己的角度思考问题。对于别人的利益诉求和施政建议，施政者应秉承审慎的态度反复思考，在权衡利弊的基础上贯彻落实。其二是施政者要有他者思维，不能强迫别人认同自己的意见，尤其不能运用权术，打击异己。施政者如果在施政方面有先入为主的观念，则会导致他以此作为判断他人政治观点是否准确的标准，这会对其政治决策带来消极的影响。萧公权对老子的这一致思逻辑总结道：施政者"若不明此理，立形名以检物，则不徒有取者必有所弃，而强分高下，亦必大启争端"③。在萧公权看来，老子反复倡导宽容的重要性，其目的就在于劝诫施政者从社会共同体的角度来思考治理问题，防止因刚愎自用所导致的决策失误现象的发生。

四是施政者要有忧患意识，不能盲目追求外在利益。萧公权言："盖居高势危，贪得易丧。故老子曰：'持而盈之，不如其已，揣而锐之，不可长保。金玉满堂，莫之能守。富贵而骄，自遗其咎。功成身退天之道。'"④ 他认为，在老子的观念中，政治治理的过程充满了各种复杂的博弈，施政者需要有全局观念，在体悟大道运行法则的基础上顺道而行，运用政治技艺来不断地化解治理过程中出现的具体问题，以维持社会政治系统的动态稳定。这就要求施政者秉承正确的义利观，从大局考虑，全面预判治理过程中可能会出现的问题，未雨绸缪，制定出相应的对策，防患于未

---

① 萧公权：《中国政治思想史》，第106页。
② 萧公权：《中国政治思想史》，第106页。
③ 萧公权：《中国政治思想史》，第106页。
④ 萧公权：《中国政治思想史》，第106—107页。

然。

五是施政者要有政治预见性，见微知著，将治理中的问题消解在萌芽状态。萧公权认为，在老子的哲学中，对立的双方互相转化，施政者应掌握其中的内在规律，及时化解国家治理中出现的问题，防止其不断扩大。施政者应在掌握道的内在运行法则基础上，审慎地对待治理中的各个环节，防止因行政人员任用不当或治理流程存在缺陷所导致的治理危机的产生。萧公权针对老子的这一观念言道："成功之始与失败之初皆甚小而不著。能见微知机者乃能制其肇端，使底于成，而败无由致。老子曰：'困难于其易，为大于其细'。"[1] 一旦施政者缺少政治预见能力，忽略了治理中的细微之处，且不能有效地化解基层社会中出现的各种纠纷矛盾，放任其不断扩大，则必然酿成大错，导致治理危机的加重。在萧公权看来，老子之所以主张施政者在政治活动中做到见微知著，就是在告诫施政者：和谐、稳定的社会政治秩序需要政治主体不断地化解社会政治系统中的矛盾、纠纷，任何小的疏忽之处都可能会造成重大政治问题的产生。施政者应审慎细心，在治理过程中时刻保持谨慎的态度。

五、余论

《汉书·艺文志》曾对道家思想的学术源流与内在精神做过阐发："道家者流，盖出于史官，历记成败存亡祸福古今之道，然后知秉要执本，清虚以自守，卑弱以自持，此君人南面之术也。"[2] 从学术品质来看，作为道家的创始人，老子思想本身具有相当强的经世性，包含了大量政治治理的内容，只不过由于其话语表达呈现出一定的批判色彩，且其思维并非一种直白的理论申述，而是带有辩证意味的哲言玄思，故常被世人视为消极避世的代表。如民国时期的嵇文甫在阐发老子政治观念时就指出以老子为代表的道家脱胎于当时的隐士阶层："这班隐士，在那个历史大变革中，处于没落地位，过着隐遁生活。他们不满现实，又逃避现实，思想倾向消极，不敢向前看，只好向后看，因此把理想寄托在原始的村落社会。"[3] 事实上，老子思想中有着强烈的忧患意识，从《道德经》的文本内容来看，他对当时的政治治理问题做了批判性的思考，并由此而构建了一套涵盖理念、制度与实践三重维度的政治哲学体系。当然，由于老子在论述问题时有一种理论自觉，即避免掉入语言表达中的逻辑陷阱，故他常以"正言若反"的形式来表述自己的观点。秦汉以后，不少思想家在诠释老子思想时，都阐发了其体用一源的内在价值理念。民国时期，萧公权开始从

---

① 萧公权：《中国政治思想史》，第107页。
② 班固：《汉书》，北京：中华书局，2007年，第334页。
③ 嵇文甫：《晚明思想史论 春秋战国思想史话》，济南：泰山出版社，2022年，第219页。

政治哲学的角度来思考老子的治世思想，并在彰显其学术渊源的基础上将其政治治理观的内涵打开，阐发了其中所蕴含的经世特质。这为后人理解老子思想的深邃性又提供了另一独特视角。

《道德经》章句研究

论《老子》"反者，道之动"思维在诸子世界的价值

李宗敏*

内容提要：《道德经·四十章》对"道"运行过程的讨论，首次揭示了社会发展规律，回答了社会由乱到治的可能性问题。其主张与各国诸侯的价值诉求相契合。诸子为了适应战国以降的社会思潮，寻求与各国诸侯的价值诉求相一致，开始以"道"作为自己构建理论的基础。老子反向思维为先秦诸子及后人在认识世界提供了新视角，看到了人的主观性与"道"的客观性之间的本质冲突，其反向思维中暗含着的统治术对于古代政治的发展、社会治理都具有积极意义。老子对社会发展的规律的探索、对于周秦之际的诸子思想以及诸侯政治无异于一场思想解放运动，其独特的思维方式、语言风格对于当下构建中国哲学话语体系亦有着积极意义。

关键词：道　反向思维　哲学革命　由乱到治

基金项目：西北大学研究生科研创新项目"周秦之变背景下荀子韩非对道德与政治关系的思考"（CX2024124）

周秦之际，礼乐崩坏，诸侯之间战乱频繁，整个天下处于失序状态。天下能否实现由乱到治、社会规律如何演变，这是摆在所有人面前的一个理论和现实问题。春秋晚期的孔子借着周礼的旗帜、战国初期的墨子继承发展殷商时期的天命观来试图回答"天下由乱到治"的可能性这一问题，但是由于周制中天命观念已然不能适应周秦之际的社会、政治需要，如《诗经·雨无正》云"浩浩昊天，不骏其德。降丧饥馑，斩伐四国"，民众开始质疑"天"的权威。因而急需一个新的理论来回答这一问题，为困顿在乱世当中的士子、民众提供理论依据。老子从天道的高度反思周制，否定周制当中的宗教因素，为当时的诸侯政治、诸子思想、民众生活提供了新

* 李宗敏（1995—　　），男，汉族，山西闻喜人，西北大学中国思想文化研究所博士，研究方向：先秦思想史。

的世界观。其"反者，道之动"（《道德经·四十章》①）思维指明了社会演变的基本规律，为周秦之际在天下向何处去的问题上迷茫的人指明了方向。学界关于老子"反者，道之动"（《道德经·四十章》）思维的研究极为丰富②，但是对老子思想在周秦之际社会、政治、思想的演变中的价值却鲜有涉及。本文拟从"反者，道之动"（《道德经·四十章》）的内涵出发，结合春秋战国时期的时代背景，对老子"反者，道之动"（《道德经·四十章》）所体现的思维方式在诸子世界的价值、地位进行探讨。

一、"反"的内涵及其根本精神

"反者，道之动"（《道德经·四十章》）中"反"，总的来说，在《老子》文本当中大致有两种内涵：（一）对立相反的运动。如老子讲："祸兮福之所倚，福兮祸之所伏。"（《道德经·五十八章》）（二）返本复初。老子云："周行而不殆。"（《道德经·二十五章》）

一些学者认为，"道"矛盾双方相互转化之义与返回、回归之义相冲突，如冯友兰承认"《老子》在一定程度上认识到事物和它的对立面的相互依存，及其相互转化"③的同时，又认为"'复'就是循环，就是倒退。这个观念是同辩证法根本对立的"④。从而将"反"的两种内涵对立起来。解决这一问题的关键在于，"反"的返回、返本复初之义是否就意味着倒退呢？

关于老子思想当中"反"的返回之义，主要表现在"道"运行的最终结果"复"的含义上：

> 万物并作，吾以观复。夫物芸芸，各复归其根。（《道德经·十六章》）
> 复归于婴儿，复归于无极，复归于朴。（《道德经·二十八章》）

这里"复"指明了"道"返本复初的运动过程，但并不能说复归于"根""婴儿""无极""朴"就是一种倒退。第一句所言之"复"，描述的是大自然的循环罔替；

---

① 本文所引《老子》注本若无特别标注皆出自，（魏）王弼注、楼宇烈校释：《老子道德经注校释》，北京：中华书局，2008年。

② 近年来主要有：朱光磊：《论物极必反非老子自然之道的本旨——以〈道德经·三十六章〉为契入的"反者道之动"实义之省察》（《河北大学学报（哲学社会科学版）》2023年第4期）；吴进安：《老子"上善若水"观念的诠释》（《吉林师范大学学报（人文社会科学版）》2019年第2期）；夏福英：《论〈老子〉中的帝王治道思想》（《湖南大学学报（社会科学版）》2017年第5期）；贡华南：《相反与回返：〈老子〉视域中的盗、道之动》（《安徽师范大学学报（人文社会科学版）》2012年第4期）等成果。

③ 冯友兰：《三松堂全集》卷八，郑州：河南人民出版社，2000年，第281页。

④ 冯友兰：《三松堂全集》卷八，第282页。

第二句则是描述的是人由自然状态走向异化最后回归到自然的过程。我们能说一年四季的循环交替、人类生命当中不断复刻着的生老病死、人们由异化状态回归到自然状态是一种倒退吗？当然不能。老子的社会观是从自然观投射而来的，自然现象呈现出返本复初的过程，社会发展也就必然是返本复初的过程。因而可以说，在老子看来，"道"的运动是矛盾双方循环往复的、永无休止的运动。

冯友兰的观点是站在了社会发展观的立场上进行评判的。当由自然现象总结出来"道"的运行投射到社会运行当中时，"复"作为"道"运行的最终走向，体现出老子循环的历史观，而非倒退的历史观。此外，当代学者王中江认为，老子所言之"反"是指"万物和人返回和回归于'道'中"①，王氏此言是从人从自然状态到异化再回归到自然状态而言的，具有合理性。这是"道"在人身上的呈现，本身亦是一种循环的过程。区别在于，当"道"的这一运行过程下落到某个具体的人身上时，所呈现的是有限的运动过程，即当人的生命结束了以后，这一运行过程便会终止，这与老子"周行而不殆"（《道德经·二十五章》）思想所体现的"道"的无限运动相冲突。由此可知，"道"在人身上所呈现出的运行过程，这里的"人"并非是指某个具体的人，而是一种泛指，是一个类概念。这个过程是整个人类社会演进过程其中的一个表现形式，本质上还是事物朝着相反方向发展的返本复初运动。

综上可见，"反者，道之动"（《道德经·四十章》）内涵为事物总是朝着相反的方向演进，这种演进呈现出返本复初的特征。返本复初的运行过程在社会发展层面呈现为治—乱的辩证，如老子云："为之于未有，治之于未乱。合抱之木，生于毫末；九层之台，起于累土；千里之行，始于足下。"（《道德经·六十四章》）老子发现，所有混乱的产生都是从萌芽状态一点点积累而成，因而统治者需要将乱因消灭在萌芽状态。在社会发展的层面上，"道"的运行是以"治"为起点的，治—乱的辩证主要是指社会在治理的状态下总有向乱的趋势。依据老子思想，这种趋势最终导向有两种结果，一种为统治者依据"道"的原则，在乱因还未壮大之时便将其解决在萌芽状态，即"治之于未乱"（《道德经·六十四章》）；另一种则为统治者由于未依照"道"的原则，社会真正出现了乱象，即周秦之间的社会乱象，但是统治者若能够坚持"道"的原则也能实现由乱到治的治理。也就是说，在老子那里，治—乱辩证关系，由治到乱或者由乱到治都是一种可能，只有依据"道"的法则，才能保证治，否则便会走向乱，甚至一直乱下去。庄子延续了老子的"反"思想，其思想却呈现出悲观主义色彩，就是因为，在庄子看来，现实当中人的行为在背离道，而不是回归道。

---

① 王中江:《根源、制度和秩序：从老子到黄老》，北京：中国人民大学出版社，2018年，第39页。

　　在可能性的背后，又蕴含着必然性，即统治者只要遵循"道"的原则就必然实现天下大治，若违背"道"的原则社会秩序必然发生混乱。那么自然规律所呈现的必然性趋势为何投射到社会层面上便只具有可能性呢？原因在于，自然现象的发生是客观现象，它不以人的意志为转移，而社会现象发生的早晚、最终走向，都受到人的立场、价值、认识等因素的影响。由于人的主观能动性的参与，由乱到治才会成为一种可能，统治者对统治方式的选择才成为影响社会发展最终走向的关键因素。

　　与老子矛盾双方相互转化的辩证思想不同，《周易》当中的辩证思维主要体现在事物内部对立的两种属性，它承认了世间万物都是"有对"的，如阴阳、乾坤、男女、否泰等。与《道德经》不同，这里的"有对"描述的并非是一方向另一方运动的过程，而是双方共同作用的过程，如《周易·系辞下》云："天地氤氲，万物化醇。"《周易·杂卦》讲："乾刚坤柔，比乐师忧。"刚柔、乐忧表现出事物的不同状态，它所表达的并非是说事物经历了由刚到柔的过程，抑或由柔到刚的过程，而是旨在说明事物的发展既有向刚发展的趋势也有向柔发展的趋势，事物本身并不具有任何倾向，吉凶祸福的结果是以人是否因时而动、守持道德为依据，诚如《周易·系辞下》说："吉凶悔吝者，生乎动者也；刚柔者，立本者也。"人们实现了在实现了吉以后，若不能守持正心，也会走向凶，可见《周易》当中也蕴含着事物间相互转化的内涵，黄寿祺、张善文讲："《周易》揭示的吉凶情状，在于申言守正者均可获胜。即立身不正，得吉将转凶；守持正道，逢凶能化吉。"① 此言是有道理的。需要说明的是，《周易》中的辩证思想内涵虽然相较于老子思想更为丰富，但是其辩证思想并没有凸显出社会运行的规律，并不足以成为取代周人天命观念，成为新的意识形态。

　　方法有效与否取决于事物如何发展，诸子基于务为治的立场进行理论构建，首先应回答社会向何处发展的问题，这个问题涉及提出的方法能否有效。也就是说，如果没有对社会发展规律的深刻认识，所提出方法的有效性、可行性是存疑的。老子通过对"道"运行过程的讨论，首次揭示了社会向何处发展，从而回答了社会由乱到治的可能性问题。虽然学界对于老子所处的具体时间存在争议，但是与他所处大致同一时期的孔子、墨子在其理论构建当中，仅讨论了实现社会由乱到治的方法论问题，却对由乱到治的可能性（即社会发展规律）鲜有涉及。也正因为缺少了对由乱到治可能性的讨论，孔子、墨子只能基于历史经验去提出解决现实问题的方法，试图以延续三代思想来实现对周秦社会的重塑。但问题在于，基于历史经验总结的方法是否与混乱的现实相契合，这就需要对社会发展规律进行讨论。值得说明的是，虽然学界亦有学者认为，老子"小国寡民"思想是要消灭文明，回到原始氏族社

---

① 黄寿祺、张善文：《周易译注》，上海：上海古籍出版社，2007 年，第 401 页。

会①，但是老子并未以氏族社会的文明来解决周秦之际的社会乱象，其理想的社会形态只是在老子看来社会在"道"的指引下回到秩序状态后的社会特征。

正是因为老子论证了社会由乱到治的可能性以及社会向何处发展的问题，其后诸子才能在老子"道"学说的基础上进行理论构建，系统回答天下向何处的时代命题。战国以降，在诸子思想当中，"道"逐渐取代"天"成为诸子构建理论时的理论基础。因而也可以说，诸子在以"道"取代"天"作为理论基础的同时也间接地、无意识地完成了在意识形态领域对周人天命观念的瓦解。

二、社会转型背景下"道"论的革命性意义

自春秋以降，周人天命观念逐渐弱化，需要一种新的理念重塑政治当中的意识形态。基于此，老子构建了以"道"为核心的理论体系，将形而上的"道"下落到经验世界，在揭示自然规律的同时，又将自然规律投射到社会领域，揭示了社会的运行法则，从理论上回答了由乱到治的可能性问题。

相对于殷周之际天命观念的演变并没有脱离于宗教色彩而言，周人主张"以德配天"，一定程度上弱化了天对人绝对主宰，春秋以降，"道"地位的不断抬升也是为适应这一趋势，但老子将"道"置于"天"之上，是对殷周以降"天命观"的革命。可以说，老子以"道"取代"天"更具有革命性，有着解放思想的意义。

从战国以降，"道"逐渐取代"天"成为诸子构建理论的形而上基础可知，老子"道"论一定程度上解放了诸子的思想。老子以"道"为诸子构建理论提供了总原则，如老子云"天地不仁，以万物为刍狗；圣人不仁，以百姓为刍狗"（《道德经·五章》），要求君王治国能够不分亲疏，一视同仁，体现了国家利益至上的原则，属于宏观层面的问题，而在具体操作层面上，无论是孟子"窃负而逃"，还是《礼记》"中庸之道"讲求灵活性与原则性的统一，抑或法家"以法治国"，都是在这一总原则的基础上所提出的。他们之间的差异仅是形式上的差异，并不存在本质上的区别。摒弃周人天命观念当然与战国以降人的主体性价值不断被发掘的思潮相关。王权的不断扩大、中央权力的集中、社会的乱象，使得诸侯急于摆脱天命对政治与人的束缚。老子"道"论与这一时期各国诸侯的价值诉求相契合，而战国诸子为了寻求与各国诸侯的价值诉求相一致，适应战国以降的社会思潮，也开始以"道"作为自己构建

---

① 如胡适认为："这种学说，要想把一切交通的利器，守卫的甲兵，代人工的机械，行远传久的文字……等等制度文物，全行毁除。要使人类依旧回到那无知无欲老死不相往来的乌托邦。"（欧阳哲生编：《胡适文集》（6），北京：北京大学出版社，1998年，第205页）侯外庐亦言："这幅小国寡民的社会图画，却好是未进至农业生产阶段之氏族社会。"张岂之主编：《侯外庐著作与思想研究》卷二十二，长春：长春出版社，2016年，第14页。

理论的基础。

老子"道"论之所以能够在战国时期兴起，成为诸子弱化周人天命观念的理论"工具"，根本上是因为周人天命观念无法解释春秋战国时期长达几百年的社会乱象，也无法回答由乱到治是否可能、天下将走向何方的时代问题。正因如此，周人天命观所具有的主宰之义才会被春秋战国时期的政治人物、民众、诸子不断质疑，老子"道"论才会被诸子、政治人物所重视。从这个意义上来说，老子思想有着为战国诸子理论构建奠基的价值与意义，亦为战国政治王权的集中、施政纲领、治理模式、统治手段提供了理论依据。

老子提出"道"论的革命性意义还表现在他关注到了社会发展运行规律的问题。在老子之前，"天命"的乌云始终笼罩在政治之上。人们从思想上就根深蒂固地认为人无法逃脱"天命"的主宰，从而臣服于"天命"的权威之下。老子将"道"置于"天"之上，由此"天""地""人""万物"都成了"道"的体现，人们能够通过认识"道"，去发挥人的主观能动性，进行社会实践，从而摆脱了"天命"的主宰。

讨论老子关于实现由乱到治的理论依据，就不得不提周人天命观念的局限性。自武王伐纣，周人确立了"天命靡常"的观念，即认为天命总是会降落到有德之人身上。周人在建国初期进行的哲学革命，解决了自己面临的政权合法性危机。但是"天命靡常"观念的有效性又是有条件的。首先，武王伐纣的战争持续时间很短。《史记·齐太公世家》载，文王时期"天下三分，其二归周"①，这表明武王伐纣前，周对殷已经拥有了绝对实力，并且得到了其他诸侯的支持，因而这场战争持续时间短，社会混乱状态持续时间也就短。与此不同，春秋初期到战国末年，诸侯之间整体上处于均势状态，诸侯之间的战争持续时间长，也就使得社会长期处于混乱状态。其次，在争夺天下共主地位的过程中，主要参与者仅有殷、周两大势力，没有其他势力作为第三方，双方决战的结果便能使天下重回有序。与此不同，春秋战国时期，诸侯林立，到战国时期天下还有七个诸侯国，要结束战乱必然会发生耗时长、更为频繁、规模更为庞大的战争。最后，自殷商时期，商人便迷信鬼神，当有臣子劝诫周的势力逐渐壮大，希望纣王予以重视之时，纣曰："不有天命乎？是何能为！"②当周代建立之时，也依旧延续着殷商时期的天命观念，承认天对人的主宰，区别只是在于承认天命转移，天命依旧是当时的意识形态。由此可见，天命观念作为国家意识形态以及政权合法性的证明，其有效性只能在朝代之间间隔时间短、参与势力少

---

① （汉）司马迁撰，（宋）裴骃集解，（唐）司马贞索引，（唐）张守节正义：《史记》，第五册，北京：中华书局，1959年，第1479页。

② （汉）司马迁撰，（宋）裴骃集解，（唐）司马贞索引，（唐）张守节正义：《史记》，第一册，第118页。

之时才能更好地发挥。而这些因素在周秦之际并不具备，因而才需要重建新的意识形态。从这个意义上讲，相对于殷周之际的变革，周秦之际的变革更具革命性。但是老子之"道"并非对周人"天命观"的完全舍弃，周人天命转移观念与"反者，道之动"（《道德经·四十章》）的根本精神具有一致性，可以说，从周人"天命观"到老子"道"论的提出，二者具有革命性一面，亦有继承性的一面。

诚如上文所言，老子"反者，道之动"（《道德经·四十章》）揭示了社会发展总是有着向相反方向发展的趋势。在老子看来，这种趋势演进是常存的，结果的发生却仅具有可能性，结果发生的必然性在于统治者的治国方式的选择上。这种思维模式也为战国以降诸子的理论将由乱到治的必然性置于治国方式上提供了理论借鉴。这里的问题在于，由乱到治的可能性又如何成为以某种治国方式实现天下大治的必然性？应该说，这是老子"反者，道之动"（《道德经·四十章》）思想内部的不足之处，故而老子"道"论并不能解决诸侯政治的合法性问题，但其根本精神却为诸侯解决政权合法性危机提供理论借鉴。

老子"道"论价值在于，以往诸子都在阐述以某种治理方式来实现天下大治，但是换一种治理方式是否真的能够实现天下大治，却是老子之前的诸子没有重视的问题。老子之前的诸子所提出的治理方式，往往带有盲目性，仅基于历史经验而提出新的治理方式，忽略了历史经验在新的时代背景存在有效性不足的问题。老子则首次证明了以某种治理方式实现由乱到治的可能性，从而使诸子理论、诸侯政治在选择治理方式上都具有了计划性、针对性，他们不仅基于历史经验，也基于社会发展的趋势来选择治理方式。也就是说，诸子、诸侯在选择治理方式上不仅对历史经验有所借鉴，受到老子的影响，也开始以社会发展的趋势作为选择治理方式的依据。从这个意义上来说，老子"道"论虽然存在着理论的不足，但他为战国诸子继续思考这一问题，思考政治合法性的问题打开了思路。

老子"反者，道之动"（《道德经·四十章》）的思想主张为秦汉以降历代王朝确立自己的政权合法性，无论是借助于"五德终始说"、天还是理都必然承认天命转向他人的可能性。它也给历史上身处战乱的人们走向和平、有序的社会的希望。应该说，老子的"反者，道之动"（《道德经·四十章》）思想是中华民族在历经几千年的风雨坎坷之后，依然自强不息的精神内核，即使处于最悲观、黑暗的时刻人们也相信一定会迎向光明的未来。

三、诸子比较视域下《老子》反向思维的独特价值

先秦诸子在构建自身理论之时，都表现出各自独有的说理方式。这些说理方式

体现出他们的思维方式。与儒、墨、法的肯定式言说不同，老子以否定式言说则表现其反向思维。

首先，与商、韩法家的直接、明确的言说方式所呈现的"是"即肯定，"非"即否定的思维方式不同，老子的反向思维呈现出一种模糊性、隐晦性表达。如在《韩非子》文本当中，韩非认同法治便会讲："以法治国，举措而已矣。"（《韩非子·有度》）反对人治，便会讲："国无常强，无常弱。奉法者强则国强，奉法者弱则国弱。"（《韩非子·有度》）与韩非不同，老子要阐述"道"的不可言说性，云："道可道，非常道。"（《道德经·一章》）这里看似在肯定"道"可言性，实际上在表达"常道"（"恒道"）的不可言说性。又如老子讲"绝仁弃义"（《道德经·十九章》）看似对仁义的批判，但《道德经·十八章》又云："大道废，有仁义。"人们所呼喊的"仁义"是"道"被废弃以后的产物，缺少了"道"的本质，"仁义"只是虚假的口号。因而老子所言"绝仁弃义"（《道德经·十九章》）实则是对社会"假仁假义"现象的批判，从而呼唤真正的"仁义"。由此可见，老子所"非"的对象，并不一定是要否定的对象，而是要肯定的对象；其所"是"的对象，亦并不一定是要肯定的对象，反而是要否定的对象。

老子之所以会对现象进行模糊性、隐晦性表达，恰恰是看到了语言在表述思想时的局限性。所以老子才会讲："名可名，非常名。"（《道德经·一章》）世间万物本身并没有概念、定义，是人给万物下了定义，因而这种定义只是人在某种立场上勉强赋予的"名"。"道"本身是"无名"的，其表现为"惟恍惟惚"（《道德经·二十一章》），难以被人认识、把握，老子"强字之曰道，强为之名曰大"（《道德经·二十五章》）。可见"道"之名是老子勉强赋予的，并不能完全概括"道"的全部性质、特征。因而老子在描述"道"时，阐释"道"的特征、性质、形式、规律之时，才会以模糊性的语言来表达。

应该说，《道德经》的理论是对现实社会、政治的省思，是针对周秦之际的混乱现实所提出的救世之方，但是其中的模糊性表达方式以及所呈现的反向思维，表明游说君王并非其建构理论为目的。劝说、游说君王首要是使君王能够理解自己的思想主张，游说者以简明、便于理解、清晰的语言来对君王进行劝说，老子的模糊性表达以及反向思维并不是劝说、游说君王的最好方式。但是，在理论层面，老子的反向思维对于早期中国先民在思维逻辑、语言表达方面尚未得到充分发展而言，以一种全新的表达方式、思维方式为诸子思想世界打开了认识世界的新的视角与方法。

其次，与儒家将善恶、好坏、治乱等二元对立不同，老子的反向思维则呈现出矛盾双方的相互转化以及相互包含。子曰："见善如不及，见不善如探汤。"（《论语·季氏》）这里孔子将善、恶对立起来。而老子则讲："天下皆知美之为美，斯恶已；

皆知善之为善，斯不善矣。"（《道德经·二章》）在老子看来，美丑、善恶是相生相成的辩证关系。事物要保持长久，就必然要允许自身内部存在与自身相异的内容，《道德经·四十五章》云："大成若缺，其用不弊。大盈若冲，其用不穷。"大完满的事物允许自身欠缺的存在，大充实的事物也要允许自身空虚的存在，这样才能更好发挥自身的作用。

老子之所以未将矛盾双方完全对立，而是认为矛盾双方可以相互转化，主要原因在于，老子看到了人在认识事物当中所存在的主观性，这种主观意愿与道的客观性是背离的，此举便是要警示统治者不应乱作为，应注意自身的统治方式，时刻警醒自己，有灭亡的风险。但是一般人又难以不受到外界的影响，因而在老子看来，只有具备士的能力以上的人才能"闻道"，只有圣人才能完全依道而行。可见在老子思想当中已然有了圣凡之别的意识。老子认为："天地不仁，以万物为刍狗；圣人不仁，以百姓为刍狗。"（《道德经·五章》）"道"是完全处于客观的、中立的，其本身并没有所谓的善恶、美丑的属性，它是自然的，呈现出"事物变化的最优趋势，也是存在的最优条件"[1]，并没有任何自己的意识去干预万物的发展。如其所言："天地所以能长久者，以其不自生，故能长久。"（《道德经·七章》）但是人不同，人难以做到完全客观，诚如其所言："五色令人目盲；五音令人耳聋；五味令人口爽；驰骋田猎令人心发狂；难得之货令人行妨。是以圣人为腹不为目。"（《道德经·十二章》）人总是受到复杂环境的影响，难以以客观、中立的立场去认识事物，统治者在政治治理当中，亦难以做到"圣人无常心，以百姓心为心"（《道德经·四十九章》），从而使政治陷入危机当中。《庄子·应帝王》中，南海之地、北海之地为报混沌之德，"日凿一窍，七日混沌死"之事例，亦是警示统治者以自己是非为是非对民众进行干预的政治所具有的危机。

最后，老子反向思维要求人以"柔弱"的姿态示人，隐晦自身的"刚强"。老子认为"揣而锐之，不可长保"（《道德经·九章》）。尖锐的东西还要去追求更加锋利，那么必然会导致断裂，因而他主张国家或者个人应"处众人之所恶"（《道德经·八章》），即以谦卑、柔顺的姿态示人。同时，无论是国家还是个人亦应具有强大的力量，他讲"重为轻根"（《道德经·二十六章》），轻以重为根，也就说一个看似"轻""柔弱"的事物，亦需有一个深厚、扎实的根基。"重"是被掩藏起来的，"轻"则是展现出来的表象，如其所云"国之利器不可以示人"（《道德经·三十六章》），利国之器不展露出来，但是得有利国之器。老子以这样的反向思维劝导统治者，即使是大国，也不能张牙舞爪地欺凌小国，也需时常以谦卑的态度对待小国，以居安思

---

① 谢扬举：《老子"自然"概念的实质和理论》，《湖南大学学报（社会科学版）》2009年第1期。

危的意识警醒自身。

之所以如此，主要原因在于老子所处的时代背景。老子处于春秋晚期战国初期，这一时期大国之间尚处于均势状态，任何一个大国也没有实力能够抵挡其他大国与小国的联合，大国争霸亦需借助小国的力量，小国则需依附于大国获得生存。基于此，大国便不能随意欺凌小国。老子"是以欲上民，必以言下之"（《道德经·六十六章》）、不争为争的思想主张，置于当时的社会背景下，便是要求大国诸侯在其他诸侯陷入争霸的"泥潭"之时，以后发制人的方式，去实现称霸的目的。可见，老子的反向思维透露着老子本人的政治谋略，从这个意义上来说，老子的思想是为君王提供的"统治术"。应该说，老子不争为争的反向思维在春秋晚期战国初期的时代背景下是有借鉴意义的，但是伴随着战国中期以降，诸侯之间均势格局的打破，秦国的崛起，诸侯之间所有的"争"都被置于"台前"，老子的反向思维在战国末期也就随之丧失了借鉴价值。但是若以现代性视角来看，在当下国际竞争，老子的反向思维对于打破西方国家的封锁，构建"一带一路"的人类命运共同体是有积极意义的。

综上可见，老子的反向思维在诸子世界的独特价值在于：（一）它为先秦诸子以及后人认识世界提供了新的视角与思路；（二）他看到了人在认识世界、改造世界当中的主观性与"道"所具有的客观性之间存在着本质上的冲突，一般人难以脱离客观世界的影响而完全依"道"而行，可见在其思想当中已然有了圣凡之别的意识；（三）老子要求统治者展露自己的"柔弱"、暗藏自己的"刚强"，表明老子的反向思维亦暗含着统治者的统治术。这些对于中国先民思维、理论的发展是有积极意义的，其中所暗含的统治术，对于中国古代的国家治理亦产生了深远影响，有四位帝王曾为《道德经》作注，由此可见一斑。

结　语

老子"反者，道之动"（《道德经·四十章》）思维在周秦之际的混乱年代以及诸子世界无异于发动了一场哲学革命。这场"革命"一直影响了中国近两千年人们的思想价值观念。从对诸子理论构建的影响而言，老子"道"论为战国以降诸子弱化"天"的地位提供了理论"工具"。即使诸子对于"道"的认识各不相同，但是老子"道"论，也为诸子在"道"的基础上进行理论构建提供了范本与方向。对此，张松辉亦言："儒家（见《论语》）和杂家（见《吕氏春秋》）接受了道家的无为而治思想，而法家则接受了道家的自然主义、道法相融等思想。"[①] 从对诸侯政治的影响而言，它瓦解了西周以降的意识形态，重建了新的意识形态，并开始探索周秦之际实现由乱

---

① 张松辉:《老子研究》，北京：人民出版社，2009 年，第 234 页。

到治的可能性，首次从哲学层面系统性地回答了在长时段的混乱局面中，能否实现大治，如何实现大治的问题。老子的思想虽然有其不成熟的地方，但是他对社会发展的规律的探索、对于周秦之际的诸子思想以及诸侯政治无异于一场思想解放运动。

老子的反向思维在绵延中国传统文化中具有独特的思维特点、风格、气派。这种风格亦不同于西方哲学的语言风格，它更带有中国本土哲学的气息。可以说，老子的反向思维对于当下建构中国哲学话语体系、挖掘中国传统文化中具有中国风格、中国特点、中国气派的特征是有积极意义的。

生活视域中的"有""无"之辩

——《道德经》第十一章新诠

易学文*

内容提要：关于《道德经》第十一章的解读，可谓数不胜数。以往的研究大致可分为两类：一类从抽象的"有"与"无"概念层面解读，另一类则从具体的功用层面解读。前者太注重抽象思辨，忽略了老子在该章的本意及现实关怀；后者则是过度引申发挥，脱离了文本的内容。老子在该章的思想需放在生活视域中才能完整地揭示出来，换言之，老子实则在告诉我们什么样的生活才是值得追求的。在生活中，真正发挥作用的是"无"，而不是"有"，"有"的部分只是使"无"发挥作用的条件。因此，应秉持"有"利于"无"、轻"有"重"无"的生活理念，过度追求"有"的部分实则舍本逐末。

关键词：《道德经》 生活视域 有 无

古往今来，关于老子《道德经》第十一章的内容，无数的学者都做过注解。在以往对该章的解读中，有些研究者仅仅就文本谈文本，有些从中、西比较视角进行解读①，

---

* 易学文，男，湖南邵阳人，中南财经政法大学法学院在读博士研究生，法学理论专业。

① 李红霞通过分析海德格尔对《老子》的解读，从而评价海德格尔在解读中存在的得失。李红霞认为，海德格尔在翻译《老子》第十一章时，有三处明显的不同：（1）将前三句中的"无"译为"空"（das Leere）而非"虚无"（das Nichts）；（2）"用"翻译为具体器物（存在者）的"存在"，如 das Sein des Rades；（3）最后一句"有之以为利，无之以为用"进行了纯粹存在论的翻译："有"翻译为"存在者"（das Seiende），"利"翻译为"有用性""可使用性"（die Brauchbarkeit），而"无"翻译为"非—存在"（das Nicht-Seiende），"用"翻译为"存在"（das Sein）而非"使用"（der Gebrauch）。参见李红霞：《海德格尔对〈老子〉的现象学与存在论解读》，《江汉论坛》2019 年第 2 期。

有些从抽象的"有"与"无"关系来辨析①，也有些从"体"与"用"的层面来剖析②。诚然，使用不同的版本、切入不同的视角、运用不同的方法，得到的解读自然不同，而且这些解读中不乏真知灼见。然而，关键的问题是，什么才算是《道德经》第十一章的"真意"呢？老子在写《道德经》第十一章时关切的是什么呢？给后人什么样的启示呢？

笔者发现，以往的解读忽略了从生活视域来理解《道德经》第十一章，实在令人遗憾。因为，在笔者看来，老子既不是醉心于抽象的思辨，也不是在鼓励人们做漫无边际的遐想，老子真正的动机就在于告诉人们生活的真谛。因此，为了更准确地理解老子在该章的思想，本文试图从文义、目的与案例三个方面入手，揭示生活中的"有""无"之辩。

一、文义辨析：结构、训诂与新解

关于老子《道德经》的解读，首先应从文本出发，立足于文本的训诂，才能做出符合原意的理解。然而，《道德经》版本种类繁多，根据发掘版本、校注者、出版社不同，做出的理解自然会不同，可谓"道德经八十一章，注者三千余家"③。虽然三千余家可能有些夸张，然而，据王重民考证，仅收录的敦煌写本、道观碑本和历代木刻与排印本，共存目450余种。④ 这足以说明老子《道德经》版本之多，也说明老子思想的影响深远。因此，关于《道德经》第十一章解读的版本选取成了必要的前提。

（一）《道德经》第十一章之版本选取

老子《道德经》版本虽多，但有研究者认为，比较有影响力的三个版本是王弼通行本、马王堆帛书甲乙本以及郭店出土的楚简本⑤。当然，也有人认为，《老子》的流传版本是河上公《老子章句》和王弼《老子道德经注》⑥。因此，需对以上几个版本进行一番比较，以选取最优者。

---

① 这是许多研究者常用的视角。参见肖磊：《〈老子〉的解读体系管窥——以"有之以为利，无之以为用"为例》，《中南大学学报（社会科学版）》2010 年第 3 期。另参见詹石窗：《老子"虚中妙用"思想考论〈道德经〉第十一章解读》，《广西职业技术学院学报》2019 年第 5 期。

② 肖磊：《〈老子〉的解读体系管窥——以"有之以为利，无之以为用"为例》，《中南大学学报（社会科学版）》2010 年第 3 期。

③ 高明：《帛书老子校注》，北京：中华书局，1996 年，"序言"，第 1 页。

④ 高明：《帛书老子校注》，"序言"，第 1 页。

⑤ 常娥、李慧芳：《古籍数字版本的权威定本问题探究——以〈老子·道德经〉为例》，《图书馆》2021 年第 12 期。

⑥ 邬溯源：《〈老子〉研究综述》，《集宁师专学报》2006 年第 3 期。

1973 年湖南长沙马王堆第三号汉墓出土的帛书老子甲、乙本，是目前发现较早版本。帛书甲本用篆书抄写，无避讳，帛书乙本用隶书抄写，且多有避讳，比如，帛书甲本中"非恒道也"①"以正治邦"②就避了"邦""恒"的讳。因此,这两个版本抄写年代不同，帛书甲本在刘邦称帝之前，而帛书乙本在刘邦称帝之后，帛书甲本年代更早，理应更贴近老子《道德经》原文。又据考证，郭店楚简老子《道德经》是目前发现最早的版本。然而，在郭店楚简老子中，却没有发现有《道德经》第十一章的内容③。因此，帛书甲本理应成为我们的首选。然而，考虑到后来的版本可能比更早的版本更好理解，用语更清晰，因而，我们仍需做一番原文比对。

河上公本和王弼本在整体内容上有不同，河上公《道德经章句》为 5201 字，王弼所注现代《老子·道德经》通行本总字数为 5162 字④，然而，就《道德经》第十一章的内容而言，两个版本一致。

河上公版本和王弼版本的内容均为：

> 三十辐共一毂，当其无，有车之用。埏埴以为器，当其无，有埴器之用。凿户牖以为室，当其无，有室之用。故有之以为利，无之以为用。⑤

《道德经》帛书甲本内容为：

> 卅辐同一毂，当其无，有车之用也。埏埴为器，当其无，有埴器之用也。凿户牖，当其无，有室之用也。故有之以为利，无之以为用。⑥

《道德经》帛书甲本第十一章第一句中的"卅""同"与河上公版本的"三十""共"对应，意思相同。河上公版本省略了每一句后面的语气词"也"字，使得行文更为简洁。例如，帛书甲本中"有车之用也"，河上公版本则为"有车之用"。另外，帛书甲本中内容为"凿户牖"，而河上公版本则为"凿户牖以为室"，两种表

① 荣志升、荣舒曼、荣择天编：《老子道德经帛书甲本朗读范本》，北京：光明日报出版社，2021年，第 1 页。

② 荣志升、荣舒曼、荣择天编：《老子道德经帛书甲本朗读范本》，第 107 页。

③ 肖磊：《〈老子〉的解读体系管窥——以"有之以为利，无之以为用"为例》，《中南大学学报（社会科学版）》2010 年第 3 期。

④ 常娥、李慧芳：《古籍数字版本的权威定本问题探究——以〈老子·道德经〉为例》，《图书馆》2021 年第 12 期。

⑤ 河上公：《道德经集释》，杜光庭等注，北京：中国书店，2015 年。另见王弼注：《老子道德经注》，楼宇烈校释，北京：中华书局，2011 年，第 29 页。

⑥ 荣志升、荣舒曼、荣择天编：《老子道德经帛书甲本朗读范本》，第 18—19 页。

达意思相同，而河上公版本的补充使得整章在句式上更为对称，前面三句中"三十辐共一毂""埏埴以为器""凿户牖以为室"构成排比，结构更为工整。因此，对于《道德经》第十一章的解读，河上公版本不仅与帛书甲本实质内容一致，而且行文更为简洁、易懂，故而，本文用河上公章句本解读为宜。

（二）《道德经》第十一章之结构梳理

若要理解《道德经》第十一章的真意，必须回到《道德经》原文中，通过分析该章的结构，理清该章的论述层次，方能得出令人信服的理解。

《道德经》第十一章中总共分为四句，可以将前三句作为第一个层次，第四句作为第二个层次。这样分的原因有二：第一，从结构上，前三句分别从车、器、室来论述，句式结构一致，构成排比，而最后一句由"故"引领，由前面推导而来并作为前三句的总结；第二，从内容上，前三句是具体事物的论述，分别从车、器、室的构造来论证，后一句则从一般层面来讲普遍的道理。因此，《道德经》第十一章可以分为两个层次：

第一层次内容为："三十辐共一毂，当其无，有车之用。埏埴以为器，当其无，有器之用。凿户牖以为室，当其无，有室之用。"

第二层次内容为："故有之以为利，无之以为用。"

此外，在结构上有一处还需加以澄清。以往关于《道德经》第十一章断句有两种，一种认为"当其无，有车/器/室之用"，另一种认为是"当其无有，车/器/室之用"[1]。不同的断句，不仅会影响该章的结构，而且会影响对该章的解读。

古代大多按第一种方式断句，比如，老子帛书版本、河上公版本以及王弼版本皆是如此。直到清代毕沅在《老子道德经考异》中才以第二种方式来断句。毕沅的断句依据的是《考工记》内容，即"利转者，以无有为用也"[2]，意思是，使车轮转动，是"无有"共同发挥作用的结果。而问题的关键在于，车、陶器、房室发挥作用是"无有"，还是"无"呢？这涉及老子的真实用意，可以从生活中"有"与"无"的关系入手分三种情况讨论。具言之，（1）假如老子强调生活中"无"是发挥作用的地方，而"有"不发挥作用，那么应该按照第一种断句更为妥当。假如老子认为"有"与"无"共同发挥作用，则又可以分为两种情况：（2）车、陶器、房室发挥作用是"有"与"无"相互结合的结果，并没有强调"有"与"无"谁更重要，则此情况当以第二种断句为宜，因为强调"无有"共同发挥作用正是第二种断句的由来；

---

① 肖磊：《〈老子〉的解读体系管窥——以"有之以为利，无之以为用"为例》，《中南大学学报（社会科学版）》2010年第3期。

② 高明：《帛书老子校注》，第270页。

（3）车毂、陶器、房室发挥作用是"有"与"无"结合的结果，然而，老子更强调"无"的作用，则此情况以第一种断句更好，因为"无"才是老子真正想要人们在生活中懂得的真谛。

在笔者看来，应该以"当其无，有车／器／室之用"断句为宜。首先，老子以车、陶器、房室作为比喻，说明"无"和"有"两个方面都发挥作用，事物不能离开"有"与"无"而存在，纯粹的空无是无法发挥作用的，就像人们无法乘着空气去远行一样。因此，可以排除上述第一种情况。其次，根据老子最后的总结"有之以为利，无之以为用"，显然，在老子看来，"有"与"无"并不是并列的地位，老子特别强调"无"发挥的作用。因此，若前面断句为"当其无，有车／器／室之用"，则可以形成相互的对应，前后都在强调"无"的作用；反观之，若前面断句为"当其无有，车／器／室之用"，则会产生矛盾，前面明明讲"无有"发挥作用，后面为什么只强调"无"发挥作用呢？最后，在老子的思想中，道是贯穿始终的，道的核心理念是无为。比如，第一章中"无名，万物之始也"，第十四章中"视之而弗见""听之而弗闻""捪之而弗得"，第四十一章"天下之物生于有，有生于无"等，其实都说明老子"贵无"的思想。"无"并不反对"有"，但是比"有"层次更高，只有用"无"将"有"统一起来，才符合老子的道。若是将"有"与"无"并列，则可能使得人们仅仅把"有"与"无"当成了认识事物构成的框架，反而掩盖了老子在这一章真正的用意，也偏离了《道德经》的理念。

综上，尽管"有"与"无"共同结合构成生活中的事物，然而，"无"才是老子强调的核心，也更符合《道德经》的理念，因此，可以排除上述第一种和第二种情况，故而，按照"当其无，有车／器／室之用"断句更为合理。

（三）《道德经》第十一章之词义训诂

关于《道德经》第十一章的理解，需要依靠训诂学的方法阐明词义，这是理解其本意的基础。在目前的注释中，由于缺少对一些重要字词的训诂，有些只是简单的翻译，因此，造成很多误解。

目前关于《道德经》第十一章中的词义解释，大都是可靠的。例如，在《道德经》第十一章中，"辐：车轮中连接轴心和轮圈的木条"①，"毂：车轮中心的圆孔，即插轴的地方"②。又如，"埏埴"，即"埏，长也;从手从延"③。"河上公曰：'挺，和也;埴土也;和土以为饮食之器'"④，埏与挺为同一字。"埏埴"意为用手和黏土使之成为

---

① 陈鼓应:《老子今注今译》,北京:商务印书馆,2006年,第115页。
② 陈鼓应:《老子今注今译》,第115页。
③ 高明:《帛书老子校注》,第271页。
④ 高明:《帛书老子校注》,第271页。

陶器。此外,"户牖",即指门窗。① 然而,在目前的注解中,存在未作训诂并且非常重要的字词,需做进一步训诂。

1."当其无"何解?

在《道德经》第十一章第一部分中,每一句都有"当其无",该作何解呢?根据河上公解释:"谓作屋室,户牖空虚,人得以出入观室;室中空虚,人得以居处,是其用。"② 又根据陈鼓应先生解释,"无"指的是毂的中空之处③。那么,"无"则指空虚、中空之处。然而,却没有人解释"当"和"其"。

"当"字,《说文解字》曰:"當。田相值也。从田尚聲。"段玉裁注:"值者,持也。田与田相持也。引申之,凡相持相抵皆曰當。"④ 这里的意思是,田与田相对等,引申为事物之间相当于、相对等。"其"大致有几种用法。(1)表指示代词,可以代指前面提到过的内容。(2)表语气词。段玉裁注:"经籍通用此字为语词。"⑤(3)表选择关系。例如,"其真无马邪?其真不知马也?"(韩愈《马说》)(4)表揣测语气,相当于"恐怕""或许"。例如:"圣人之所以为圣,愚人之所以为愚,其皆出于此乎?"(韩愈《师说》)(5)表示假设关系,相当于"如果"。例如:"其若是,孰能御之?"(《孟子·梁惠王上》)关于"其"的解释,可能还不止这些,在《道德经》第十一章中,最相符合的是第一种用法。"其"在《道德经》第十一章第一句中指代车,第二句指代之陶器,第三句指代房室。因此,"当其无"应译作为:与车、陶器、房室相当的空无的地方。这样解释的意义在于,清晰地表达了事物中"有"与"无"的关系,并且是具体生活中的"有"与"无",而不是抽象的、玄妙的"有"与"无"。

可能有人会对此解读有所怀疑。在第一句中,"当其无"中的"其"是指车轴还是车呢?依据第一句与第二句、第三句的关系来看,三句构成排比,第一句中的"其"应该指的是跟陶器、房室同一层次的车,而不是指车轴。令人费解的是,车在第一句的前半句中并未出现,如何指代呢?显然,从这里可以看出,第一句省略了很多表述。比如,车轮本是由车轮的内圈、外圈和辐条构成,老子却只说"三十辐共一毂",车本来由车厢、车轮、车架构成,可是老子却只说"当其无,有车之用也"。在此,看似不够严谨,实则,老子的重点并不在于车本身,只是老子借用车的构成来讲普遍的生活真谛。无论是车轴、还是车本身,"无"才是发挥作用的地方。

---

① 傅佩荣:《细说老子》,上海:上海三联出版社,2009年,第50页。

② 高明:《帛书老子校注》,第272页。

③ 陈鼓应:《老子今注今译》,第117页。

④ [汉]许慎著,[清]段玉裁注:《说文解字注》,南京:凤凰出版社,2015年,第311页。

⑤ [汉]许慎著,[清]段玉裁注:《说文解字注》,第354页。

2. 如何理解"利"与"用"？

从前面的解释中，车、陶器、房室都由"有"的部分与"无"的部分构成，而在第四句中做最后的总结，这也是老子真正要讲的道理。第四句中的"故"字表明，最后一句是从前面三句总结得来。因此，欲了解最后一句"利"与"用"的本意，应先回到前三句中。

从前面三句中，可以看到"当其无"，则"有车之用""有埴器之用""有室之用"，因此，"无"的空虚部分，才是车、陶器、房室真正发挥作用的地方。这正是老子"无之以为用"的由来，"用"即是以车、陶器、房室等为主体发挥的作用。

然而，"利"字做何解释呢？《说文解字》曰："利，铦也。刀和然后利，从刀，和省。"段玉裁注："铦链利引伸为凡利害之利。"① 也就是说，"利"可以理解为利害、便利。这里的问题是，"三十辐""器""室"等都是属于"有"的部分，在此语境中，"有之以为利"中"利"的对象是什么呢？这是解读该字的关键。在以往的研究中，要么认为"利"的对象是人，要么直接忽略了"利"的对象。比如，陈鼓应先生将最后一句解释为："所以'有'给人便利，'无'发挥了它的作用。"② 在陈鼓应先生看来，"利"的主体是人。傅佩荣、陈默等人注解的《道德经》也认为，利的对象是人。③ 与陈鼓应、傅佩荣、陈默等人不同，王弼注"言无者，有之所以为利，皆赖无以为用也"④，伊振环则将"故有之以为利"翻译为"所以物体之利在实有的部分"⑤，因而王弼、伊振环等人都忽略了"利"的对象问题。其实，从前三句可以看出，车的车厢、车轮、车架限定了车中"无"的部分，陶器的形状样式限定了陶器中"无"的部分，而开凿形成的门窗、墙壁限定了室内"无"的部分，没有"有"的部分作为条件，"无"是没有办法发挥作用的。既然真正发挥作用的部分是"无"，那么，"有"就是"无"发挥作用的有利条件。因此，"利"的对象是"无"，"利"应理解为"无"发挥作用的有利条件。

既然"利"的对象是"无"，发挥有利条件的是"有"，因此，"有"是"无"发挥作用的有利条件，也就澄清了"有"与"无"的主次关系。

（四）《道德经》第十一章之文义新解

有了上述结构梳理与词义训诂，我们就能准确地理解《道德经》第十一章的文

---

① [汉]许慎著，[清]段玉裁注：《说文解字注》，第317页。
② 陈鼓应：《老子今注今译》，第115页。
③ 陈默将"故有之以为利，无之以为用"翻译为："所以，'有'能给人便利，全靠'无'使它发挥作用。"参见老子：《道德经》，陈默译注，长春：吉林美术出版社，2015年，第33页。傅佩荣则翻译为"所以，'有'带给人便利，'无'发挥了它的作用。"参见傅佩荣：《细说老子》，第50页。
④ 高明：《帛书老子校注》，第272页。
⑤ 伊振环：《帛书老子再疏义》，北京：商务印书馆，2007年，第261页。

义。

第一层次的三句可以理解为：

三十根辐条汇集到一个车轴中（由车轮、车厢、车架组合成车），与车厢对等的空无的地方，才能发挥出车的作用。

揉合陶土做成饮食用的陶器，与器皿相对等的空无的地方，才能发挥出陶器的作用。

开凿房门和窗户，以及其中的墙壁，与房室相对等的空无的地方，才能发挥出房室的作用。

显然，前三句分别从车、陶器、房室来举例，最后引出老子要表达的生活中普遍道理。从前三句可以看到，老子将车、陶器、房室分为两个部分，即"有"的部分和"无"的部分，"有"的部分是有形有象的，"无"的部分是无形无象的。正是有形有象的部分使得无形无象的部分得以被限定，而正是无形无象的部分才使得事物发挥其真正的作用。

因此，第二层次的第四句理解为：

因此，有形有象的事物，包括车、陶器、房室等，作为空无发挥作用的条件，空无的地方才是真正发挥作用的部分。

二、目的探寻："有""无"之辩

以上的文义解读，只是对老子《道德经》第十一章的表层理解。那么，老子在《道德经》第十一章究竟想要表达什么呢？仅仅是在向我们描述车、陶器、房室的构造，然后提出一般性的认识吗？其实不然。

（一）关于老子目的误读之梳理

迄今为止，人们在解读《道德经》第十一章时，几乎从各种视角进行解读。然而，这些解释要么忽略了老子的真实目的，要么误解了老子的真实目的。

肖磊教授总结了前人对《道德经》第十一章的目的解读，总体而言，可以将以往的理解分为两种情况：第一种从"体"层面理解，第二种从"用"层面理解。从"体"上，又可以分为"以中学为体"和"以西学为体"。从"用"上，则可以分为修身、政治、经济、科学等方面。[①] 具体而言，肖磊教授将以往的理解分为六种，即"以普遍的道理来解释""从修身的角度""从政治的角度""从经济的角度""从科学

① 肖磊:《〈老子〉的解读体系管窥——以"有之以为利，无之以为用"为例》,《中南大学学报（社会科学版）》2010年第3期。

的角度""从西方哲学的角度"。①

其实，不管从"体"解释也好，还是从"用"解释也好，人们的解释会陷在两类误区中：一类从抽象的"有"与"无"概念层次解释，忽略了老子在该章的本意及现实关怀；另一类从脱离文本的功用层次解释，从而过度引申发挥。两者都偏离了老子在这一章的核心。

首先，从抽象的"有"与"无"概念层次解释，尤其是从"体"方面理解《道德经》第十一章。此又可以分为"中学为体"和"西学为体"两类，而尤以"中学为体"居多。

例如，唐玄宗注："有体利无，以无为利；无体用有，以有为用。且'形而上者曰道，形而下者曰器'。"②唐玄宗将"有"和"无"的关系进行抽象地解读，并且从至高的道来理解"无"。

傅佩荣认为，"没有'无'，人生哪有创造的可能？""有生于无"③。傅佩荣将"有"与"无"作为产生天地万物的本源来理解，本章中"车""陶器""房室"看成仅仅是理解"体"的一个例子。这种解读过于抽象地理解该章，以至于忽略了"有""无"在本章的独立性。

陈鼓应解读《道德经》第十一章时认为："一、'有'和'无'是相互依存，相互为用的。二、无形的东西能产生很大的作用，只是不容易为一般人所觉察。"④陈鼓应虽然将该章"有"和"无"的概念区别于《道德经》第一章中的本体界，但是，仍然作为一个抽象普遍的道理来理解，没有回归到具体的生活视域中。

张松如注："老子借器物的'有'和'无'来说明其'利'和'用'，有与无相互发生，利和用相互显著。"⑤在张松如看来，"有"与"无"是相互作用的，因此，他既从抽象的概念层次来理解"有"与"无"，同时也忽略了老子对"有"与"无"的侧重。

除了上述"中学为体"的解读，也有少部分研究以"西学为体"来解释《道德经》第十一章。例如，海德格尔对老子"有""无"的理解，依据的是西方现象学和存在论的范式。海德格尔将《道德经》第十一章前三句中的"无"译为"空"，将"有"翻译为"存在者"，将最后一句的"无"翻译为"非—存在"，"用"翻译为"存

① 肖磊：《〈老子〉的解读体系管窥——以"有之以为利，无之以为用"为例》，《中南大学学报（社会科学版）》2010 年第 3 期。
② 高专诚：《御注老子》，太原：山西古籍出版社，2003 年，第 66 页。
③ 傅佩荣：《细说老子》，第 51 页。
④ 陈鼓应：《老子今注今译》，第 115 页。
⑤ 陈鼓应：《老子今注今译》，第 116 页。

在"。①另外，据肖磊教授的总结，杨润根、冯达甫、张祥龙等人都是从西方哲学范式解读《道德经》第十一章内容②。

综上，从"体"上理解，不管是"中学为体"解释，还是"西学为体"解释，都是从抽象的"有"与"无"关系来理解《道德经》第十一章。当然，不可否认的是，这些理解和延伸都是来自对老子思想的解读，有一定的裨益。然而，令人遗憾的是，他们的解读存在两方面的问题：第一，将《道德经》第十一章内容上升到本体的道或者理念，将本章仅仅视为谈论抽象的"有"和"无"概念，"车""陶器"和"房室"仅仅是一个说明本体的无关紧要的例子而已，从而忽视了本章中老子独立的真实意图；第二，从抽象的层面理解，很容易滑入认识论的误区，即将本章理解为如何理解"有""无"和"道"的关系，而忽视了老子对现实生活实践的关切。

其次，从功用上理解《道德经》第十一章。从现有的研究来看，在功用层面，研究者们大抵从修身、政治、经济、科学③、建筑④、艺术设计⑤等角度去理解。

例如，《文子·上德》云："三十辐共一毂，各直一凿，不得相入，犹人臣各守其职也。"此即将辐条与车毂比喻成君臣之间关系，各守其职才能将国家治理好。尽管这样的比喻看似贴切，而且在其他文献中可以寻得出处，然而，问题在于，从该章原文中，我们看不出老子是在讲君臣关系。

又如，傅志前认为："老子论述室之'有''无'，意在引出室之'无'，引导人们认识建筑空间的'无'的作用。"⑥尽管研究者可以做这样的引申，但是，老子在这章的本意并非在讲建筑学问题。

葛长庚注："得此父母之身为用，存我厥初同然之性，无内无外。"⑦意思是，从父母那里得来的身体发挥作用，与最初的内在本性是一致的，没有内在的无就没有外在的身体。葛长庚从身体与内心视角来解读《道德经》第十一章，实则也是脱离了

① 李红霞：《海德格尔对〈老子〉的现象学与存在论解读》，《江汉论坛》2019 年第 2 期。

② 肖磊：《〈老子〉的解读体系管窥——以"有之以为利，无之以为用"为例》，《中南大学学报（社会科学版）》2010 年第 3 期。

③ 肖磊：《〈老子〉的解读体系管窥——以"有之以为利，无之以为用"为例》，《中南大学学报（社会科学版）》2010 年第 3 期。

④ 傅志前：《基于老子哲学"无""有"观的建筑空间研究》，《南通大学学报（社会科学版）》2018 年第 2 期。另参见王怡：《无之以为用——从文人到设计师》，《艺术教育》2013 年第 6 期。另参见张玉瑜、薛少艳、马佳：《有之以为利，无之以为用——浙江长兴大唐贡茶院遗址博物馆设计》，《新建筑》2007 期第 6 期。

⑤ 刘东峰：《有之以为利 无之以为用——浅谈老子关于"有"与"无"辩证思想对展示空间设计的启示》，《艺术与设计（理论）》2008 年第 5 期。

⑥ 傅志前：《基于老子哲学"无""有"观的建筑空间研究》，《南通大学学报（社会科学版）》2018 年第 2 期。

⑦ 葛长庚：《道德宝章》，文渊阁四库全书电子版，第 5 页。

原文的内容。

总之，从"用"上来理解《道德经》第十一章，即将《道德经》第十一章理解为呈现了修身、政治、经济、科学等功用方面的道理。这样的理解往往忽略了一个事实，即《道德经》第十一章内容并没有指向这些功用。这些"用"上的理解看似合理，实则，在这一章中原文中没有依据。因此，从"用"上理解《道德经》第十一章，实际上脱离了原文的本意，过度想象发挥。

（二）生活真谛："有"利于"无"，轻"有"重"无"

上述的抽象概念层次与具体功用层次，均无法给出充分的解释。因此，我们欲理解老子《道德经》第十一章的真实目的，还得回到老子的现实生活中。

老子何许人也？《庄子·天道》中指出，老聃为"周之征藏史"。《史记·老子韩非列传》载："老子……周之守藏室之史也。"王国维在《释史》中说："周六官之属，掌文书者亦皆谓之史。则史之职，专以藏书、读书、作书为事。"[1] "征"即掌管，"藏"指藏室，"史"即史官。意思是，老子是周朝掌管文书、典籍的史官，主要的职责是藏书、读书、作书等。

此外，《汉书·艺文志·诸子略》载："道家者流，盖出于史官，历记成败存亡祸福古今之道，然后知秉本执要，清虚以自守，卑弱以自持，此君人之南面术也。"[2] 可以说，史官是这个国家最有学问的人，道家者流皆出自史官，他们记述"成败存亡祸福古今之道"，能够秉持最根本的东西，为君王治国理政提供根本的指导。因此，史官的另一个重要责任在于，给君王出谋划策，提供治国理政的根本道理。

因此，老子的史官身份决定了老子不是在做一种抽象的"有"与"无"的思辨，不是要引导人们陷入玄妙的道本体中，而是要告诉君王如何治理好国家，达致无为而治，使得百姓安居乐业。换言之，老子在向世人揭示什么样的生活才是值得追求的。现实生活才是老子真正的关切。

那么，《道德经》第十一章究竟体现什么生活真谛呢？在《道德经》第十一章中，第一层次的三句分别讲车、陶器、房室，车、陶器、房室之所以发挥其作用，根本在于与车、陶器、房室相当的空无。车本身有形有象的部分并不直接发挥作用，即车轮、车厢、车轴等并不发挥作用。例如，人们真正用的是车中的空无，以便人们能在其中乘坐远行，而车中有形有象的部分只是车中空无发挥作用的条件。因此，人们不需要去追求多么豪华的车，只要车能够使其中的空无发挥作用即可。人们过于追逐车的豪华、金碧辉煌，这无疑是舍本逐末。同理，人们不需要去追求多么精

① 谢维扬、张鑫亮主编：《王国维全集》（第八卷），杭州：浙江教育出版社，2009年，第175页。
② ［汉］班固撰，［唐］颜师古注：《汉书艺文志》，北京：商务印书馆，1955年，第28页。

美的陶器，只需能够发挥陶器中空无的作用即可，人们不需要住多么富丽堂皇的房屋，只需要能够使房屋中的空无发挥作用即可。

推而广之，由车、陶器、房室延伸到人们生活的方方面面，人们穿的衣服、用的桌椅、睡的床铺等，只需要发挥其中空无的地方即可，不需要追求华丽的服饰、精致的桌椅、奢华的温床。故而，老子在《道德经》第十一章最后一句做了总结，"有"的部分只是实现"无"的部分的条件，真正发挥作用的是"无"的部分。换言之，"有"应利于"无"，而不是"有""无"并举，更不是以"无"助"有"。正因此，事物中"有"本身并不重要，人们在生活中不必去追求"有"的部分，从而使"有"的部分尽善尽美，相反，应使"有"越少越好，只需利于"无"即可。因而，老子实质上是轻"有"重"无"。这才是老子在该章"有""无"关系的精髓。

君子之德如风。在上位的人若能够恪守节俭的准则，不去追求"有"的部分，那么，整个社会就不会造成资源浪费，相互的攀比，也就不会本末倒置。君王治国理政亦是如此，君王不追求"有"的部分，那么，治国理政就不会劳民伤财，百姓就会效仿君王的做法，社会就会富足，人们就会"甘其食，美其服，乐其俗，安其居"。这才是老子真正的关切，也是《道德经》的一以贯之的理想图景！

（三）"有""无"与道的关系

通过对《道德经》第十一章的解读，我们理解了老子的真实目的，即教导人们在生活中不要去追求"有"的部分，而是要认清"无"才是真正发挥作用的地方。然而，这种生活视域的解读与老子的"道"是何种关系呢？是否脱离了老子的道呢？其实，并非然也，这恰恰就是老子的道。

何为道呢？《道德经》帛书甲本第二十五章曰："人法地，地法天，天法道，道法自然。"[1] "法"，即效法。这里的意思是，天地万物都在效法道在运行，而道就是它本来的样子。第三十四章曰："道泛呵，其可左右也。成功遂事而弗名有也，万物归焉而弗为主，则恒无欲也。"[2] 此句大意是:道像小舟一样随着地势风向荡漾啊，它可以把天地万物所左右。道成就了天地万物，但没有显示自己的名字，也没有作为自己的功劳啊。万物都有名号，都是索取，道却不是，道对万物永远是无欲无求的。因此，在老子看来，道是无处不在无时不有的，道成就天地万物，天地万物归附于道，而道从来不显示自己的任何功劳，对万物总是无欲无求。

人又如何效法道呢？《道德经》帛书甲本第二十一章曰："孔德之容，惟道是

---

① 荣志升、荣舒曼、荣择天编:《老子道德经帛书甲本朗读范本》，第49页。
② 荣志升、荣舒曼、荣择天编:《老子道德经帛书甲本朗读范本》，第67页。

从。"① "孔德"即是看不见、摸不着的至大的德性;"容"与"从"互文见意,即行为举止。大意是:具备孔德的人的行为举止,就是道的行为举止。君子之德如风,若圣人能够行"孔德",效法道,那么社会就会移风易俗。同理,《道德经》帛书甲本第五十七章曰:"是以圣人之言曰:我无为也而民自化,我好静而民自正,我无事而民自富,我欲不欲而民自朴。"② 大意是:因此,圣人说,我什么也没做,百姓自己能够得到很好的教化;我喜好静止,然而百姓自己就能够端正自己;我什么事也没有,百姓自己反而很富足;我没有什么欲求,而百姓自己能够保持民风淳朴。在此,"我无为""我好静""我无事"和"我欲不欲"并非指现代意义上的"躺平""摆烂""无所事事",而是指:圣人有至大的德性,能够"居无为之事,行不言之教"③,但是圣人从来不索取,从来不去命令、干预他人,成就万物却从来不居功。"无为"并不与"有为"对立,而是更高的层次,从而能达到无为无不为。

综上,从道,到孔德之人,再到圣人,其理是贯通的,核心理念是无为,正因无为从而能无不为。因此,有学者认为:"'无为而无不为'不仅仅是《道德经》的重要命题,而且是其本根智慧的集中呈现。"④ 孔子也表达了同样的道理,《论语·卫灵公篇》中说:"子曰:'无为而治者其舜也与! 夫何为哉? 恭己正南面而已矣'。"⑤ 大意是:孔子说,能无为而治的人大概只有舜吧? 他做了什么呢? 也只是恭恭敬敬地端坐在君王的位置上罢了。

回到《道德经》第十一章,该章是如何体现无为而治的呢? 如果君王能够践行"有"利于"无"、轻"有"重"无",那么,君王就不会追逐"有"的部分,不会要求车、陶器、宫殿、服饰等尽善尽美,因而,也就不会劳民伤财,更不会与民争利,百姓就会变得富足。同时,君王给百姓起到很好的示范效应,百姓自然不会相互攀比、竞争,不需要强制教导,民风自然而然变得淳朴。这岂不是"我无为也而民自化,我好静而民自正,我无事而民自富,我欲不欲而民自朴"吗? 君王做到了《道德经》第十一章的要求,那么,就能够实现无为而治,无为而无不为。

由此观之,上述关于《道德经》第十一章真实目的的解读,即在生活中需以"有"利于"无",需轻"有"重"无",与《道德经》根本的理念是一致的。

---

① 荣志升、荣舒曼、荣择天编:《老子道德经帛书甲本朗读范本》,第 40 页。
② 荣志升、荣舒曼、荣择天编:《老子道德经帛书甲本朗读范本》,第 107 页。
③ 荣志升、荣舒曼、荣择天编:《老子道德经帛书甲本朗读范本》,第 4 页。
④ 孙雪霞:《无为而无不为:〈道德经〉的本根智慧》,《现代哲学》2014 年第 4 期。
⑤ 洪镇涛主编:《论语》,上海:上海大学出版社,2012 年,第 160 页。

三、以案示理："无"何以为用

如上所述，老子在《道德经》第十一章中表达了"有"利于"无"、轻"有"重"无"的思想，因此，关键在于，在生活中如何使"无"发挥作用。回顾历史，孝文帝是道家的信奉者，他的一生就是这一思想最好的证明。

据《史记·孝文本纪》载："孝文帝从代来，即位二十三年，宫室苑囿狗马服御无所增益，有不便，辄弛以利民。尝欲作露台，召匠计之，直百金。上曰：'百金，中民十家之产，吾奉先帝宫室常恐羞之，何以台为！'上常衣绨衣，所幸慎夫人，令衣不得曳地，帏帐不得文绣，以示敦朴，为天下先。治霸陵皆以瓦器，不得以金银铜锡为饰，不治坟，欲为省，毋烦民。"[①] 这一段的大意是：孝文帝从代国来到京城，即位二十三年，宫室、园林、狗马、服饰、车驾等没有增加。但凡有对百姓不便的事情，就予以废止，以便利民众。文帝曾打算建造一座高台，召来工匠计算，造价要值上百斤黄金。孝文帝说："百斤黄金相当于十户中等人家的产业，我承受了先帝留下来的宫室，时常担心有辱先帝，还建造高台干什么呢？"文帝平时穿的是质地粗厚的丝织衣服，对所宠爱的慎夫人，也不准她穿长的拖到地面的衣服，所用的帏帐不准绣彩色花纹，以此来表示俭朴，为天下人做出榜样。文帝规定，建造他的陵墓霸陵，一律用瓦器，不准用金银铜锡等金属做装饰，不修高大的坟，要节俭，不要烦扰百姓。

可见，在孝文帝的一生中，无论是宫室、园林、狗马、服饰、车驾，还是高台、帏帐、陵墓，这些都属于生活中的"有"，而这些"有"不过是在为"无"所发挥的作用服务而已。孝文帝对于"有"的部分都厉行节俭，不追求其精美、高大、奢华，只求其能发挥出"无"的作用即可。

孝文帝的事迹显然影响了唐太宗。贞观二年，大臣以宫中潮湿为由想要为唐太宗修建阁楼，太宗曰："昔汉文将起露台，而惜十家之产，朕德不逮于汉帝，而所费过之，岂为人父母之道也？固请至于再三，竟不许。"[②] 唐太宗自认为自己德行不如孝文帝，可是建造阁楼的费用超过了孝文帝，因此，即使大臣再三建议也没有答应。

然而，上述宫室、园林、狗马、服饰、车驾、高台、帏帐、陵墓等，都属于器物层次的"有"，其实，礼仪制度也是一种容易被人忽略的"有"。

根据《史记·礼书》载："孝文即位，有司议欲定仪礼，孝文好道家之学，以为繁礼饰貌，无益于治，躬化谓何耳，故罢去之。"[③] 这里大意是：孝文帝即位后，司

---

① 司马迁著，韩兆琦译注：《史记》（三），北京：中华书局，2010年，第1036页。

② 吴兢著，骈宇骞译注：《贞观政要》，北京：中华书局，2011年，第401页。

③ 司马迁著，韩兆琦译注：《史记》（三），第1857页。

议想要制定礼仪制度，孝文帝喜爱道家学说，认为礼仪规则太烦琐，只是粉饰外表，对于治理国家没有增益，治国需以身作则，因而没有采纳司议的建议。换言之，在孝文帝看来，礼仪制度是一种"有"，过度地追逐礼仪制度，则变成了繁文缛节，只是装饰而已，不仅不能起到作用，反而妨碍了治理国家。因此，礼仪制度只求真正能够治理好国家，除此之外，制定的礼仪制度越少越好。或者说，礼仪制度的"无"是在规范人们的行为，只要能规范好人们的行为，礼仪制度本身的"有"越少越好。这其实就是"有"利于"无"，轻"有"重"无"。

纵观孝文帝的一生，孝文帝已经是天底下最有权势的人了，然而，他无时无刻不在践行《道德经》第十一章的思想。不仅在器物层面厉行俭约，即使是对于礼仪制度，也一概免去烦琐的规定，不去显示自己的威仪，只求能够利于百姓。孝文帝的一生不就是《道德经》第十一章中"有之以为利，无之以为用"的最好示范吗？不正是"有"利于"无"、轻"有"重"无"理念的体现吗？孝文帝正是遵循了《道德经》第十一章的教导，最终能够"以德化民""海内殷富""兴于礼义"，实现为后世人效仿的"文景之治"。

以铜为鉴，可正衣冠；以古为鉴，可知兴替；以人为鉴，可明得失。反观我们当下的生活，许多人过度地追逐有形、有象的事物，例如开好车、住豪房、吃的是山珍海味、穿的是名牌等，反而忘记了真正发挥作用是"无"。更有甚者，为了有形有象的事物，迷失了自己，最终走向自我毁灭。例如，2020 年 9 月 27 日，大连市中级人民法院对徐长元以组织、领导黑社会性质组织罪、诈骗罪等十余项罪名数罪并罚。① 经查，徐长元涉案资产超过了百亿元，查封的房产多套，此外，还有无数土地、债权、高档轿车、进口红酒等。这不正是过于追求"有"导致的吗？然而，这些无数的"有"，绝大部分都用不上。徐长元正是因为过于追求"有"，包括房产、土地、债权、高档轿车、进口红酒等，通过正当手段无法获得，才走向了贪污犯罪的道路，最终导致了自我毁灭。其实，反面的例子数不胜数，无数贪污腐败的例子都是追逐生活中的"有"导致的。

由此观之，懂得了老子《道德经》第十一章的真意，人们就不会去追逐生活中"有"的部分，只求其能使"无"的部分发挥作用足矣。对个人而言，能够认清生活中"有"并不重要，只是使"无"发挥作用的条件，因而，能够节制自身的欲望，摆脱生活中的烦恼，避免资源过度地竞争与浪费，获得真正的自由。就团体或国家而言，在上位的人，不追求"有"的部分，上行下仿，君子之德如风，那么，从小

---

① 中国青年网：《辽宁大连徐长元涉黑案：用权利撬动家族企业疯狂敛财 被查封房产多达 2714 套 》，2021 年 3 月 28 日，https://t.m.youth.cn/transfer/index/url/news.youth.cn/jsxw/202103/t20210328_12808179.htm，2023 年 9 月 8 日。

处说，能使一个家庭或团体，避免许多纷争，防止精神内耗，生活更加富足；从大处说，如同孝文帝在位时那样，则使一个国家避免资源浪费，海内殷富，百姓安居乐业。

四、结语

通过上述的文义解读、目的揭示和案例剖析，我们可以得知，老子在《道德经》第十一章不是在讲抽象、玄妙的道理，不是要引导人们进行哲学中"有"与"无"的纯思辨，也不是在鼓励人们进行尽情的想象发挥，老子真正的目的告诉人们如何过好自己的生活，尤其是君主如何做好自己，从而"行不言之教"[①]，达到无为而治。在生活中，像车、陶器、房室等有形有象的事物比比皆是，几乎生活中的一切都同时有着"有"与"无"两方面，人们常常会迷失在对事物中"有"的追求中，而忘了"无"才是真正发挥作用的地方，从而本末倒置。因此，"有""无"之辩，不在于玄思领域，而在于生活领域，其核心即是"有"利于"无"、轻"有"重"无"。

---

① 荣志升、荣舒曼、荣择天编：《老子道德经帛书甲本朗读范本》，第 4 页。

老子对"前识"的否定之路

高源丰[*]

内容提要："前识"本质是一个关于未来的理性秩序图景，主体被视作意向的以及意志的主体，使得当下的行为服从于外在的目的。意向性思维将"前识"对象化成一种技艺，也将人概念化。行为通过"前识"的阐释被赋予意义，构成对外界主体以及内在自我的权力意志外化的要求。"前识"忽视世界的整体性和时空性，抹杀了人的特殊性呈现；老子则是拒绝预设任何尚待认识的、改变的客体与对象。以赤子般自发的状态领悟每一个特殊的当下时刻，以最整全的、普通的身心精神去直接领会整体性与进程性的世界，接纳特殊的万物的不断涌现。

关键词：前识 意向 自发 权力 特殊性

引 言

"前识"出现在《老子》第三十八章：

> 上德不德，是以有德；下德不失德，是以无德。上德无为而无以为，下德为之而有以为。上仁为之而无以为，上义为之而有以为，上礼为之而莫之应，则攘臂而扔之。故失道而后德，失德而后仁，失仁而后义，失义而后礼。夫礼者，忠信之薄而乱之首。前识者，道之华而愚之始。是以大丈夫处其厚，不居其薄；处其实，不居其华。故去彼取此。

"前识"的含义较为统一，在各家注本中，普遍都指向其"先知先觉"的特征。

---

* 高源丰（2001— ），四川成都人，四川大学道教与宗教文化研究所硕士研究生，主要研究方向：中国道教史、先秦道家哲学。

只是在具体表现上呈现出描述的侧重点差异，如韩非以"先物行先理动"①凸显"前识"的行动倾向，王弼以"前人而识"②凸显"前识"的意识状态。

在具体的表现形式上，"前识"可以囊括诸多现象内涵。"先知先觉"的特征不仅体现在占验术数上，以预先知道的未来图景来指导行为；也体现在以先见到的、先学习到的各种规范、原则、价值、知识、命运等形式来要求现在的行为。所以在这一章的语境里，"前识"和"礼"并称，是因为用"礼"作为规范，就是一种运用先学习或先感受到的"先见"的价值要求来指导行为，本质就是"前识"前人而识、先知先觉属性的一种表现形式。

本文通过分析"前识"所代表的意识思维层面开始，揭示"前识"的意向性结构，以及由此带来的道的对象化风险；分析老子对意向性视角的反对与转换，揭示出自发性的内涵；探寻"前识"所代表的权力结构，和老子对权力的限制；最后分析"前识"所代表的世界图景的概念化，揭示出老子在整体性的世界中对特殊性的接纳。

一、"前识"的意向性结构所带来的对象化风险

意向性（intentionality）是个很复杂的概念。意向性起源于亚里士多德，他改造了柏拉图通过善（good）来保证心灵和事物之间的联系，让事物的形式可以直接被心灵捕捉到。胡塞尔对于意向性阐释没有采纳亚里士多德的目的论预设，而是区分了意向对象和意向相关项，把心理对象和物理对象细分。这被弗雷格批评为混淆了心理学和逻辑学，没有区分表象内容和表象对象。

我们的讨论并不是从对意向性哲学内涵的历史变化开始的，而是从提炼出意向性作为心理状态和事件所具有的一种性质开始的。意向性的心理状态或事件通过意向性而"指向"（direct at）或"关于"（about）或"涉及"（reference to）世界上的对象和事态。欲求（desire）和信念（belief）构成意向性的完整命题内容，这意味着意向性预设了世界和意向态度的一致，信念得为与世界相符合负责，欲求要求世界有责任匹配主体的要求。③意向性活动（intentional action）④则是一个理性主体通过考虑信念和欲求来对行动加以选择。

---

① 韩非：《韩非子校注》（修订本），周勋初修订，南京：凤凰出版社，2009 年，第 153 页。
② 王弼：《老子道德经注》，楼宇烈校释，北京：中华书局，2011 年，第 99 页。
③ 约翰·R. 塞尔：《心灵导论》，徐英瑾译，上海：上海人民出版社，2008 年，第 112—170 页。
④ Lilian O'Brien, *Philosophy of Action*, New York：Palgrave Macmillan，2015，p.2-4. Lilian 以许多更细致的范畴界定了意向性活动，包括主动性（activity）、选择性（choice）、自愿性（voluntariness）、目的性（purpose）、反思性（self-evaluation）等，本文概括总结了其意向性活动的核心特征。

　　虽然并非所有意向内容都是命题，也不是所有的心理状态都是有意向的，然而"前识"所代表的核心特征，是以预先知道的图景或知识来指导当下的想法或行动。在"前识"的指导下，人作为主体（agent）在看到未来图景之后，则会根据自己的欲求（desire）或意向（intention）对当下的行为做出谋划与决策，这本质上是一种意向性活动（intentional action）。

　　在看到"前识"的未来图景之后，主体会生出希望、恐惧等命题状态。之所以会生出这样的状态，是因为主体是以欲求在进行思考，在"信念—欲求"（belief-desire）的模型下，欲求并相信未来看到的图景存在或不存在，从而诞生出希望或恐惧，然后引发相应的反应行为。所以主体在看到"前识"的未来图景后，以第一人称视角有意识地来控制和谋划自己的行为，试图以计划和策略的手段来实现所期望的状态，实现某些理想的目的。①于是我们会发现，无论对于"前识"的图景还是对于自身的状态，都变成了意向的内容对象，从而以对象化的视角加以审视与判断，这意味着这种思维视角是向外的。

　　这种视角从一开始就被老子所反对。②《老子》第一章讲："道可道，非常道。"如果对道进行言说，则是将道对象化了。③"强为之名曰大"（二十五章）也体现着同样的小心。所以"为学日益，为道日损"（四十八章）并不能推论出人应该蒙昧无知，而是对于"为学"所代表的意向性的对象化思维方式的收敛。同理，"寡欲"（"见素抱朴，少私寡欲。"十九章）甚至"无欲"（"无名之朴，夫亦将无欲。"三十七章）都不是指向人从此再无需求，而是对于欲求结构思维方式的谨慎与克制。

　　如若不然，道则会变为一种技艺（techné）④，道的价值与目的不再是其自身，而是外在于道。所以当道被对象化言说后，目的与价值则变成了对于道的诠释而非道本身，变成了技艺制作的逻辑。然而合道行为的目的与价值不可能在合道行为之外，合道本身就是最高的价值与目的归宿。

　　所以"前识"在实践的过程中，被工具化为一种策略，成为一种现成的配方，并且被认为能获得快速的和有保证的结果。"前识"行为本身做得好与不好，不是最终的目的，而是服务于"前识"行为之外的目的，服务于"前识"技艺制作活动以

---

　　①　Romain Graziani, "Optimal States and Self-Defeating Plans: The Problem of Intentionality in Early Chinese Self-Cultivation".*Philosophy East and West*,Vol.59,No.4(Oct 2009),pp.457-460.Romain. 这点到了意向性结构的问题，但对其作用机制以及老子文本的解读不足。

　　②　叶树勋：《老子哲学中行动问题的思想脉络》，《哲学研究》2023 年第 8 期。叶树勋关注到了"前识"，但认为"前识"作为行动的动机或意图是中性的，认为老子仅反对不良欲望与智虑。

　　③　刘科迪：《"意"哲学视域下老子境界论分析——以〈道德经明意〉第三十八章为中心》，《中华老学》2022 年第 1 期。刘科迪关注到了"前识"，但仅把其等同于对象化的经验内容而加以批判，并未讲清道变为方法的拒斥理由。

　　④　亚里士多德：《尼各马可伦理学》，廖申白译注，北京：商务印书馆，2003 年，第 171—173 页。

后的逻辑链条下的环节，从而"前识"不再是合道本身的活动了。当"前识"被嵌套在理论和框架中时，就变成随时可用的技巧，就丧失了其所宣称的道的属性。道变成了技艺和方法，就会失去比之其他普通技艺更有价值的属性。这种剥离当然是危险的，因为技艺的目的不是技艺制作活动本身，而是可以嫁接到任何目的上，使得技艺的优秀不能承诺和保证任何价值与德性，以至于精于"前识"的人可能有任何可能的行为与品德，这种行为实际上并不合道。以此出发，老子才会强调"大道废，有仁义；慧智出，有大伪；六亲不和，有孝慈；国家昏乱，有忠臣"（十八章）。因为当道本身作为目的消失后，"仁义""孝慈"都会成为独立的技艺而存在，将"仁义"作为"先于人"的普遍规范，作为一种"前识"技艺，将人作为片段而切割，从而附带更多、更杂乱的属性与目的。

那按照这个逻辑能不能推导出老子由此否定任何技艺呢？人们如果想要合道就等于什么也不会，世界从此宕机吗？

当然不是，老子反对的是把世界对象化为技艺制作这种意向性的活动方式。他反对的这种思维行为模式并不会使世界停滞。世界本身有自身的运行逻辑，也就是世界本身是合道的，所谓道"周行而不殆"（二十五章）。老子不是把功用不加区分地拒绝，而是反对独立于道本身运行以外的功用与目的。所以当人按照合道的方式行为时，并不会陷入停滞无知的状态，反而是"大成若缺，其用不弊。大盈若冲，其用不穷"（四十五章）。在这一章里，老子以"静"与"寒"作为"躁"与"热"所代表的汲汲渴求的急躁状态的反面，指出放弃意向性活动，并不会对技艺制作活动中汲汲营营所追求的功用有所损害，反而能"其用不弊""其用不穷"。这时，人的状态恰恰是"大巧若拙，大辩若讷"的，而非真正实质性的愚拙与蠢讷。否则，就会因为刻意而导致失真造作或浮夸虚伪，破坏技艺原本所想要追求的效果与功用。所以老子讲"善行无辙迹，善言无瑕谪，善数不用筹策，善闭无关楗而不可开，善结无绳约而不可解"（二十七章）。老子不是简单地否定"前识"背后可能代表的功用本身，而是反对将"前识"理论建构化成为一种技艺，从而使得"前识"仅仅是"道之华"（三十八章）而不是道本身。

二、抛弃"前识"意向性活动带来的自发性

这种意向性活动的状态本质是向外的，老子以"寡欲""无欲"这样的否定性语词对其进行了克制与收敛，而这样的逻辑结果则是造成一种向内的自发性

（spontaneity）①状态的转向与肯定。我们可以看到老子从外向内的视角的转变，《老子》三十三章讲："知人者知，自知者明。胜人者有力，自胜者强。"对于"自知""自胜"的强调，容易造成一种误解，似乎自己也可以作为对象而被了解，甚至自己也可以被战胜，不断打败并超越于自认为属于自己的某些属性与标准，这实际是老子所批判的思维模式。

老子的转向是彻底的，不是简单地把对象从外物替换成自己。所以"知不知，上；不知知，病。夫唯病病，是以不病。圣人不病，以其病病，是以不病"（七十一章）。知道自己实际上一无所知，才是彻底的转向。而不是认为掌握了整个世界的运行逻辑与知识，进而用这种逻辑与知识引导我们，这种做法反而是一种愚，所以老子称"前识"为"愚之始"（三十八章）。真正的明白明晰，恰恰是以无知的状态出现的，所以"不自见故明，不自是故彰，不自伐故有功，不自矜故长。夫唯不争，故天下莫能与之争"（二十二章）。"是以圣人自知，不自见；自爱，不自贵。故去彼取此"（七十二章）。只有将自己对象化、概念化后，才可以进行"自见""自是""自伐""自贵"等行为，这种类型的行为被老子以否定形式表述。而究竟什么是不自见的自知自明的自发性状态，老子则是通过"赤子"的意象加以说明的。

> 含德之厚，比于赤子。蜂虿虺蛇不螫，猛兽不据，攫鸟不搏。骨弱筋柔而握固，未知牝牡之合而全作，精之至也。终日号而不嘎，和之至也。知和曰常，知常曰明，益生曰祥，心使气曰强。物壮则老，谓之不道，不道早已。（五十五章）

这种自发性的状态，不是由思维主体以获得的知识模型进行应用的理论具体化活动，而是以当下行动为主体直接参与世界生活活动的模式。即使是按照所谓的"赤子"的知识模型来框定行为，学习"赤子"这样的方式，都属于知识模型的应用具体化。所以老子尽可能地避免用肯定性的、对象性的描述，把"赤子"意象描摹成一种需要汲汲追求的、需要实现的理想状态。而是描摹"赤子"存在场景的各种现象，试图直接把人拉入以"赤子"为核心的场域中，直接领会"赤子"所代表的这种自发性的存在状态。这种状态不是一种可观察的行动领域中实际发生或未发生的事情，而是一种对当下眼前实际情景状况的照亮，从而与当下的行动状态紧密相连，可以让人直接去领会。

---

① Edward Slingerland, "Effortless Action: The Chinese Spiritual Ideal of Wu-wei". *Journal of the American Academy of Religion,* Vol.68,No.2 (Jun 2000),pp.294-300.Edward 提及了自发性的现象学意涵，但并未对老子婴儿意象进行解读，并且认为这种自发是早期中国哲学共有的，并未突出老子在其中的独特性。

这需要人作为一个整体来深度体验和实践参与，"赤子"拒绝从感官中抽象出来的感觉印象和工具性知识来引导行动，而是直接以精神来接管行动，所以叫"心使气曰强"，这种接管所造就的和谐的自发性状态不需要经过深思熟虑的理性建构。如果以"前识"来引领行动，更可能因为注意力的有限性，导致当注意力被结构化之后，当前情景的自发性因对抽象概念的投注而被挤占导致丧失，从而造成一种对现实处境自以为有清晰认识的幻觉，然而却始终没办法获得对当下生活处境的整体性的直接感受与领悟。

这可能造成一种误解，这种自发状态难道不是一种纯粹无意识的肢体反应吗？"赤子"不就是饿了就要吃，吃不到就要哭，毫无自理能力的状态吗？老子为什么没有选取"赤子"这些无法自理、容易受伤的意象呢？老子选取的反而是"蜂虿虺蛇不螫，猛兽不据，攫鸟不搏"这种不会被伤害的意象，以及"握固""全作""终日号而不嗄"的有力量的意象来呈现"赤子"的存在状态。

这里的核心在于无法自理、极易受伤的意象，呈现的是"赤子"被自然界所裹挟的状态，而之所以被自然界所裹挟，是因为我们将"赤子"的主体消解了。"赤子"成了一个完全受自然力量支配的物体，主体完全消融于自然物质界之中，所以呈现出被自然界胁迫的性质，表现为无法自理和容易受伤。通过消灭"赤子"的主体，从而把随意性（randomness）和冲动性（impetuosity）归之于这个形象，这并非自发性的体现。我们前面的分析，仅仅是放弃了朝向外部的欲求与意向，主体并未丢弃，那老子强调的自知自明的主体究竟是什么呢？

三、彻底放弃"前识"所代表的权力结构

这个问题似乎在七十二章已经给出了一个指向："是以圣人自知，不自见；自爱，不自贵。故去彼取此。"这种自知的主体是"圣人"。而"圣人"作为主体，总是与"万物""民"相对，尤其是"故圣人云，我无为而民自化，我好静而民自正，我无事而民自富，我无欲而民自朴"（五十七章），能尤其凸显这个相对关系。然而这个主体是固定化了的"圣人"吗？

我们可以发现，与"万物""百姓"作为对子的"圣人"所发出的行为都是"无为"，比如"是以圣人处无为之事，行不言之教，万物作焉而不辞，生而不有，为而不恃，功成而弗居"（二章）。"是以圣人无为，故无败；无执，故无失。民之从事，常于几成而败之。慎终如始，则无败事。是以圣人欲不欲，不贵难得之货。学不学，复众人之所过。以辅万物之自然而不敢为"（六十四章）。不过"无为"的发出主体却未必局限在具象化的固定的"圣人"，也可以是"道"，如"道常无为而无不为"

（三十七章）。

所以"无为"的发出主体不是固定在"圣人"本身，而是合道的行为都可以被认作"圣人"所为，"万物""百姓"则作为"自然"的主语。老子不是通过一种具体的政治政策指导统治者应该如何，而是通过"圣人"与"百姓"的关系意象，揭示出一种权力（power）①的运行与安放方法。这种权力关系不仅体现在统治者和被统治者的关系中，还体现在各个方面。权力不仅仅是强迫他人改变行为，是一种向外的征服逻辑；权力也同样是向内的，以各种阐释（interpretation）来说服自己的行为，构成一个个实践（practice），从而构成各种理想性的自我（subjectivity）。无论是外在的强权，还是对内的阐释权力，本质都是权力意志（will to power）的外化的体现。

权力意志是尼采哲学的概念。权力意志与日常的权力欲望的不同之处就在于它是一种对于行使支配权的力量的意愿与渴望，而不是对于另一个他物的乞求。权力意志呈现出一种命令者和立法者的姿态，意图显示其力量与权力。行为（power）就是权力意志扩张的表现，行为通过阐释（interpretation）形成了行为的冲动（feeling of power），这一阐释的过程就是行动（acting）不断赋予意义（meaning）构成的过程。意义的成功建构形成了人的实践努力（practice），人在一个又一个实践中不断塑造自我（subjectivity），也将他人拉入同样的阐释语境，形成普遍价值下的自我和他人。而"前识"恰恰是一种阐释，以图框定自我以及他人的行为实践。

"圣人无为—百姓自然"的结构，很容易造成一种因果判断，认为是因为"圣人无为"所以"百姓自然"，这也是一种权力逻辑，将百姓的自然状态视为圣人权力行为的外化，这背离了老子"无为"对于权力的限制。

比较明显且常见的权力模式体现为暴力。统治者试图直接以恐吓暴力来使得百姓成为统治者权力意志的外化，使得百姓成为服从的对象。老子认为这不仅达不到效果，反而会造成权力意志外化所设想的反面，也就是"民不畏威，则大威至"（七十二章）、"民不畏死，奈何以死惧之"（七十四章）。如果让百姓一直处于暴力的阴影下，让百姓"常畏死"，最终会让暴力伤到自己。即使是"大匠斫者"，也会"伤其手"（七十四章）。所以要"柔弱胜刚强。鱼不可脱于渊，国之利器不可以示人"（三十六章）。不要用彰显利器、重刑威吓的权力方式来"刚强"地统治，而是以相对"柔弱"的、收敛权力的方式来运行。

老子并不是只克制这种简单的暴力模式，而是对这种权力结构的整体加以拒斥。权力的运行模式很多时候是隐性的、包装的、以某种价值追求的姿态呈现的，也就

---

① 王博：《权力的自我节制：对老子哲学的一种解读》，《哲学研究》2010 年第 6 期。王博敏锐地发现了老子对于权力的收敛，但是他更多是在治理层面、人与人的层面上说的，对于自我内部之间的权力关系论述欠缺。

是不断赋予行动意义的阐释。所以我们能看到老子对于“仁”“义”“礼”这些价值的批判。“上德不德，是以有德；下德不失德，是以无德。上德无为而无以为，下德为之而有以为。上仁为之而无以为，上义为之而有以为，上礼为之而莫之应，则攘臂而扔之。”（三十八章）当把“义”“礼”作为一种规范去要求时，就是一种权力的结构。要求百姓服从于礼的价值规范，导致的结果恰恰是“莫之应”并且“攘臂而扔之”，即丢弃这种规范。

看上去老子似乎仅仅是反对“义”和“礼”作为价值规范，以权力的逻辑要求百姓，对于“仁”仍然是认可的。如果是这样的理解，难道儒家不会反对单纯用“礼”去形式性地要求规范百姓吗？若如此，老子实际上没有彻底反对权力结构本身，因为这仅仅是反对没有把权力用好。实际上老子的克制与反对是彻底的，所以我们可以看到老子直接更彻底地讲“天地不仁，以万物为刍狗；圣人不仁，以百姓为刍狗”（五章）。

这看上去显得老子非常无情，因为我们已经习惯于将“仁”作为普遍的价值规范去接受了。受孔子“仁者爱人”（《论语·颜渊》）的影响，我们认为天地、圣人不仁就是不爱我们，这多冷漠啊！然而我们仔细审视儒家的仁，其最底层的逻辑恰恰是权力外化的逻辑，也就是“推己及人”和“尽己克己”的逻辑，就是“忠恕之道”。“子曰：参乎！吾道一以贯之。曾子曰：唯。子出。门人问曰：何谓也？曾子曰：夫子之道，忠恕而已矣。”（《论语·里仁》）朱熹注曰：“尽己之谓忠，推己之谓恕。”[1]“推己”的逻辑体现在“夫仁者，己欲立而立人，己欲达而达人。能近取譬，可谓仁之方也已”（《论语·雍也》），“尽己”的逻辑体现在“克己复礼为仁”（《论语·颜渊》）。

“仁”的最底层的逻辑不仅仅是对外的，同样也是对内的。对外是相信他人与自己是同质的，所以可以逐步外推，在这个逻辑下的爱，也是我们熟悉的大家长式的爱，给对方自己所认为好的形式与爱，本质上是对他人的一种改变。甚至这种外推还可以到世界万物，要去“匡扶”万物；对内则是以同样的规范要求自己，要求自己不断外化自己的行为以符合“礼”，形成礼仪规范下的权力意志活动外化所构成的自我主体（power organized as agency），让持续性的行为与努力去构建达成自我。

但用《论语》来诠释老子所反对的“仁”是非常冒险的，因为暂时没有证据证明《老子》成书时所看到的“仁”已经有了孔子所讲的意涵。我们仅是想借《论语》的文字更清晰地发掘其背后的核心逻辑，我们可以往前做一个简单的追溯。郭店竹简《五行》篇提道：“颜色容貌温变也。以其中心与人交，悦也。中心悦旃，迁于兄

---

[1] 朱熹：《四书章句集注》，北京：中华书局，1983年，第72页。

弟，戚也。戚而信之，亲也。亲而笃之，爱也。爱父，其继爱人，仁也。"① 在这里仁已经有推己及人、由近及远的意涵了，蕴含向外推阔的权力逻辑。而《尚书·金縢》："予仁若考能，多才多艺，能事鬼神。"这仁也已经被视为一种属于人的品德从而对自己加以规范和认可参照了，从而对内使得自我主体需要努力去达成。

而"前识"也不过是这套权力意志活动外化逻辑的又一个表现形式而已。对外，有"前"识就有"后"认识的人，有"先知先觉"就有"后知后觉"的人，以"先觉觉后觉"或许是儒家所倡导的启蒙与教育的状态，"天之生此民也，使先知觉后知，先觉觉后觉也。予天民之先觉者也，予将以斯道觉斯民也"（《孟子·万章上》）。然而将百姓视为愚昧的、待启蒙的状态就是一种权力的结构，把百姓视作一个有待圣贤不断将权力意志外化所改变的对象；对内，人按照"前识"所构建的未来的图景来要求规范自己，选择并决定当下的行为，试图把自己变成未来图景秩序的一个具体化体现，构成着权力意志活动外化的自我主体。

老子的"无为"所呈现的是对权力的彻底限制，是以各种消极性的语言来对其进行收敛的，"治人事天莫若啬，夫唯啬，是谓早服。早服谓之重积德，重积德则无不克，无不克则莫知其极，莫知其极，可以有国"（五十九章）。这种克制才是积德，而"赤子"恰恰是最具有这种德性的状态，所以称赤子的状态为"含德之厚"（五十五章），而这种克制恰恰能带来更好的效果，所以"赤子"的生存状态反而是不受自然界摧击的，体现着神奇的妙用的。

四、拒绝"前识"抹除特殊性的世界图景

于是我们能看到老子所构建的合道的主体是空的，这并不是说主体从此消失了，而是说没有一个因意向与意志所构建的客体与主体相对的内容，可以容纳万物的呈现，于是所有的事物都成了主体，也就是"百姓皆谓我自然"（十七章），百姓不再是以圣人教化规范下的产物，而是自己作为主体来呈现自身。这个主体是对万物开放的，万物都可以成为主体，老子在第十五章描述了这种状态：

> 古之善为士者，微妙玄通，深不可识。夫唯不可识，故强为之容。豫焉若冬涉川，犹兮若畏四邻，俨兮其若容，涣兮其若冰之将释，敦兮其若朴，旷兮其若谷，混兮其若浊。孰能浊以静之徐清？孰能安以久动之徐生？保此道者不欲盈，夫唯不盈，故能蔽不新成。

---

① 李零：《郭店楚简校读记》，北京：中国人民大学出版社，2007 年，第 102 页。

　　老子提及了"谷"的意象，这不是将主体变成"谷"，变成一种消解在自然界中的物理还原，而是因放弃了与主体所相对的内容，从而体现出"谷"所蕴含的包容意味。这种包容不是以一种"价值"的形式从外在规范上框定主体，而是一种去掉外在属性后自然呈现的样子。这种呈现状态是"包容"的，是"敦厚宽和"的，是"空旷"的，看上去甚至是"混浊"的，因为没有一个很"清晰"的价值规范来引导。然而这种状态，才最不会遮蔽不断"新成"的事物，于是恰恰是"浊"的状态，才能让世界万物包括自己慢慢清晰地呈现自身。

　　这种空旷包容的状态当然也不是将主体视作虚假的幻象，从而变得不真实与死寂，而是有生机的、有活力的。"谷神不死，是谓玄牝，玄牝之门，是谓天地根。绵绵若存，用之不勤。"（六章）这种活力与生机通过涵养源源不断涌现的万物体现出来，万物都各自有其主体与活力。所以不仅是这章的"玄牝"，我们能在很多章看到老子对于母性、阴性的强调，如"知其雄，守其雌，为天下谿。为天下谿，常德不离，复归于婴儿。知其白，守其黑，为天下式，常德不忒，复归于无极。知其荣，守其辱，为天下谷。为天下谷，常德乃足，复归于朴"（二十八章）。因为"谷"所彰显的性质德性，恰恰是像"母"一样的涵养式地让万物得以呈现，所以"上德若谷"（四十一章）。

　　这种德性是虚静不造作的，"致虚极，守静笃，万物并作，吾以观复。夫物芸芸，各复归其根。归根曰静，是谓复命。复命曰常，知常曰明。不知常，妄作，凶。知常容，容乃公，公乃王，王乃天，天乃道，道乃久，没身不殆"（十六章）。万物能在虚静中，各自复归其根，找到自己独特的出发点，也就是澄然的自我主体，于是在澄澈的状态下发现自己的独特性本质，独属于自己的"命"，也就是"归根复命"。而这恰恰又是简单的、寻常的，是以最普通的自我作为整体去领会感受的。发现当下平常的澄然的现实状态的照亮与光明，于是万物迸发并作，充满活力，焕发生机，恰如婴儿赤子一般。而恰恰是不以价值规范来要求万物的"虚"和"静"中，才能观照并发觉到万物的"常"，才能真正呈现出"容"与"公"，合道长久，不停息地接纳差异的、不断涌现的、特殊的万物。所以婴儿赤子"常德不离"（二十八章）、"含德之厚"（五十五章）。反观"前识"却是试图以先见的抽象的秩序图景框定每一个涌现的特殊的个体，所以处在了"厚德"的反面，所以"大丈夫处其厚，不居其薄"（三十八章）。

　　于是万物才得以在这个世界中呈现出自己的特殊性，"昔之得一者，天得一以清，地得一以宁，神得一以灵，谷得一以盈，万物得一以生，侯王得一以为天下贞。其致之。天无以清将恐裂，地无以宁将恐发，神无以灵将恐歇，谷无以盈将恐竭，万物无以生将恐灭，侯王无以贵高将恐蹶"（三十九章）。天之所以成其为天，是因为天有其特殊的"清"的性，天得的"一"是独属于天的，能够成就于天的。而丧失了天成其为天的特殊性的"一"，则会"天无以清将恐裂"，对"一"的强调，本质上是对具体的特殊性的强调。①

老子发现并领会的世界不是封闭性的、被定义的、单一性的世界，"前识"则构建出与之相反的世界。"前识"是一种理性的知识模型，这个知识模型的产生，或基于文本的研究或基于空洞的推理，或者就算是基于一种直接的观察与发现，都是形成一种图景范式以期框住对当下变化的设想。在这个自上而下的、预定的、普遍性理性秩序下，人是作为秩序图景的具体体现案例而存在的。这种秩序图景对其组成部分的替代与否并不关心，这实际上预设了背后有一些不变的理型（forms）。"前识"所构建的秩序图景，是把世界看成了一种预先配置好的自然秩序，以恒定、普遍的统一为特征，以一种逻辑的秩序性概念来运行，从而无视了自发性，并使得人因丧失自发性而丧失个体特殊性。

这样的世界是静止的，它将时间实体化抽象化出来，于是个体变成了事物（thing），而不是时间空间并不分离的事件（event）。而老子所领会的世界，是在与空间并不分离的时间进程中，不断生成的世界。"道生一，一生二，二生三，三生万物。万物负阴而抱阳，冲气以为和。人之所恶，唯孤寡不谷，而王公以为称。故物，或损之而益，或益之而损。"（四十二章）"道生一"不仅描述着世界不断地出现各种具体的、繁多的、新的事物与存在的状态，而且也描述出不断诞生的存在，都因为"一"而具备其独一无二的特殊性。在这个不断生出特殊性存在的世界中，人最讨厌"孤寡不谷"。合道的人是具备"谷"的德性的，是能够包容和接纳不断诞生的特殊性存在的，万物因此不会丧失"一"的特殊性。在这个世界里，每个主体都是共存的，是在一个无限关联着的整体的世界中不断自发地呈现的。这种呈现不是抽象孤立的，而是连续的场景性（continuity）②的，是在场景中直接观照世界的，所谓"以身观身，以家观家，以乡观乡，以国观国，以天下观天下"（五十四章）不是一个对自我的切片式认识，是和万物成为一个完整性的共存，和万物都关联并且和谐，所以"万物负阴而抱阳，冲气以为和"（四十二章），每一个特定的事件都关联着无限的世界，每一个现象都是不断变化的整体进程中的一个缩影。于是万物的特殊性也才不会变成一个切片的、静止的性质，而是在整体共同的场景中，全面的、进程性

① James Behuniak, "'Embracing the One'in the Daodejing", *Philosophy East and West*, Vol.59, No.3 (Jul 2009),pp.366-376. James 关注到了一与特殊性的关联，但主要是从法家执一与道家抱一的对比来说的，对于老子关切特殊性的原因阐释不足。

② David L. Hall and Roger T. Ames, *Dao De Jing*：*A Philosophical Translation*，New York：Ballantine，2003，p 32.David 和 Roger 也关注到了老子对于特殊性的关切，尤其强调了特殊性与场景性的结合，不过对其结合的原因以及老子对世界图景的展开阐释不足。

的、独特地绽放与呈现。

结　语

透过"前识"看到的是一个未来的理性秩序图景，这个图景会以"规律""价值""规范""理想""命运"等各种形式对当下的行为与选择进行指导。主体被视作意向的主体以及意志的主体，使得当下的行为服从于某种外在的目的。意向性思维将"前识"对象化，把"前识"看作一种技艺，使其不再是合道的行为。因为合道的行为本身就是最高的价值与目的，不需要通过某种技艺来达成。而把"前识"对象化后，也意味着把"前识"所作用的人给对象化了，反而会造成其反面的效果。"前识"更深的问题在于其蕴含着权力意志的结构，行为通过"前识"的阐释不断被赋予意义，从而构成对外界主体以及内在自我的一种改变要求。"前识"要求自我和他人不断地符合某种既定的规范与图景，忽视整体性和时空性，抹杀了人的特殊性呈现。

老子则是对这一整套思维行为模式的拒斥。老子不是构筑出一个世界，而是直接领悟这个世界。这种领悟不需要预设任何尚待认识的、改变的客体，也不是把主体消解、解构掉，而是以像赤子般自发的状态，以整个最普通的、最全面的身心精神去领会这个整体性的进程性的世界。这个世界是生机勃勃地呈现的，因为人对待万物是开放的、接纳的、包容的。因为每一个时刻都是特殊的、当下的、整体关联的，所以当下的每一个行动都是充满力量的，也是清晰澄明的，当然也是享受的。

"活在当下"不是一个价值规范，也不需要通过各种技术手段来辅助当下的行为。当下行为的力量与清晰不来源于理性图景的实验与应用，而是来源于当下行为本身。"爱具体的人"也不是一个理想要求，也不是按照某种普遍属性加诸个体。当具体的人真正呈现出其特殊性时，"爱"的刻意的痕迹反而是隐退的。我们当然可以按照未来的理想与图景铺设一条光明大道，然而理想主义者最终都痛苦地、悲凉地向虚无主义缴械投降。老子可能只想让我们好好生，也好好活。

消逝与名言

——再论《老子》的道

窦晨光[*]

内容提要：《老子》的"道"可被视作使事物恒趋于消逝的变化本身。"道可道，非常道"就是说任何一个具体事物的存续变化历程都是非恒常的，唯有变化本身是恒常的。"反者道之动，弱者道之静"则说明了这一变化永远是向着事物现有状态的反方向的，恒趋于消逝的。这种恒趋消逝的变化就是道，是为对道的宏观层面的理解。《老子》所说的"名"则是对事物本质的概括，有一物便有一物之名，任何具体事物皆不是恒常的，任一事物之名最终都将被代替，道又可被视为一个名与名相更替的变化，是为对道的微观层面的理解。永恒的消逝与名言的更迭两点分别从宏观与微观、抽象与具体这两个向度上彰显出了《老子》所理解的"道"的意涵。正是基于对道的这两个方面的认识，《老子》提出了"妙徼双观"的实践智慧。只有全面把握了这两个方面，才能真正完整理解《老子》的道论。

关键词：老子 道 名 消逝

道是《老子》哲学中的最高范畴，亦是其解释存在之本真的根本概念。从宇宙论上说，道可谓"宇宙之母力"[①]；从本体论上说，其又可谓"最高的真实"[②]。近年来，越来越多的学者倾向于从历程的角度对《老子》之道展开解读，将其视作"存

---

[*] 窦晨光：西安外事学院本原儒学院讲师，研究方向：先秦哲学。
[①] 高亨：《老子正诂》，北京：中国书店，1988年，"老子通说"，第1页。
[②] 牟宗三：《牟宗三先生讲演录》（叁），卢雪昆整理，杨祖汉校订，台北：鹅湖月刊社，2019年，第33页。

有开显、丰盈的历程"①，"有无之间的周行路径"②，等等。实际上，从通行本《老子》第一章的论述中即可看出，所谓道，既是事物当下状态不断趋于消逝的变化，也是一个名与名不断更迭的历程，前者是宏观视角下关于道的抽象概括，后者则是微观视角下道之现实内容的具体呈现。通过这两个视角的观察与辨析，道的完整意涵方可为人所洞彻。下面，本文将就此展开论说，以期对相关研究做出深化、推进。

一、道是恒趋于消逝的变化

（一）一切事物的存续皆非恒常

通行本第一章是理解《老子》道论的纲领，其称：

> 道可道，非常道；名可名，非常名。无名天地之始，有名万物之母。故常无欲，以观其妙；常有欲，以观其徼。此两者同出而异名，同谓之玄。玄之又玄，众妙之门。(《老子·第一章》)。

理解这里的"道可道，非常道"一语是理解第一章乃至全部《老子》道论的关键。一种较常见的看法认为这里的道字指言说，此语是说凡可言说之道皆非"常道"。在这一解释下，此言与下文的"名可名，非常名"一语构成了同义重复。这虽然并无不可，但显然不是最好的解释，并不利于读者更充分、全面地理解《老子》思想。

实际上，与"言说"相比，"历程"是道字更原始的意涵。已有学者指出，从甲骨文、金文的字形上看，"道"字的本义即为行走。③因此，对于此处的"道"字，读者完全可以将其理解做历程、变化。具体来说，在"道可道，非常道"一语中，读者可以把第二个"道"字理解为作为动词的变化，而把第一个和第三个"道"字理解为作为名词的变化，即变化的历程、存续的历程。依此而论，"道可道，非常道"就是说任何一个能够存续、变化的存续历程都是非恒常的。所谓任一能够存续、变化的存续历程，就是指任一具体事件、事物的存续历程，也就是说一切事物的存续变化都是非恒常的。一切事物都要经历生、长、衰、亡的变化历程，其存续不可能是恒常的，"道可道，非常道"的命题就是对这一现象的概括。

这一思想在《老子》其他各篇中也被反复提及，如通行本《老子》第四十章即

① 赖锡三：《当代学者对〈老子〉形上学诠释的评论与重塑》，《（台湾）清华大学报》2008 年第 1 期。
② 刘静芳：《老子之道：有、无之间的周行路径——中国哲学之"道"的源头审视》，《河北学刊》2021 年第 1 期。
③ 陈徽：《悠兮其贵言——老子的名与名教思想》，《复旦学报（社会科学版）》2021 年第 1 期。

称："反者道之动，弱者道之用。天下万物生于有，有生于无。"这里所谓"反者道之动"，就是说向现有状态的反方向运动是事物存续的基本方式。向现有状态的反方向运动就是对现有状态的削弱，是又可谓"弱者道之用"。结合具体事物来说，凡是存在的事物皆可谓某种有，任何一种有皆始于无。所谓无并不是指绝对的空无，而是相对于作为有的事物来说，其未生之前的状态便可谓无。凡物皆须经历从无到有的变化，这便是"天下万物生于有，有生于无"。从无到有也意味着对无的反动和削弱。相应的，无须明言，任何一种有最终亦都将复归于无，复归于无则又意味着对有之状态的反动与削弱。万事万物都将经历从无到有，再从有到无的变化。这一变化历程推动了事物的生长衰亡，这就是道，而道的方向就是对现有状态的反动、削弱，这便是《老子》所揭示的天地万物存续的基本方式。四十章此说与第一章的"道可道，非常道"一说遥相呼应，向读者指明了一切事物的存续在时间上都是非恒常的。

需要注意的是，虽然《老子》所理解的道是一种趋于消逝的变化，但这并不意味着《老子》认为一切都将归于空无。因为无本身作为一种存在方式也不是绝对的、恒常的，也是要归于消逝的，而无的消逝，就是成为某种有。虽然对于任何一个具体物来说复归于无都是必然的，但是无终究还会成为有，因此，天地万物不可能全部归于空寂。由此亦可见，《老子》并不否认世界存在的真实性。

（二）道本身为恒常

事物的存续方式是向其现有状态的反方向运动，对现有状态进行反动和削弱，这使其恒趋于消逝，任何一种具体事物的存续皆是非恒常的，唯有趋于消逝的变化本身是永恒的。换言之，一切都在变化之中，唯有变化为永恒。道就是对变化本身的抽象概括，所谓只有变化本身是恒常的，也就是说只有道本身为"常道"。

关于这一点，《老子》中实有很多论说。通行本第四章即称："道冲，而用之或不盈，渊兮似万物之宗。"这里，"冲"有空、虚之意，道并非某种实体，而是对消逝之变化本身的抽象概括，故道为冲。道虽冲，万物却皆生于其中，故其用不盈；正因为道能如深渊般容纳一切，故其可谓"似万物之宗"。

通行本第五章亦称："天地之间，其犹橐籥乎？虚而不屈，动而愈出。"第六章则称："谷神不死，是谓玄牝，玄牝之门，是谓天地根，绵绵若存，用之不勤。"此处橐籥、谷神皆是对道的说明。橐籥、谷神皆有空之意，与"冲"相似，二语亦意在表明道虽空，却承载了万物。四、五、六章所说的如谷、如渊、如橐籥的道，其实就是反动、消逝的变化本身。

类似的表述还可见于通行本第十六章和第二十五章。第十六章称："致虚极，守静笃，万物并作，吾以观复。夫物芸芸，各复归其根。归根曰静，是谓复命，复命曰常。"这里，所谓"复"就是指事物向其未生之前的无之状态的复归，也就是事物的消逝。万物皆恒趋于消逝，亦皆须复归其根，这便是"复命"。万物皆非恒常，唯"复命"为恒常。

第二十五章称："有物混成，先天地生。寂兮寥兮，独立不改，周行而不殆，可以为天下母。吾不知其名，字之曰道，强为之名曰大。大曰逝，逝曰远，远曰反。"这里，所谓"有物混成，先天地生"便是对道的概括。虽曰"物"，但道终究与具体的有形之物不同，道乃是对任何事物都要经历的消逝之变化的抽象概括。任何事物皆需在消逝变化中经历生长衰亡，天地亦不例外，对于任一具体事物而言，此变化都是先在的，故其可谓"先天地生"。一切事物都是有限的，唯有消逝之变化本身是永恒的，故此又谓其"独立而不改，周行而不殆"。一切事物都恒处于从无到有、再从有到无的往复变化之中，在其中生长、衰老、逝去，此变化乃是推动事物生长衰亡的力量所在，因此，对于一切具体事物而言，道皆可谓其母。而从万物变化的趋势来看，其又是趋于消逝的、远去的，是又可谓"大曰逝，逝曰远，远曰反"。

（三）无始无终之道与执古御今之道纪

既然《老子》认为万物总是处于反动、消逝的变化之中的，那么其所理解的宇宙在时间上必然是无始无终的。关于这一点，通行本第十四章有明确的论说，其称：

> 视之不见，名曰夷；听之不闻，名曰希；搏之不得，名曰微。此三者不可致诘，故混而为一。其上不皦，其下不昧。绳绳不可名，复归于无物。是谓无状之状，无物之象，是谓惚恍。迎之不见其首，随之不见其后。执古之道，以御今之有。能知古始，是谓道纪。（《老子·第十四章》）。

这里，夷、希、微三语说明了道不是某种具体的有形之物。而在"其上不皦，其下不昧"一语中，皦意为洁白、清晰，指具体事物已生之后清晰可辨的样子；昧意为幽暗、不清晰，指事物未生之前或湮灭之后不可辨的样子。任何一个具体事物都要经历昧而皦、皦而昧的变化，但道本身却无皦昧之变，是为"其上不皦，其下不昧"。道作为抽象的变化本身，正可以被视作一个永恒的连绵历程，其本身难以名状，却使一切现有状态都归于消逝，这便可谓"绳绳不可名，复归于无物"。

尔后，"惚恍"一语同样意在论道。对于"惚恍"一词的意涵，当代学界有不同的理解，学者王博认为"惚恍"本指月相晦望之间的交替，象征着从无物到有物再复归于无物的变化，此一变化即是道。[①] 学者夏世华则指出帛书本《老子》中"惚

---

① 王博：《〈老子〉思想的史官特色》，台北：文津出版社，1993 年，第 164 页。

恍"二字写作"沕氾",沕意为深微,指道之体深微不可见,氾意为深广,指道之用广大。[1] 从上下文来看,王说更为可取,依其解,惚恍正说明了道就是自无而有再自有而无的交替变化本身。从义理上讲,夏说亦可采,道作为变化本身,并非某种有形的实在物,故而是深微不可见的;虽不可见,但万事万物无不出乎其中,故其用广大。正因为道的本质就是永恒的变化本身,没有起始,亦没有终结,故此又称"迎之不见其首,随之不见其后"。

最后,此章的论述落到了执古喻今的道纪之上。道具有永恒性,因此人若能真正认识道,便可从中体会出一种历古今而不衰的实践智慧,这便是"道纪"。掌握了这种智慧,便可以称得上"明",如通行本第十六章称:"知常曰明,不知常妄作,凶。"这种智慧的内容,则是柔弱、处下、不敢为天下先的,如第三十六章有称:"柔弱胜刚强。"六十六章则称:"江海所以能为百谷王者,以其善下之,故能为百谷王。"六十七章称:"我有三宝,持而保之。一曰慈,二曰俭,三曰不敢为天下先。"此种柔弱、处下的智慧便是《老子》道论的现实关怀所在。

二、道是名与名不断更迭的历程

(一)名的有限性

"道可道,非常道"说明了任何一种具体事物的存续、变化都是有限的,变化本身则是无限的。其下的"名可名,非常名"一语则将着眼点从宏观视角转移到了具体的存续、变化的事物的"名"之上,从微观的具体视角论说了道的本质。

这里,需要注意"常"这个字。一般认为,《老子》第一章中的"常"字本为"恒",指时间上的恒常,后因避汉文帝刘恒名讳,故改恒为常,其证据是在汉初的马王堆帛书本《老子》中"常道""常名"即作"恒道""恒名"。[2] 此外,还有一些学者认为此处"常"通"尚",意为"上"或"至高无上"。[3] 这两种说法并不矛盾,从义理上讲,后一说法实可涵盖前一说法,"至高无上"即含有"恒常"之义。笔者认为,在"道可道,非常道"一语中,"常"字侧重于指时间上恒常,而在"名可名,非常名"一语中,"常"字则更适合被理解为"至上的"。"名可名,非常名"就是说任何语言、概念在内容上、意义上都不是至高无上的,任何有名之事物亦不是至高无上的。

---

① 夏世华:《〈老子〉"恍惚"考辨及释读》,《哲学研究》2019年第5期。
② 廖名春:《〈老子〉首章新释》,《哲学研究》2011年第9期。
③ 见俞樾:《诸子平议》,上海:上海书店出版社,1988年,第143页;以及牟宗三:《牟宗三先生讲演录》(叁),第9—10页。

有种理解认为，"名可名，非常名"中的"名"特指当时政治活动中作为权力符号，即后来儒家、法家所提倡的种种礼乐、刑政之名，《老子》此言之意就是要指出礼乐、刑政之名的局限性，从而突破西周以来以王权为核心的权力秩序，建立一种更具普遍意义的道的秩序。[①] 这一理解的方向正确，但从通行本第二章可以看出，《老子》不只是强调某一种名言的有限性，而是认为一切名言皆具有有限性，其对现实权力秩序的突破和对超越的道之秩序的建立亦是通过在本体论上指明一切名言与可名言之事物的非永恒性与非至上性来完成的。

通行本第二章称："天下皆知美之为美，斯恶矣，皆知善之为善，斯不善矣。故有无相生，难易相成，长短相较，高下相倾，音声相和，前后相随。"此论指出，一切名言、概念皆有其对立面，互为对反的两项概念永远相伴而生，肯定正项的同时也即肯定了反项。易言之，当吾人肯定 A 之存在时，也同时肯定了 –A 之存在，A 与 –A 之间恒相互依存，没有脱离 A 而独立存在的 –A，有无、难易、长短、高下等概念之间皆如此，美恶、善不善亦然。互为对反的概念在相互依存的同时，也相互制衡，因此一切名言、概念皆具有普遍的有限性，皆不可谓至高无上，礼乐刑名如此，其他的名言、概念亦无不如此。正是因为任何名言都是有限的，故其所代表的秩序与意义也不可能具有至上性与永恒性。

（二）有名、无名间的交替变化与道的本质

紧接着"名可名，非常名"的"无名天地之始，有名万物之母"[②]一语进一步说明了"有名"是事物诞生的标志。在这里，名就是对事物本质的概括，不仅一切语言、概念不是至高无上的，一切可名之事物亦皆不是至高无上的。[③]一切名言都是有限的，其所指代的事物亦恒是有限的。从具体的"名"的角度来看，道的本质便是名与名相更迭的变化历程。

关于"无名天地之始，有名万物之母"一语之句读，学界历来有两种解读。一派以为此应以"无名""有名"为读，另一派则读之为"无，名天地之始；有，名万

---

① 周晓霞：《从"名"看〈老子〉的哲学突破》，《哲学研究》2020 第 3 期。

② 在帛书本及北大汉简本《老子》中，此言中的"天地"皆作"万物"，当代学者多认为其原貌就是"无名，万物之始；有名，万物之母"。可参见李水海：《帛书老子校笺译评》，西安：陕西人民出版社，2014 年，第 457 页。

③ 有种理解认为"名可名，非常名"一语所强调的是语言本身的有限性，旨在向人们揭示语言与其所指之事物间的张力，应从名实关系的角度来加以理解。然而，从史料上看，名实问题最早由孔子提出，在战国以来诸子百家的辩论争鸣及名家思想的发展中，名实之辨的哲学意义才逐渐为人们所熟知，在《老子》最初诞生的时代，名实问题应尚未进入其视域当中。因此，这里其实并无必要刻意区分名言与其所指事物之不同。相关研究可参见高海波：《〈老子〉"道可道"的新的可能诠释》，《中国哲学史》2015 年第 3 期。

物之母"。20世纪以来，学者马叙伦、蒋锡昌、牟宗三等从前说，梁启超、高亨、陈鼓应等从后说。① 笔者认为，相较而言，前说更为可取，原因如下。第一，唐代以前文献及出土文献涉及此语者皆以"无名""有名"为读，北宋以后方见有以"有""无"为读之说。② 第二，以"无名""有名"为读更合乎古文的语法习惯。③ 第三，此若以"有""无"为读，则难免与"名可名，非常名"一语有隙：以有、无为读乃是以有、无来命名万物的始与母，而上文"名可名，非常名"一语已指出一切名言皆不具有恒常性与至上性，此若再以有、无来命名万物的始与母，将自相龃龉。④ 第四，从义理上讲，此言若以"无名""有名"为读，则可与上文的"名可名，非常名"之说建立直接关联，对其做出进一步的诠释和补充，较之以"有""无"为读，实于义为长。

对于"无名"，相较于将其理解作对某种形上实体的称谓，更合适的理解是将其视作对万物未生之前状态的一般指代，如王弼所言："凡有皆始于无，故未形无名之时，则为万物始。"⑤ 相应地，"有名"则可指事物生而有形之后的状态。学者朱谦之在解读《老子》第一章时即曾指出，《说文》解始字为"女之初也"，解母字为"象怀子形，一曰象乳子也"。⑥ 依其说，"始"实早于"母"，凡物皆始于未形无名之时，是为其始，"无名，万物之始"即此之谓也。尔后，物生而有形，有形便有名，真正的名体现了一物之为一物的本质，"有名"之于事物，恰似为母，是又可谓"有名，万物之母"。概言之，所谓"无名天地之始，有名万物之母"，就是说一切事物皆从无名中来，这是其最原始的阶段，事物既生，便有其名，有名即为事物之母，标志着事物的诞生。这便构成了一个对事物存在状态最一般的、具有本体论意义的说明：任何名言皆是有限的，其所指代的事物亦恒是有限的，任何具体的事物皆不可能恒久长存，任何的名亦终将为其他的名所替代。任何具体事物都必然要经历从无名到有名再到无名的变化。这种事物的生长衰亡之变化就是道，道的本质就是一个使世

---

① 见马叙伦：《老子校诂》，北京：古籍出版社，1956年，第31页；蒋锡昌：《老子校诂》，成都：成都古籍书店，1988年，第3页；牟宗三：《牟宗三先生讲演录》（叁），第19页；梁启超：《老子哲学》，《饮冰室合集》第10册，北京：中华书局，1989年，第9页；高亨：《老子正诂》，第2页；陈鼓应：《老子注释及评介》，北京：中华书局，1984年，第55—57页。

② 见黄克剑：《有无之辩——〈老子〉第一章再解读》，《哲学研究》2012年第7期；曹峰：《〈老子〉首章与"名"相关问题的重新审视——以北大汉简〈老子〉的问世为契机》，《哲学研究》2011年第4期。

③ 这一点学者牟宗三已指出，见牟宗三：《牟宗三先生讲演录》（叁），第19页。

④ 这一点学者萧无陂已指出，见萧无陂：《"道"不可道吗？——从"名""实"之辨重新审视〈老子〉第一章》，《中国哲学史》2014年第3期。

⑤ [魏]王弼注：《老子道德经注校释》，楼宇烈点校，北京：中华书局，2008年，第1页。

⑥ 朱谦之：《老子校释》，北京：中华书局，1984年，第5页。

界不断地"有名"的力量，正是在不断"有名"的过程中，事物得以开显、绽出。①

实际上，这一思想学者陈荣灼、赖锡三已有论及。彼认为《老子》的道可被理解为一"物之物化"的历程，所谓"物之物化"就是指物之被诉说（named），在道家思想中物之被诉说不是指其作为一个对象被诉说，而是指其作为自身被诉说，这一历程也是存有开显、丰盈的历程。②彼所谓物之被诉说，其实就是指物之有名。道作为使事物向现有状态的反方向运动并使其现有状态不断趋于消逝的变化本身，从另一个角度来说，这也是一个不断地赋予事物以名，使事物不断地被诉说，使存在不断地被彰显的变化。

（三）"损之而益，益之而损"的实践智慧

道是名与名不断更迭的变化。人若果能洞悉这一点，则应认识到执着于事物当下的"名"其实并无太大意义，因为任何的名最终都将被新的名所更替。与执着于当下相反，很多情况下，从事物现有之"名"的反面、对立面着力，反而能收获意想不到的效果，这便是所谓的"损之而益，益之而损"。关于这一点，仍可见于通行本第四十二章，其称："万物负阴而抱阳，冲气以为和。人之所恶，唯孤寡不穀，而王公以为称。故物，或损之而益，或益之而损。人之所教，我亦教之。强梁者不得其死，吾将以为教父。"

这里，所谓"万物负阴而抱阳"就是说由不同的"名"所彰显的万物的本性总是或偏于阴，或偏于阳。面对这一情况，最好的态度便是执以"冲""虚"的态度，不落两边，这便是"冲气以为和"。王船山于此即称："又况阴阳之情才，顺其清以贪于得天，顺其浊以坚于得地，且吸夕餐，餹酶充闷以炫多，而非是则恶之以为少，方且阴死于浊，阳死于清，而讵得所谓'和'者之髣髴乎？"③如其所言，阳本性清，过清则阳亡，阴本性浊，过浊则阴灭，因而最好选择便是不落阴阳。然而，现实中人们往往很难做到这一点，这种情况下，就应尽量选择从现有的"名"的反面着力，尊贵如王公，就应选择孤、寡之类人之所厌恶的名称以自称，这便是"损之而益，益之而损"的实践智慧。此种实践智慧与前所论柔弱、处下、不争的实践智慧在本质上是相通的、一致的，故此又称"强梁者不得其死"。此诸智慧正体现了《老子》道论的现实关怀。

① 有种观点认为，"无名，天地之始；有名，万物之母"乃是一宇宙论命题，是对宇宙生化最初阶段的论述。但是如前所论，此语原貌应为"无名，万物之始；有名，万物之母"，此处其实更适合做一种去宇宙论化的理解，将此言视作对任何一个事物都要经历的变化之本身的诠释。
② 赖锡三：《当代学者对〈老子〉形上学诠释的评论与重塑》，《（台湾）清华中文学报》2008年第1期。
③ （明）王夫之：《老子衍》，《船山全书》第十三册，长沙：岳麓书社，1996年，第43页。

三、双观与同玄

综上所述，相比于将《老子》的道视作某种形而上的实体，将其视作使事物当下状态恒趋于消逝的变化本身实更为恰当。作为消逝的道本身没有形体，却是真实的，是一切具体事物的本原。道是虚，却承载着一切，正好似山谷、橐籥一般。一切事物其实都是在永恒消逝的历程中伴随着前物的消逝不期然而然地出现，又以其自身的消逝带来新事物的显现，这便是《老子》哲学中的"不生之生"[①]。从具体的、微观的视角来看，事物恒趋于消逝，这一历程其实也是一个名与名不断更迭的历程。人若要了解道，则既应了解消逝的永恒性，亦应认识到名言的相对性，这便是通行本第一章所提到的"常无欲，以观其妙；常有欲，以观其徼"[②]的智慧。

如何理解这句话呢？在帛书本中，妙作眇，徼则为曒。眇意为渺茫不可见，对应恒趋于消逝的道本身，由这一方面而展开的对道的认识乃是关于道的纯粹抽象的整体性把握，在此一认知过程中，认知主体不应将道视为某种有具体形态的对象，道本身亦渺茫不可见，故此谓"常无欲，以观其妙（眇）"。曒则意为光明，对应在永恒消逝的历程中不断更迭的一个个具体的名。关于道，人们不仅应从永恒的消逝这一点出发予以认识，也应从名与名的不断更迭中去了解之。相对于前者而言，从名与名的不断更迭中来了解道更加具体化，在此一认知过程中，认知主体同样不应执着于任何一个特定的认知对象，但相对而言认知主体毕竟可以将一个个具体的名作为认知对象，故此谓"常有欲，以观其曒"。有学者曾指出，《老子》这里"以无欲把握道体的玄妙，即道的超越性；因有欲而把握道用的归趣，即道始物成物的归向与落实"[③]，其说甚谛。

结合前文来看，"观眇"的智慧与"道可道，非常道"一语之意涵相一致，乃是宏观视角下对道作为一个永恒消逝之历程的概括。"观曒"的智慧则与"名可名，非常名"一说相配，是在具体而微的视角中对道作为一个名与名不断更迭之历程的论

---

① "不生之生"本是牟宗三较早时期对《老子》思想的概括（见氏著：《中国哲学十九讲》，台北：学生书局，1983 年，第 104 页）。如前所述，牟氏早年认为道家哲学是"境界形态的形而上学"，在其当时的论述中，所谓"不生之生"只能从主体无限妙用的心境上理解，不能从客观实有层面来理解。而在晚年的《讲演录》中，牟氏的看法有所改变，在相当程度上肯定了《老子》所言道具有客观性、实在性，但仍坚持认为《老子》是在消极地讲生（见牟宗三：《牟宗三先生讲演录》（叁），第 23 页）。实际上，牟氏的这一思想确有其见地，其所论"不生之生""消极地讲生"实已侧面说明了《老子》所论"生"乃指一消逝之变化，"生"就是此一变化的副产品。而作为一个永恒消逝的历程，《老子》的道本不能用主观与客观、实有与非实有这些范畴来论说，这也就说明了牟氏为何会在《老子》之道究竟有无客观性、实有性的问题上前后变化而不能给出确定的判断。

② 关于此言，历史上有"有""无"及"有欲""无欲"两种句读，王弼本以后者为读。帛书本此言作"故恒无欲也……恒有欲也……"（见李水海：《帛书老子校笺评译》，第 455 页），据此论，王说可采。

③ 白欲晓：《论老子的"观"》，《南京大学报（哲学·人文科学·社会科学）》2011 年第 5 期。

说。此二者虽有别，在本质上却是统一的，只有同时把握了这两点，《老子》所说的道才能完整地为人们所认识。这其实就是第一章最后所言"此二者同出而异名，同谓之玄，玄之又玄，众妙之门"的意义所在。此所谓"二者"，正是指前述《老子》道论的两个向度，即宏观视角下的抽象的作为永恒消逝之变化的不可名状的道本身与微观视角下的作为名与名的更迭之历程的道。对于认识道来说，这两个方面同等重要，只有同时把握了这两个方面，人们才能真正地认识道，这正是《老子》道论的归宿所在。

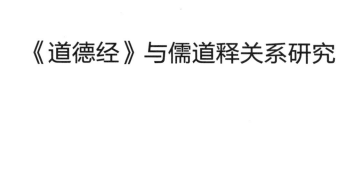

《道德经》与儒道释关系研究

苏辙《道德真经注》对儒家性命之学的重建

卢前瑶*

内容提要： 苏辙的《道德真经注》又名《老子解》，是北宋《老子》注本的代表作之一。苏辙认为，"自然"遍存人与万事万物之中，是人与万事万物之本性得以呈现与延续并不断契合大道的终极价值。他以道家"自然"观念贯通儒家"穷理尽性复命"的性命论，通过"穷"物之自然本性，"尽"人之自然本性，"复"天人合一的自然天命之道，最终达到人与天地万物和谐共处的自然生存状态，在对儒家性命之学重建和改造的基础上实现了儒道两家思想之融合。

关键词： 苏辙　《道德真经注》　性命之学　自然之性　道

基金项目： 国家社科基金项目"唐宋时期道家的自然观念及其与儒家、佛教思想的互动研究"（22BZX047）

　　北宋时期，受社会政治和学术风气的影响，黄老之学再次得到统治者及学者的青睐。宋代人为《老子》作注者颇多，其中不乏以为治国变法为目的而深入研究《老子》者，他们或直接批判《老子》消极无为的思想，或是对《老子》进行创造性的诠释。无论目的为何，但都体现了一个重要特征，即儒释道思想三教融合。苏辙是其中的重要代表人物之一，他以儒学为宗，兼容佛老，主张三教合一，他的《道德真经注》对老子思想及儒家性命学说进行了创造性的诠释，丰富了老学和儒家性命之学的思想内涵。本文将着重探讨苏辙作为北宋"非性命之学"派，如何以老子之"道""自然"等概念来贯通并重建儒家的性命之学。

---

　　* 卢前瑶（1998—　），男，福建泰宁人，湖南师范大学公共管理学院哲学系硕士生，主要研究方向为道家哲学。

一、以"性命"解《老》

以性命学说注解《老子》是北宋《老子》注本的显著特征之一。一方面是由于《老子》一书中确有性命论的思想，另一方面在于北宋性命之学的兴盛。

隋唐以来，在佛教"佛性论"和道教"道性论"的冲击下，儒学贫瘠的本体论使得儒家思想摇摇欲坠。为了重振儒学，儒者将目光投向于《孟子》《中庸》《易传》等古典文献中，力图为儒家性命论寻找本体论上的依据，同时也开启了儒学复兴的道路。韩愈"道统"说的建立，使孟子及《孟子》一书回到天下士人的眼中，成为道统核心的一环。"性善"是孟子学的核心概念，也是宋明理学家共同接受的理论预设，伴随着性善说而来的概念是"复性"①。"复性"即"恢复本性"之意，这样就涉及了"本性怎样"和"如何恢复"两个问题。李翱在《复性书》中谈道：人的本性清明，性动为情，人为追逐情欲而迷失了本性，故需斋戒其心，无虑无思，无思则无为，寂然不动，感而遂通天下之故。②李翱的这种"复性"模式也同本文所要探讨的苏辙的"复性"论具有同工之妙。无论是韩愈的"道统"说还是李翱的"复性"论都受到佛老思想的影响，但因其声势微弱还未能掀起性命之学重建的浪潮。直至庆历年间，以王安石的《淮南杂说》为号角，正式扬起儒家性命之学的兴起之风。蔡卞说："宋兴，文物盛矣，然不知道德性命之理。安石奋乎百世之下，追尧、舜、三代，通乎昼夜阴阳所不能测而入于神，初著《杂说》数万言，世谓其言与孟轲相上下。于是天下之士，始原道德之意，窥性命之端云。"③王安石认为，古人所谓道德，就是性命。他说："道德性命，其宗一也。"④随着王安石变法的推进，性命之学大兴，"以至为士者非性命之说不谈，非庄、老之书不读"⑤。因此，王安石也屡为士大夫所攻，被诋为杂佛老以乱儒学，这也侧面体现了在社会思想上儒释道三教融合已成主流。性命之学风行天下的同时，反性命之学的声音也随之而来，苏辙便是其中的代表人物之一。苏辙反对性命之学，但并非不谈性命，相反还尤为重视性命之正。苏辙以为，虚幻无根的道德性命根本无法通达儒家的大道，甚至会造成仁义礼乐的废弃。严格来说，苏辙所反对的其实是空谈道德性命的言论及风气，并试图纠正当时

---

① 杨儒宾：《"性命"怎么和"天道"相贯通的——理学家对孟子核心概念的改造》，《杭州师范大学学报（社会科学版）》2010 年第 1 期。

② 李翱：《复性书》，《李文公集》卷二，《景印文渊阁四库全书》，台北：台湾商务印书馆，1986 年影印本，集部，第 1078 册，第 106—111 页。

③ 晁公武：《郡斋读书志校证》，孙猛校证，上海：上海古籍出版社，1990 年，第 525—526 页。

④ 王安石：《再答龚深父论语孟子书》，《临川先生文集》卷七十二，王水照主编：《王安石全集》第六册，上海：复旦大学出版社，2017 年，第 1294 页。

⑤ 汪藻：《靖康要录笺注》，王智勇笺注，成都：四川大学出版社，2008 年，第 680 页。

的性命之说，这一思想集中体现在其作《道德真经注》中。

纵观《老子》五千言，无一"性"字，"命"的出现也是寥寥无几。其性命说的思想又从何而来？冯友兰先生以为："儒家所说天与性之关系，与道家所说道与德的关系相同。"[①]也就是说，德乃万物得之于道，性乃天命流行于万物的产物。此外，徐复观先生在《中国人性论史》里也谈道："老子之所谓道与德，在内容上，虽不与《中庸》'天命之谓性'相同；但在形式的构造上，则与《中庸》'天命之谓性'无异。道等于《中庸》之所谓'天'；道分化而为各物之德，亦等于天命流行而为各物之性。因此，老子的道德论，亦即是老子的性命论。"[②]这也就为北宋儒者运用道家的理论资源来重建儒家性命学说提供了可能性。在北宋学者看来，《老子》一书讲的就是尽性、复性之学，这在北宋《老子》注本中得到了充分的反映。

二、明器见道

"道"是老子哲学中最高的核心范畴，《老子》首章首句就提出了这一概念："道可道，非常道。"苏辙在注解时把道区分为"可道"与"常道"，认为"莫非道也。而可道者不可常，惟不可道，而后可常耳"[③]，即认为可道与常道都是道，可道是有限的，而常道是永恒不变的。"今夫仁义礼智，此道之可道者也。然而仁不可以为义，而礼不可以为智，可道之不可常如此。惟不可道，然后在仁为仁，在义为义，在礼为礼，在智为智。彼皆不常，而道常不变，不可道之能常如此。"（《道可道章第一》）在苏辙看来，儒家的仁义礼智皆是可道者，"凡名皆其可道者也。名既立，则圆方曲直之不同，不可常矣"（同上），仁义礼智既是既立之名，则方圆已定，故仁为仁，义为义，礼为礼，智为智，仁义礼智各自为界。而常道不可道，不名则不滞于名，不滞则通，通则久，故常道不变，贯通于仁义礼智之中，在仁为仁，在义为义，在礼为礼，在智为智。在首章的注解中，苏辙就开始尝试调和儒道两家的思想，将儒家仁义礼智看作可道之道，对可道与常道都予以肯定。他说：

> 然孔子以仁义礼乐治天下，老子绝而弃之，或者以为不同。《易》曰：形而上者谓之道，形而下者谓之器。孔子之虑后世也深，故示人以器而晦其道，使中人以下守其器，不为道之所眩……老子则不然，志于明道而急于开人心，故示人以道而薄其器，以为学者惟器之知，则道隐矣，故绝仁义弃礼乐以明道……

① 冯友兰：《中国哲学史》（上），北京：商务印书馆，2011年，第393页。
② 徐复观：《中国人性论史·先秦篇》，上海：上海三联书店，2001年，第298页。
③ 苏辙：《道德真经注》，熊铁基、陈红星主编：《老子集成》第3卷，北京：宗教文化出版社，2011年。下文引用不再列出脚注，仅在文中夹注所在章节。

二圣人者，皆不得已也，全于此，必略于彼矣。(《绝圣弃智章第十九》)

无论是孔子之"器"还是老子之"道"都只是一偏，孔子强调"器"是为了让人不为"道"所惑，老子强调"道"是为了不让人滞于"器"。孔子与老子思想并无实质上的差别，只是论述的侧重点不同，故苏辙强调孔老互补以构成统一的思想整体。他把老子之"道"归于"形而上者"之"道"，而把孔子的仁义礼乐乃至世间万事万物看作"形而下者"之"器"，从而建立起统摄儒道两家的"道器观"。

> 道，万物之宗也。万物，道之末也。(《道常无名章第三十二》)
> 物之所以得为物者，皆道也。(《昔之得一章第三十九》)
> 道者万物之母，故生万物者道也。(《道生之章第五十一》)

"道"既是万物的本原，也是万物存在和发展的依据。此外，苏辙还借鉴庄子"一与言为二，二与一为三"[1]的思路，将"道生万物"的生成问题转化为逻辑上的推演："夫道非一非二，及其与物为偶，道一而物不一，故以一名道，然而道则非一也。一与一为二，二与一为三，自是以往，而万物生。"(《道生一章第四十二》)

> 故无名者道之体，而有名者道之用也。(《道可道章第一》)
> 道本无名，圣人见万物之无不由也，故字之曰道。(《有物混成章第二十五》)

"道"不仅是万物的本原和本体，也是宇宙运动的总规律，"道"是万物运动变化所必须遵循的途径。从主体的角度来说，道还是一种最高境界："夫道，非清非浊，非高非下，非去非来，非善非恶，混然而成体。"(同上) 道不能以主观价值来进行判定，超越是非、善恶、物我之差别，即"道通为一"之境界。

> 然而道德则不能自形，因物而后形见。(《道生之章第五十一》)
> 泛兮无可无不可，故左右上下周旋无不至也。(《大道汜兮章第三十四》)

万物虽由道而生，以道为体，但道也因万物而得以显现。万物宗于道，而道又遍于万物，道与万物相辅相成，构成一个统一的整体，这也为从"器"中见"道"

---

[1] 郭庆藩:《庄子集释》，北京:中华书局，2013年，第77页。

提供了契机与依据。

前文已经提到，苏辙之所以反对性命之学，是因为他认为虚妄无根的性命学说不仅无法达到真正的大道，还会瓦解儒家仁义礼乐的制度体系。因此，对道家之"道"与儒家"仁义礼乐"的同时肯定，正是他解决这一问题的办法所在。苏辙说："夫道以无为体，而入于群有。在仁而非仁，在义而非义，在礼而非礼，在智而非智。惟其非形器也……故孔子不以道语人，其所以语人者必以礼。礼者，器也。"[1] "道常无名，则性亦不可名矣"（《道常无名章第三十二》），苏辙认为，性与道一样无形无名，无法轻易把握，故主张少谈性命。他批判当世学者空谈性命道德：

> 今世之教者闻道不明而急于夸世，非性命道德不出于口，虽礼乐政刑有所不言矣，而况于洒扫应对进退也哉？教者未必知而学未必信，务为大言以相欺，天下之伪，自是而起。此子贡所谓诬也。[2]

那么道是否就无法把握呢？苏辙以为不然，他说："善乎，子夏之教人也！始于洒扫应对进退而不急于道，使其来者自尽于学，日引月长而道自至。故曰：'百工居肆以成其事，君子学以致其道。'"[3] 苏辙通过子夏日常洒扫渐进于道的修养工夫为"明器见道"提供了途径，并以此反对当时空谈性命的风潮。由于道家之"道"与儒家"仁义礼乐"的贯通，对"道"的体认便可以从"器"上开始。在《道德真经注》中，苏辙提出了更进一步的体道路径，他说：

> 《易》曰：穷理尽性以至于命。圣人之学道，必始于穷理，中于尽性，终于复命。仁义礼乐，圣人之所以接物也，而仁义礼乐之用，必有所以然者。不知其所以然，徇其名而为之，世俗之士也。知其所以然而后行之，君子也。此之为穷理。虽然尽心以穷理而后得之，不求则不得也。事物日构于前，必求而后能应，则其为力也劳，而为功也少。圣人外不为物所蔽，其性湛然，不勉而中，不思而得，物至而能应，此之谓尽性。虽然，此吾性也，犹有物我之辨焉，则几于妄矣。吾之命曰命，天之命曰命，以性接物，而不知其为我，是以寄之命也。此之谓复命。（《致虚极章第十六》）

① 苏辙：《王衍》，《栾城后集》卷之九，《栾城集》，上海：上海古籍出版社，1987年，第1246页。
② 苏辙：《孔子弟子列传》，《古史》卷三十二，《景印文渊阁四库全书》，台北：台湾商务印书馆，1986年影印版，史部，第371册，第488页。
③ 同上书，第487页。

苏辙认为，穷理就是在与事物的接触中一一探求其理，但事物是无穷的，一一探求其理，"其为力也劳，而为功也少"，于是转向尽性，顺着自己的本性去应对万物而不为外物所左右，但这样又突出了物我的分别，最终通过物我界限的泯灭以达到万物与我为一的境界，就是复命。①笔者以为，苏辙将穷理、尽性、复命看成一种递进关系，从表面上看是儒家"穷理尽性以至于命"的进路，而实质上却是以道家的"自然"观念沟通此三者。只有在体认到物与人的本性皆是自然的，才不会执于穷理，滞于尽性，才能以人的自然本性因循万物的自然本性，恢复并保全物与我之性，从而超脱物我对立的相待世界，进入物我两忘的无待之境。

三、去妄复性

"自然"同"道"一样都是老子哲学中的核心范畴，关于老子之自然，历来存在多种解释。笔者更倾向于老子之自然包含"物之自然"与"人之自然"两层内涵的观点："物之自然"即根源性自然，来源于"自"这个词的"根源、原初、本始"义，强调了一切事物根源于道的原初本性，天地万物自生自长，充分彰显其本性；"人之自然"即自觉性自然，建立在"自"作为反身代词"自己"义的基础上，凸显了人的自觉性和主体性，强调了人的主体地位，人应反思而行，自觉而为，尊重万物之自然。②

苏辙在《道德真经注》中所说的"自然"也同样具有物之自然和人之自然两层内涵。所谓物之自然，即指万物纯粹的原初本性。苏辙说："阴阳相荡，高下相倾，大小相使，或行于前，或随于后，或呴而暖之，或吹而寒之，或益而强之，或损而赢之，或载而成之，或堕而毁之，皆物之自然，而势之不免者也。"（《将欲取天下章第二十九》）这是说万物都有其自然发展的趋势。"于是其神廓然，玄览万物，知其皆出于性，等观净秽，而无所瑕疵矣。"（《载营魄章第十》）这表明万物的本性纯净无瑕。"世不知道之足以澹足万物也，而以智慧加之，于是民始以伪报之矣。"（《大道废章第十八》）这是说万物本性自足。而所谓人之自然，即指人的自觉理性，这种自觉理性表现在不以人力来破坏物之天性。"天地无私，而听万物之自然，故万物自生自死，死非吾虐之，生非吾仁之也。"（《天地不仁章第五》）天地万物自生自灭，并不是人所能够主宰的。如果执意以人的主观意志来干涉万物的存在和发展，就会同时破坏物与人的自然本性。这种"为之之意"便是"妄"。苏辙认为"蔽"是由心的分化而产生的，"妄"来源于"有心之意"：

---

① 尹志华：《北宋〈老子〉注研究》，成都：巴蜀书社，2004年，第138页。
② 萧平：《老庄自然观念新探》，新北：花木兰出版社，2015年，"结语"，第223—226页。

明白四达，心也，是心无所不知，然而未尝有能知之心也。夫心一而已，苟又有知之者，则是二也。自一而二，蔽之所自生，而愚之所自始也。今夫镜之于物，来而应之则已矣，又安得知应物者乎？本则无有，而以意加之，此妄之源也。（《载营魄章第十》）

苏辙进一步指出："人始有性而已，及其与物构，然后分裂四出，为视为听为触，日用而不知反其本，非复混而为一，则日远矣。"（《视之不见章第十四》）"视""听""触"是人认识万物的途径，这些感觉是由"性"所分化的，是"性之用"，而人常沉沦于这些感觉之中，如此就形成了"妄"。如苏辙所言："世之人为物所蔽，性分于耳目，内为身心之所纷乱，外为山河之所障塞，见不出视，闻不出听，户牖之微，能蔽而绝之。"（《不出户章第四十七》）性本纯然无杂，然而世人常常贪逐外物而丧失本性，"夫唯圣人知万物同出于性，而皆成于妄，如画马牛，皆非真实"（《绝学无忧章第二十》）。圣人知本性之真实，万物之虚妄，所以不会拘泥于妄见，而世人却不然，故而苏辙提出"去妄复性"。他认为："圣人与人均有是性，人方以妄为常，驰骛于争夺之场，而不知性之未始少亡也。是以圣人以其性示人，使之除妄以复性。待其妄尽而性复，未有不廓然自得，如右契之合左，不待责之而自服也。"（《和大怨章第七十九》）圣人与世人同有此"性"，然"古之圣人，保其性命之常，不以外耗"（《治人事天章第五十九》），圣人能不为外物所迷惑，固守本性，"知复于性，是以乘万变而不殆也"（《道常无名章第三十二》）。

苏辙把"去妄复性"的过程分为三个阶段：知性、见性、复性。"知其雄，守其雌，知性者也"（《知其雄章第二十八》），认为"去妄复性"的第一步就是认识本真之性，只有知性之朴、柔，处下而不争，才不会"循名而忘朴、逐末而丧本"（《道常无名章第三十二》）。"知其白，守其黑，见性者也"（《知其雄章第二十八》），当认识到"性真物妄"后，就会舍物而求性，其性便会愈发光明而高大。"知其荣，守其辱，复性者也。诸妄以尽，处辱而无憾，旷兮如谷之虚，物来而应之，德足于此，纯性而无杂矣，故曰复归于朴"（同上），等到妄尽性复，方能以性御物而不溺于物。苏辙在注解"载营魄，抱一能无离乎"时说："魄为物，魂为神也……圣人性定而神凝，不为物迁，虽以魄为舍，而神所欲行，魄无不从，则神常载魄矣。众人以物役性，神昏而不治，则神听于魄……故教之以抱神载魄，使两者不相离，此固圣人所以修身之要。"（《载营魄章第十》）又说："抱一者，复性者也。"（《曲则全章第二十二》）由此可知，复性者乃抱一者，抱一者也即体道者，能于万物之中见其道，又能应万物之变而不乱其性，不乱人之本性亦不毁物之本性。此外，苏辙还强调"去妄复性"是动静结合的过程。他说:"世俗之士以物汨性,则浊而不复清。枯槁之士以定灭性,则安而不复生。今知浊之乱性也,则静之,静之而徐自清矣。知灭性之非道也,则动之,动之而徐自生矣。"(《古之善为士章第十五》)因此,"去妄复性"是一个由动到静,再由静到动的过程:通过去除妄见、妄念,使浑浊之性得以清净,再动此纯朴湛然之性,以合"生生"之道,应世间又不出世间。

苏辙除了说"复性",也谈"尽性":"圣人外不为物所蔽,其性湛然,不勉而中,不思而得,物至而能应,此之谓尽性。"(《致虚极章第十六》)那么二者之间具有什么样的联系呢?尽性论与复性论都是着眼于保全人的真性,二者只是论述角度不同而已:复性是指恢复曾经丧失的天性,尽性则是指顺着人的天性发挥其功能而不使之受到伤害。苏辙用穷理尽性之学来解释老子的归根复命,穷理即穷物之本然,一旦主动去把握了物之自然本性,就能够不为外物所蔽,保持其物与我之性湛然,也就是尽性了,此尽性也为复性。笔者以为,从全性的角度来看,"复性"与"尽性"并无差别。如前文所述,"去妄复性"是动静结合的过程,在与万物接触的过程中恢复本真之性(复性),待本性返朴归真后还需动之以应万物(尽性),因此复性与尽性是同个过程的两个方面,是一体之两面。

既然妄出于性,那么去妄就要在性上下功夫,知性之自然,不以人灭天,既能全人之性,又不害物之性,与万物为一。在《有物混成章第二十五》中,苏辙说:"自大而求之,则逝而往矣。自往而求之,则远不及矣。虽逝虽远,然反而求之,一心足矣。""一"不仅是"性"和"道",也是"心"。此三者存在着某种共同的联系,笔者以为,苏辙意在用"无心之心"复"自然本真之性"明"自然之道"。因此,"穷理""尽性""复命"就可看作穷物之自然之性,尽人之自然之性,复天人合一之自然天道。值得注意的是,这里对物之自然与人之自然的认知并不是理智上的程序,而是人之自然本性同物之自然本性的共鸣,人与物的自然之性是同时知、见、复的,最终达到人与天地万物和谐共处的自然状态,这种自然状态又表现为"无心之心",也即"性之妙",如苏辙所说"言玄则至矣,然犹有玄之心在焉。玄之又玄则尽矣,不可有加矣,众妙之所从出也"(《道可道章第一》)。穷理尽性之工夫仍有物我之辨,只有无"为物""为我"之心,方可上升到合自然天道的境界。

四、物我两忘以复于命

苏辙的"无心"观念在一定程度上吸收了成玄英的"双遣"思路:"言玄则至矣,然犹有玄之心在焉。玄之又玄则尽矣,不可有加矣,众妙之所从出也。"(《道可道章第一》)在解释"为道日损,损之又损,以至于无为,无为而无不为"时,他说:"苟一日知道，顾视万物，无一非妄，去妄以求复性，而性实无几……去妄以求复性，可谓损矣。而去妄之心犹存，及其兼忘此心，纯性而无余，然后无所不为，而不失于无为矣。"（《为学日益章第四十八》）苏辙认为，去妄以求复性，由于去妄之心还在，所复之性仍然不纯，如若忘此去妄之心，以无心之心复性，则性纯而不杂，然后无所不为。除了"去妄之心"以外，苏辙还提出要忘"分别之心""仁爱之心""抱朴之心""善恶之心"：

> 分别为知，蔽尽为明。分别之心未除，故止于知人而不能自知。蔽尽则无复分别，故能自知，而又可以及人也。（《知人者智章第三十三》）
> 虽至于爱民治国，一以无心遇之。苟其有心，则爱民者适所以害之，治国者适所以害之也。（《载营魄章第十》）
> 圣人中无抱朴之念，外无抱朴之迹，故朴全而用大。苟欲抱朴之心尚存于胸中，则失之远矣。（《道常无为章第三十七》）
> 圣人忧之，故慄慄为天下浑其心，无善恶，无信伪，皆以一待之。（《圣人常无心章第四十九》）

总体而言，苏辙之"无心"即"无为之之心"，认为"无心"就是"无为"：

> 当事而为，无为之之心；当教而言，无言之之意。（《天下皆知章第二》）
> 是以圣人无心，因百姓之心以为心，无善不善皆善之，无信不信皆信。（《圣人常无心章第四十九》）

"无为"非不为，"无心"也不是没有心，苏辙之"无为""无心"说的是，不以意加之而为和不为物所蔽之心。如何做到无心或无为呢？笔者以为关键在于，因循物之自然与人之自然，破除物我之差别，实现与道合一。苏辙认为，天地万物各有其本性，有其自然发展的趋势。他说："世人不知物之自然，以为非为不成，非执不留，故常与祸争胜，与福争赘，是以祸至于不救，福至于不成，盖其理然也。"（《其安易持章第六十四》）因为万物能够自为，所以圣人不干涉万物的发展，听任万物之自然。倘若违背万物的自然发展趋势而执意为之，"必有龃龉不服者，何况天下乎"（《将欲取天下章第二十九》）。在因顺物之自然的同时，也是因顺人之自然，无所不为而无为之之意。人作为自觉的存在者，以自觉理性作为本性，能够对自身的行为进行反思，直接影响其他一切存在物的生存状态。① 苏辙说："古之圣人言出于希，行出于夷，皆因其自然，故久而不穷。"（《希言自然章第二十三》）诡辩怪行虽悦耳惊世，然非自然而强言强行，不能久也，这也是他以少言性命来批判空谈性命之风的缘由之一。又说："圣人岂有意为此以胜物哉，知势之自然而居其自然耳"（《将欲歙之章第三十六》），"圣人无为，使人各安其自然"（《治大国章第六十》）。因顺人之自然是在因顺物之自然的过程中实现的，也是物之自然得以真正实现的关键，只有无为之之心，才能不违万物之势，从而保证根源于自然之道的人与万物的本性得以呈现，最终达成天人合一的大道之境。

在解释"人法地，地法天，天法道，道法自然"时，苏辙说"人不若地，地不若天，天不若道，道不若自然"（《有物混成章第二十五》），把人、地、天、道、自然看成层层递进的关系，认为"自然"高于"道"。实际上，苏辙之"自然"并非是指在"道"之上又有一个更高的本体，而是在强调"自然"是一种价值，是天地万物乃至于道的一种理想生存状态。苏辙在提及"自然"之处称"万物之自然"（《天地不仁章第五》）、"言出于自然"（《希言自然章第二十三》）、"势之自然"（《将欲歙之章第三十六》）、"理之自然"（《道生一章第四十二》）、"使人各安其自然"（《治大国章第六十》）。可见，"自然"遍于人与万事万物之中，它是人与万事万物的本性得以呈现与延续并不断契合大道的终极价值。因此，"道不若自然"是苏辙对万物自发状态的肯定，并且认为它可以成为终极价值的来源和依据，相较于"自然"，"道"只是以规范化的方式对万物做限制，因而不能以之为至高依据。② 在自然状态下，物顺其自然之性存在而发展，人顺其自然之性而以应万物之变，人与万物的自然本性都得以保全，"非独吾忘天下，亦能使天下忘我"（《善行无辙迹章第二十七》），物我两忘，复归于天人合一之境。

五、结语

在北宋性命之学大盛的境况下，欧（阳修）、苏（苏轼、苏辙）一派儒者则认为，性命之学没有必要过分去讲，因为这既不是先儒所传，也不切于事，此外还容易滋生奸伪、贻害社会，所以他们主张不言性命。③ 但究其本质来看，苏辙所反对的其实是侈言性命的思想，加之与道教深厚的渊源，使得他的非性命论反而影响了性命之学的重建和改造，成为北宋儒家性命学说的重要组成部分。

---

① 萧无陂：《道为"物之自然"立法与人为"自然"立法——对老子"道法自然"命题的重新解读》，《中州学刊》2012 年第 6 期。

② 薛冰洋：《法度与民情：王安石与苏辙解"道法自然"之殊见》，《中国哲学史》2023 年第 1 期。

③ 叶平：《苏轼、苏辙的"性命之学"》，《中国人民大学学报》2010 年第 6 期。

　　《道德真经注》是苏辙历经数十年的思想著作，其中不仅有对老子思想的再论述，更引入了其独特的"复性"说，提出"道之大，复性而足"（《吾言甚易知章第七十》）的观点。通过对道、器、性、自然等概念的探讨，苏辙"穷理尽性复命"的内在逻辑表现为，通过穷理尽性，物性与人性得以呈现于自然状态下，在因循物与人之自然本性的同时，物我又返朴复归于自然之境，实现人与天地万物的和谐共存，最终体现道之自然，即复命。苏辙以儒家性命之学解《老》，不仅是对老学思想的创造性诠释，也是对儒家性命之学的重建与改造。《道德真经注》将儒道思想很好地融会贯通，影响了后世儒学与老学的发展，也是研究北宋三教合一思想及蜀学的重要著作。

题名鸠摩罗什《老子注》的思想方法特点及意义

内容提要:《唐书·艺文志》载有题名鸠摩罗什《老子注》二卷,其最大的理论特色是用般若中观"遮诠"方法注解《老子》。考诸典籍,载有罗什《老子注》的作品有四种,而以宋代李霖《道德真经取善集》为最多。从李霖所引罗什《老子注》的内容来看,其关注实体以及宣传长生等思想和罗什之学格格不入,并且对般若学"中道观"的理解也与罗什弘扬的中观学派"言语道断、心行处灭"追求存在较大区别。般若中观"双遣有无"的方法自晋世开始为道教学者所吸取,成为道教重玄学的序曲。而用般若学的思想方法论述思想界的问题,汉地义学僧早启其端,支遁的《逍遥篇》注是一个成功的先例。罗什的许多中土弟子,不仅对老庄哲学怀有浓厚兴趣,并且经过罗什的指点,对般若中观学派理论方法的把握也达到了一个新的高度,他们运用般若中观的理论方法去注解《老子》,是一种很自觉的选择。题名鸠摩罗什《老子注》虽然未必是罗什的作品,但它的思想方法揭示了佛教中国化的典型形态,即佛教对中国本土思想的影响主要是方法论意义上的,传统老学对佛教思想的吸收亦循此路径。

关键词:《〈老子〉注》《道德真经取善集》 般若中观 双遣

基金项目: 国家社科基金一般项目"道教神谱的构建与传统信仰研究"(18BZJ048)。

---

* 徐明生(1980—),哲学博士,南京大学哲学系博士后流动站在站博士后,江苏科技大学马克思主义学院副教授,研究方向为道家、道教哲学。

一

般若中观"双遣"的方法入道教，世所公认，其结果是启道教哲学重玄 ① 一派，而首先将这种方法引入道教哲学的，一般认为是佛教学者，蒙文通先生推测其为般若大师鸠摩罗什。其《校理〈老子成玄英疏〉叙录》云："罗什、图澄皆注《老子》，其信否未可知，而惠琳、惠观、惠严皆有《老子注》，《陆叙》称为'宋世沙门'，则释氏注《老》，先有其事，故《老》家亦沿而用释，观、严两师，又皆什公弟子，自裴处恩、梁武父子、大小二孟以来，皆以四句百非为说，以畅重玄、三一之义，接踵释氏，隋唐道士刘进喜、蔡子晃之属，亦其流也。" ② 此时蒙文通先生对罗什是否注《老》尚持怀疑态度，不过可以肯定的是，般若中观的"三翻之式"始于般若中观大师鸠摩罗什，而沙门注《老》"先有其事"，并且运用了般若中观"双遣二边"的方法，其代表惠严、惠观皆为罗什弟子。其后这种注《老》的"遮诠"方法又为道教学者所吸取，最终使道教哲学的思辨水平达到新的高度。在《道教史琐谈》中，蒙文通先生对罗什注《老子》则采用了比较肯定的说法："鸠摩罗什为般若一家大师，亦注《老子》，其弟子慧观、慧严亦皆有注。……般若之学入于道教而意益圆满，遂冠绝群伦矣。" ③ 可以推测，蒙文通先生之所以倾向于肯定罗什有注《老》一事，一方面是因为"三翻之式，实始乎罗什"，另一方面，《唐书·艺文志》亦载有其事。然而，汤用彤先生在《读〈道藏〉札记》中认为："鸠摩罗什《老子注》二卷，名目见于《唐书·艺文志》。原以此书不见他处，疑为伪作。" ④ 同时，汤用彤先生也肯定其思想与佛教般若学有关。从现有资料来看，唐代可见题名鸠摩罗什的注《老》著作是可信的，唐末五代道士杜光庭在《道德真经广圣义》中甄辨各家《老子》注疏特色时也提到罗什之注："宗趣指归者，《道德》尊经包含众义，指归意趣，随有君宗。……苻坚时罗什、后赵图澄、梁武帝、梁道士窦略，皆明事理因果之道。梁朝道士孟智周、臧玄静、陈朝道士诸糅、隋朝道士刘进喜、唐朝道士成玄英、蔡子晃、

---

① 葛兆光不认同隋唐道教存在重玄一派，而只能算作一种思潮。他指出："所谓宗教之'派'，不仅依据典籍与诠释思想相同，而且应当有（一）明确的传承谱系、（二）组织形式、（三）相同的仪式或方法。如果仅仅是经典与思想相同，彼此之间并无实际的交往，恐怕只是当时道教流行的思潮。……与其把'重玄'当作一种宗教派别，还不如把'重玄'当作隋唐时代道教的流行思潮，正是在这一思潮中凸显了道教的深刻变化。"［葛兆光：《〈隋唐道教思想史研究〉书评》，《唐研究》（第二卷），北京：北京大学出版社，1996 年，第 469 页。又见葛兆光《"重玄"何有"派"？——评砂山稔〈隋唐道教思想史研究〉》，氏著：《屈服史及其他：六朝隋唐道教的思想史研究》，北京：生活·读书·新知三联书店，2003 年，第 181 页〕

② 蒙文通：《古学甄微》，成都：巴蜀书社，1987 年，第 346 页。

③ 蒙文通：《古学甄微》，成都：巴蜀书社，1987 年，第 323 页。

④ 汤用彤：《读〈道藏〉札记》，《汤用彤全集》（第七卷），石家庄：河北人民出版社，2000 年，第 52 页。

黄玄颐、李荣、车玄弼、张惠超、黎元兴，皆明重玄之道。"① 杜光庭将罗什、佛图澄、梁武帝及窦略的注《老子》宗旨归为一类，以阐明事物背后的因果之理为中心，说明其理论目的在于社会的善恶教化。至于在《老子》注中体现的重玄之旨，似乎是道教内部自然发展出来的理论方法，杜光庭罗列了从梁陈到隋唐的诸多道士，这种分类方式有意将佛教或受到佛教深刻影响的注《老》作品和以重玄为宗旨的注《老》思想分开，同时也表明"重玄"作为注《老》方法及宗旨，自梁陈至隋唐，成为道教义理方法的主流。从思想史的发展来看，般若中观的方法入《老》，毫无疑义，然而不论是从佛道二教已有的著述目录还是从鸠摩罗什自身的学术特点来看，作为般若中观大师，鸠摩罗什是否亲注《老子》，并且用中观双遣的方法解释道体，实在让人感到怀疑。②

二

在罗什的生平资料中，无论是慧皎的《高僧传》还是僧祐的《出三藏记集》都没有记载其注《老》之事，更没有罗什对中土传统学术表现出兴趣的记载，相反，罗什有感于中西辞体的差异，曾经对其高足僧叡说："天竺国俗甚重文藻，其宫商体韵，以入弦为善。……但改梵为秦，失其藻蔚，虽得大意，殊隔文体。"③ 这段话虽然是罗什指出佛经翻译中的问题，但字里行间也透露出罗什对西方文体即梵文文体的推崇。罗什虽然被尊为国师，但入秦之前，历经坎坷，即使在秦地，也有被迫破戒之举，这些经历都使罗什感到弘法的艰辛，他在赠沙门法和的颂中说："心山育德薰，流芳万由旬。哀鸾鸣孤桐，清响彻九天。"④ 罗什以哀鸾孤桐自喻，托出了心中极大失落和孤独感，后来更加感叹："吾若著笔作大乘阿毗昙，非迦旃延子比也。今在秦地，深识者寡，折翮于此，将何所论！"⑤ 缺乏学术上的知音，使罗什不乐于著述，即便

---

① （唐）杜光庭：《道德真经广圣义》，《道藏》第 14 册，第 340 页。

② 托名鸠摩罗什及其弟子僧肇《老子注》的真伪问题，学界已有关注。汤一介先生从署名僧肇的《老子注》内容多引自僧肇作品，且不少内容引自托名僧肇的伪作《涅槃无名论》《宝藏论》断定，僧肇并无注《老子》的作品。汤一介同时指出："我国古代的所谓'注'并不都是随文注，对一些经典的论说……后人亦可引以为注。"（汤一介：《关于僧肇注〈道德经〉问题》，《学术月刊》2000 年第 7 期，第 24 页）张雪松、何松蔚通过内容的编辑方式及文本的对勘认为，托名鸠摩罗什和僧肇的《老子注》是唐代重玄学风气的产物，且前者的成书年代略早。（张雪松、何松蔚：《佛道交涉的历史剧目——浅谈僧肇、鸠摩罗什的〈老子注〉》，陈鼓应主编：《道家文化研究》（第三十二辑），北京：中华书局，2019 年，第 448—470 页。）本文试图从思想史的角度，从鸠摩罗什的佛学与汉地佛学存在的区别与张力、汉地佛学的主题与理论兴趣等，探讨鸠摩罗什不大可能注《老子》的原因，并且从题名鸠摩罗什《老子注》的内容和思想方法特点出发，进一步探讨佛教中国化的重点议题和发展方向。

③ （梁）僧祐撰，苏晋仁、萧炼子点校：《出三藏记集》，北京：中华书局，1995 年，第 534 页。

④ （梁）僧祐撰，苏晋仁、萧炼子点校：《出三藏记集》，北京：中华书局，1995 年，第 534 页。

⑤ （梁）僧祐撰，苏晋仁、萧炼子点校：《出三藏记集》，北京：中华书局，1995 年，第 534—535 页。

是大乘的理论著作，也只有为姚兴所作《实相论》二卷，在这种学术环境之下，罗什更不大可能去注《老子》了。

题名罗什《老子注》的内容，主要见于宋代李霖《道德真经取善集》[①]，尽管并非完帙，依然可以管窥其理论方法和思想宗旨。其主要特色，在于借鉴佛教般若中观之学而出现的双遣方法，突出体现在《为学日益章第四十八》：

> 罗什曰：损之者无粗而不遣，遣之至乎忘恶。然后无细而不去，去之至乎忘善。恶者非也，善者是也，既损其非，又损其是，故曰损之又损，是非俱忘。情欲既断，德与道合，至于无为。[②]

这里在解释《老子》的"无为"之旨时，用了双遣"是非""善恶"的方法，通过双重否定，达到对"是非"与"善恶"的超越，亦即超越情欲层面的是非善恶，从而通达于道。"道"此时被理解为一种超越性的存在，在这个意义上与般若学的诸法实相有相似之处，不过"道"在《老子》文本中是肯定意义上的实体性存在，而"实相"则偏于"言语道断，心行处灭"的绝言绝相境界。

罗什所传，重点在于龙树一系般若中观学说，其理论方法主要以遮诠方式表达诸法实相，如《大乘大义章》卷下载罗什所云："即知众生缘法，非有自性，毕竟空寂……一切法从本以来，不生不灭，毕竟空，如泥洹相。"[③]因缘所生法的本性在于"无自性"，从现象层面看，诸法有生有灭、有成有坏，而在本质上，诸法不生不灭，不生不灭、毕竟空寂是诸法实相，达到对诸法实相的体悟即中观学派所追求的实相涅槃。既然诸法实相非生灭法，因此对其表述只能采用"遮诠"即否定性的方式，通过对"有""无""非有非无"的层层否定和不断超越以追求诸法实相。《大乘大义章》卷下罗什云：

> 佛意欲令出有无故，说非有非无，更无有法。不知佛意者，便著非有非无，是故佛复破非有非无。若非有非无能破有无见。更不贪非有非无者，不须破非有非无也。若非有非无，虽破有无，还戏论非有非无者，尔时佛言，舍非有非无，亦如舍有无。[④]

---

① 其他尚有题名南齐顾欢的《道德真经注疏》、题名唐代张君相的《三十家老子注》以及金代赵秉文的《道德真经集解》，以上三本作品所引罗什注的内容不多，故本文以李霖《道德真经取善集》为中心论述题名罗什注的思想。

② （宋）李霖撰：《道德真经取善集》，《道藏》第13册，第902页。

③ （东晋）慧远问、罗什答《大乘大义章》（鸠摩罗什法师大义），《大正藏》第45册，第137页。

④ （东晋）慧远问、罗什答《大乘大义章》（鸠摩罗什法师大义），《大正藏》第45册，第138页。

罗什认为，佛说"非有非无"，是为了破除"有""无"之见，在这个意义上，"非有非无"也是方便之说，而非诸法实相的究竟之论。若执着于"非有非无"，便是戏论，不能通达佛陀本意，所以还需要进一步破除"非有非无"。从方法论上来说，罗什坚持了中观学派的彻底否定的方式来追求诸法实相，贯彻了一种彻底的否定性思维，只有彻底否定和超越语言文字，达到"言语道断，心行处灭"的境界，方能把握诸法实相。在这个过程中，任何言论的表达方式都是"戏论"，破除"戏论"的智慧又名"无生法忍"。《大乘大义章》卷下罗什云：

> 所谓诸菩萨，深爱乐佛法，亦未断结使，生诸戏论，分别常无常、苦非苦、空非空、我非我、有无、非有非无、生不生、非生非不生等。灭此戏论故，佛为说无生法忍。①

若菩萨于诸法生分别心，则会堕入种种戏论，所谓"常"与"无常"、"空"与"非空"、"我"与"非我"、"有"与"无"、"非有"与"非无"、"生"与"不生"、"非生"与"非不生"等。为对治种种戏论，佛陀为诸菩萨说无生法忍。"无生法忍"出自《大智度论》卷五十："无生法忍者，于无生灭诸法实相中，信受通达，无碍不退，是名无生忍。"②中观学派所论"无生法忍"，是通达且常住诸法实相而不退转的解脱境界，它是通过否定和超越一切分别相和堕入言诠中的戏论实现的。

《道德真经取善集》中所载罗什注，还出现了一个重要概念——理，见于两处。其一是《有物混成章第二十五》注"有物混成，先天地生"引罗什曰：

> 妙理常存，名为有物。万道不能分，故曰混成。③

其二是《大成若缺章第四十五》注"大直若屈"引罗什云：

> 理正无邪曰直，随物曲成为屈。④

此处的"理"，其地位等同于"道"，它既是一个永恒的存在，可作为万物的本

---

① （东晋）慧远问、罗什答：《大乘大义章》（鸠摩罗什法师大义），《大正藏》第45册，第140页。
② （后秦）鸠摩罗什译：《大智度论》，《大正藏》第25册，第417页。
③ （宋）李霖撰：《道德真经取善集》，《道藏》第13册，第872页。
④ （宋）李霖撰：《道德真经取善集》，《道藏》第13册，第899页。

原，又是生成万物的依据，具有实体性存在的意义。"理"作为哲学范畴的概念出现，首先见于《孟子》。《孟子·告子上》云："心之所同然者何也？谓理也，义也。……理义之悦我心，犹刍豢之悦我口。"① "理"与"义"相近，为儒家的根本道德准则之一。道家哲学的"理"，首先见于《庄子》。《庄子·天地篇》云："物成生理，谓之形。"② 此处的"理"是指事物的形式和特征，尚缺乏形而上的意义。其后《管子·四时》提出："阴阳者，天地之大理也；四时者，阴阳之大经也。"③ 这时的"理"已经衍变为事物运行的规律、秩序了，从这个意义上讲已经有了类似于"道"的功能。《取善集》所引罗什之注，也将理上升到形而上的范畴，而且可以肯定的是，这个"理"和"道"一样，是实体性的存在。《知其雄章第二十八》引罗什曰："牝谓爽失也。若能去智守愚，动与机合，德行相应，为物楷式，显则成行，隐复归道。"④ "道"与"理"相似，既是万物所依的最高实体，又是万物运行的规则。

而在罗什的般若学体系中，坚决反对实体性的存在。罗什的学术成长之路有一个从小乘转向大乘的转折，《出三藏记集》和《高僧传》中均有详细的记载。早在西域之时，罗什就曾以大乘空慧破斥过外道，被迎入秦地之后，更是以弘扬大乘为志，在罗什的学术里，不容有小乘"法体实有"的位置。罗什曾在答慧远法身义时批评小乘：

> 但阿毗昙法，摩诃衍法，所明各异。如迦旃延《阿毗昙》说，幻化梦响，镜像水月，是可见法，亦可识知，三界所系，阴界入所摄。大乘法中，幻化水月，但诳心眼，无有定法。又小乘经说，化人为何界所摄？答无处所。今以大乘法，论说法身，无有四大、五根、幻化之事。⑤

小乘法主张"法有我无"，在贯彻缘起论时有不彻底之处，如《俱舍论》中有"极微"之义，而大乘佛学明我法俱空，才是佛法究竟。罗什在答慧远问"实法有"时说：

> 有二种论：一者大乘论，说二种空，众生空、法空；二者小乘论，说众生空。所以者何？以阴入界和合，假为众生，无有别贵。如是论者，说乳等为因

① 杨伯峻编著：《孟子译注》，北京：中华书局，1962年，第261页。
② （清）郭庆藩撰：《庄子集释》，北京：中华书局，2008年，第424页。
③ 黎翔凤撰：《管子校注》，北京：中华书局，2004年，第838页。
④ （宋）李霖撰：《道德真经取善集》，《道藏》第13册，第876页。
⑤ （东晋）慧远问、罗什答：《大乘大义章》（鸠摩罗什法师大义），《大正藏》第45册，第125页。

缘有，色等为实法。又以于诸法，生二种著：一者著象生，二者著法。……为是人故，说名色虚诳，色如幻如化，毕竟空寂，同如象生，因缘而有，无有定相。①

在罗什看来，凡是任何形式的实体性存在，都是二乘之见，没有达到对宇宙毕竟空的认识。因此，罗什不可能将作为实体性存在的"理"或者"道"上升到最高的哲学范畴。对实体性存在的彻底否定态度，说明罗什不可能推崇道家哲学中的"理""道"等实体性概念，也和肯定性思维保持着相当的距离②。

此外，《取善集》中还载有罗什《老子注》对心智的看法：

其一为《江海为百谷王章第六十六》引罗什曰：

心形既空，孰能与无物者争。③

其二是《天之道章第七十七》引罗什曰：

得此虚通而无思无虑，岂有心智而欲贵己之贤能。不恃其为，无自伐之心；不居其功，无自满之志。恃为处功则见贤，见贤则是以有余自奉，招损之道也。④

结合这两处注释来看，前一处所说"心形既空"实际上是第二处所说"无思无虑"的状态，这种无思无虑的修养方法是对般若学破除各种执着的形而下的一种理解，认识到人我两空是一种解脱境界，对事物不做任何分辨看起来也类似于这种境界。但是两者在本质上存在差别，第一种的认识方法是经过了理性思辨之后的结果，而无思无虑则是从形而下的角度对万法本空所得出的态度，其认识方式更接近于般若学六家七宗中的"心无宗"⑤。而在罗什的般若中观学系统中，并不否认空慧的存在。

---

① （东晋）慧远问、罗什答：《大乘大义章》（鸠摩罗什法师大义），《大正藏》第45册，第136页。
② 史经鹏在分析鸠摩罗什的大小乘观时根据塚本善隆的罗什研究推测："罗什在当时长安佛教界的影响大多表现在《般若》等经典的新译方面，他的般若学说在多大程度普遍为中国佛教徒所接受是值得怀疑的。"（史经鹏：《论鸠摩罗什的大小乘观——以〈大乘大义章〉为中心》，《理论界》2012年第6期，第88页。）
③ （宋）李霖撰：《道德真经取善集》，《道藏》第13册，第926页。
④ （宋）李霖撰：《道德真经取善集》，《道藏》第13册，第937页。
⑤ "心无义"为支愍度所立，僧肇在《不真空论》中评论"心无宗"道："心无者，无心于万物，万物未尝无。此得在于神静，失在于物虚。"［（后秦）僧肇：《肇论》，《大正藏》第45册，第152页。］"心无"义重在"虚心"，即强调心不随万物婉转，而万物是有是无，则并无确切之说。

僧肇在《注维摩诘经》卷五记罗什论"毕竟空"义云：

> 上空是空慧也，下空是法空也。虽法性自空，不待空慧，若无空慧，则于
> 我为有。用此无分别空慧故，得其空，则于我为空也。①

由于"空慧"的存在，毕竟空的诸法实相是理性思辨的结果，而并不只是无思
无虑的认识态度。

《取善集》中最后一处可注意的是《勇于敢章第七十三》引罗什曰："行柔弱唯善
是与，则获其利，言活活长生也。若进心虚淡，不敢贪染，则长生。"② 长生之义，虽
然不是佛教教义，但汉地佛教界长期以来对佛教都有所误解，就是认为佛教提倡形
尽而神不灭，其典型是神明住寿一说。罗什高足僧叡在《毗摩罗诘提经疏序》中说：

> 自慧风东扇，法言流咏以来，虽曰讲肆，格义迂而乖本，六家偏而不即。
> 性空之宗，以今验之，最得其实。……此土先出诸经，于识神性空，明言处少，
> 存神之文，其处甚多。《中》《百》二论，文未及此，又无通鉴，谁与正之？先
> 匠所以辍章于遐慨，思决言于弥勒者，良在此也。③

在罗什译介四论之前，中土佛经"存神之文"甚多，对佛教义理不能如实把握，
因此也有了神明住寿之说，将佛菩萨当作道教中长生久视的仙人，即使是汉地学问
僧的佼佼者慧远对此也有相似看法，以至于当慧远看到罗什翻译的更加接近般若学
原义的经典时，也产生了种种疑问。罗什在答慧远住寿义时再次强调了法身不得有
久寿："法身二种。一者三十七品等诸贤圣故，二者三藏经等，此皆非身非命，亦不
得有久寿之为义。"④ 可以推测，道教所谓长生之说，在罗什看来并不符合佛陀本怀。
罗什与慧远关于"法身"问题的不同见解，体现了不同文化土壤中所反映的思维模

---

① （后秦）僧肇选：《注维摩诘经》，《大正藏》第 38 册，第 373 页。
② （宋）李霖撰：《道德真经取善集》，《道藏》第 13 册，第 932 页。
③ （梁）僧祐撰，苏晋仁、萧炼子点校：《出三藏记集》，北京：中华书局，1995 年，第 311-312 页。
④ （东晋）慧远问、罗什答：《大乘大义章》（鸠摩罗什法师大义），《大正藏》第 45 册，第 143 页。

式的根本区别，许理和将二者的区别归纳为思辨与经验传统的对立①。

质言之，《取善集》中所言罗什《老子》注，其双遣有无的方法显然没有达到般若中观"遮诠"方法的思辨高度。此外，其肯定"道""理"作为实体的态度和般若学追求的诸法实相也是大相径庭的，至于其中涉及的长生的说法，更是与佛教教义相抵牾。因此，从立论宗旨等方面来看，《取善集》中所载罗什《老子》注与罗什所传相去甚远，甚至相互对立。

三

李霖所引罗什的《老子注》，从仅存的一鳞半爪可以看出，其双遣有无的思想方法取自般若学，这种注解《老子》的新义，与道教重玄学的先驱东晋孙登以及南朝顾欢都比较一致。

杜光庭评价各家注《老》宗旨时说：

> 又诸家禀学，立宗不同。严君平以虚玄为宗，顾欢以无为为宗，孟智周、臧玄静以道德为宗，梁武帝以非有非无为宗，孙登以重玄为宗。宗旨之中，孙氏为妙矣。②

成玄英在《老子道德经开题序诀》中评论诸家注《老》的宗致：

> 夫释义解经，宜识其宗致。……严君平《旨归》，以玄虚为宗，顾征君《堂诰》，以无为为宗，孟智周、臧玄静以道德为宗，梁武帝以非有非无为宗，晋世孙登，云托重玄以寄宗。虽复众家不同，今以孙氏为正，以重玄为宗，无为为体。③

杜光庭和成玄英都推崇孙登的注《老》宗旨，这是站在重玄学立场上对已有的

---

① 许理和认为，以慧远为代表的中土高僧固有的老庄哲学学术训练，使得他们对于佛教名相或概念的理解容易产生偏差，即易于借用老庄哲学的概念来理解佛教概念，以"法身""真人""神"等概念的混淆为典型。"菩萨的'法身'与道教真人、玄学至人的'妙身'（the glorified body，这些真人或至人能够'体道'并与自然即整个宇宙同体合一），'神'这旧有的观念与'涅槃'这个代表'神'最后彻底净化状态的概念，凡此种种准佛教的或对佛教一知半解的观念纠缠在一起，妨碍了他们理解这种新出现的佛法。而且这种高度抽象和精微的思辨哲学，相对于他们具象和经验的传统思维模式来说，仍然是格格不入的。"（[荷]许理和著，李四龙、裴勇等译：《佛教征服中国》，南京：江苏人民出版社，2003年，第313页。）

② （唐）杜光庭：《道德真经广圣义》，《道藏》第14册，第341页。

③ 蒙文通：《道书辑校十种》，成都：巴蜀书社，2001年，第550—551页。

注《老》思想成果予以的评价，孙登以重玄为宗旨，自然更加受到推崇。而实际上，东晋之后，道教的老学都或多或少受到佛教般若学的影响，最为突出的表现就是般若双遣方法的运用。如范晔在《后汉书·西域传》中说："详其（佛教）清心释累之训、空有兼遣之宗，道书之流也。"①这说明在南朝之时，双遣有无的思想方法已经广为佛道所接受。对于道教学者而言，"非有非无"的方法主要用于对"道体"的诠释。以南朝顾欢为例，其在解《老子》②"有之以为利，无之以为用"时说：

> 神之利身，无中之有，有亦不可见，故归乎无物。神为存生之利，虚为致神之用。明道非有非无，无能致用，有能利物。利物在有，致用在无。无谓清虚，有谓神明。而俗学未达，皆师老君，全无为之道。道若全无，于物何益？今明道之为利，利在用形；无之为用，以虚容物故也。③

顾欢认为道体"非有非无"，而"有""无"皆有其用。从用上讲，"非有非无"本质上是"亦有亦无"，"有"和"无"相资而不可偏废。"有"为神，可以存生即长生，"无"为虚，可以致神。顾欢对道的"非有非无"描述并非要从认识的角度界定道的内涵，而是从有无不定、亦有亦无的特点强调道的功用。类似的表达还有对"道之为物，惟恍惟惚"的解释："欲言定有，而无色无声。言其定无，而有信有精。以其体不可定，故曰'唯恍唯惚'。如此观察，名为顺从于道，所以得。"④顾欢讲"非有非无"，显然是在"接着讲"玄学的议题，而这种不偏废"有"或"无"的思想是对玄学家的发展。钟会在解释"有之以为利，无之以为用"时说：

> 有无相资，俱不可废，故有之以为利，利在于体；无之以为用，用在于空。故体为外利，资空用以得成；空为内用，藉体利以得就。但利用相藉，咸不可亡也。无赖有为利，有藉无为用，二法相假。⑤

钟会认为"有""无"二法相假，"咸不可亡也"，是为了解决玄学贵无或崇有的偏失，顾欢继承了这种观点，并用"非有非无"来形容道体，在一定程度上受到了

---

①　（宋）范晔等撰：《后汉书》，北京：中华书局，2003年，第2932页。

②　蒙文通反对清人阮元以顾欢的《道德真经注疏》为唐代张君相所集的观点，根据书中所引各家之说独称"荣曰"而其他诸家称引其姓，判为唐代李荣作品。（蒙文通：《道教史琐谈》，氏著：《古学甄微》，成都：巴蜀书社，1987年，第324页）

③　（南朝）顾欢撰：《道德真经注疏》，道藏第13册，第282。

④　（宋）李霖撰：《道德真经取善集》，《道藏》第13册，第868页。

⑤　（宋）李霖撰：《道德真经取善集》，《道藏》第13册，第856页。

般若学的启发。卢国龙在《中国重玄学》中指出："顾欢之论有无，是结合于道体而说的，其所谓'明道非有非无'，则因佛道论争而有所吸收佛学，非尽为道家学术之本旨。"①而对佛教般若学思想方法的吸收，使玄学中关于"有""无"问题的封执得以破除："从道体有无不定的意义上吸收佛教的'非有非无'之说，是顾欢及后来重玄学者的基本思路。通过吸收，解决了贵无与崇有的矛盾，同时也破除了关于道体论的思想封执。"②这也是后来的重玄学思潮对于玄学的超越，在这个意义上，卢国龙认为："顾欢的《老子义疏》，诚为道教重玄学之序曲。"③

道教学者之所以要吸收般若学的方法，有内外两方面的原因。从玄学自身的发展来看，是要解决"有无"问题的争论。孙盛在《老聃非大贤论》中指出，贵无和崇有都失乏偏颇，矜其一方而不达圆化之道。

> 余以为尚无既失之矣，崇有亦未为得也。道之为物惟恍与惚，因应无方唯变所适。值澄淳之时则司契垂拱，遇万动之化则形体勃兴。……吾故以为彼二子者，不达圆化之道，各矜其一方者耳。④

在孙盛看来，"贵无"与"崇有"都不能达到对道的准确、全面的理解。如果说孙盛是从玄学内部产生出的对贵无、崇有的批判，佛教学者对道教经典的渊源、道教哲学的浅显指责则是道教加强理论建设的外部压力。谢镇之在《重书与顾道士》中批评道教对佛经的穿凿附会：

> 道家经籍简陋，多生穿凿。……其中可长，唯在《五千》之道，全无为用。全无为用，未能遣有，遣有为怀，灵芝何养？佛家三乘所引，九流均接。九流均接，则动静斯得。……今云道在无为，得一而已。无为得一，是则玄契千载；玄契不载，不俟高唱。夫明宗引会导达风流者，若当废学精思，不亦怠哉，岂道教之筌耶？敬寻所辨，非徒止不解佛，亦不解道也。⑤

谢镇之不仅批评道教经籍对佛经的穿凿附会，他认为即便是老子的五千文，也存在对有、无及其关系的诠释不及佛教圆融的问题，并且指出《老子》主旨与六朝

---

① 卢国龙:《中国重玄学》，北京：人民中国出版社，1993年，第251页。
② 卢国龙:《中国重玄学》，北京：人民中国出版社，1993年，第253页。
③ 卢国龙:《道教哲学》，北京：华夏出版社，1997年，第37页。
④ （唐）道宣撰:《广弘明集》，《大正藏》第52册，第120页。
⑤ （梁）僧祐撰、李小荣校笺:《弘明集》，上海：上海古籍出版社，2013年，第357页。

道经的内在矛盾。内外两方面的压力，使道教学者迫切需要反思如何解决自身理论上的不足，其主要渠道是希望通过重新诠释固有的老庄哲学以获取新义。而恰在此时，罗什大弘四论（《中论》《百论》《十二门论》《大智度论》），汉地佛教界对般若学的理解又达到一个新的水平，般若中观双遣的"遮诠"方法为理论界所熟知。此时援引般若学的方法论来解释老庄哲学，可谓水到渠成。用般若中观的方法解《老》，可视为一种"反向格义"[①]，即用印度佛教的概念、范畴来诠释传统哲学思想。道教学者之所以这么做，既是建构道教哲学理论的需要，也是对佛教般若学精致思辨的一种回应。题名为罗什的《老子》注在思想方法和主旨上似乎都与此一致，但既然托名罗什，不太可能是道教学者的著作，而应当出自佛教学者之手。

四

佛教学者尤其是汉地佛教学者对思想界的焦点问题一直保持高度的关注，佛教哲学在思辨上的优势，使他们在对一些思想界的问题发表观点时显得游刃有余。比如在玄学的"有""无"问题上，支道林以"即色义"诠释《庄子》中的"逍遥"义，超越了玄学家的"贵无"与"崇有"二义，受到知识界的推崇。《世说新语·文学篇》载：

> 《庄子·逍遥篇》，旧是难处，诸名贤所可钻味，而不能拔理于向、郭之外。支道林……卓然标新理于二家之表，立异义于众贤之外，皆是诸名贤寻味之所不得。后遂用支理。[②]

支遁之所以能够"拔理于向、郭之外"，在于他在注《逍遥篇》时，运用了般若学的理论成果。"支遁论'逍遥'，是以般若智慧为背景的、出世间的绝对精神自由，而向、郭的'逍遥'，则是有条件的，世间的相对精神自由。"[③]在士大夫群体积极追求精神超越的六朝时代，支遁将世间的逍遥拔高到出世间的逍遥，自然受到士大夫的追捧。《高僧传》载："遁尝在白马寺与刘系之等谈《庄子·逍遥篇》，云：'各适性以为逍遥。'遁曰：'不然，夫桀、跖以残害为性，若适性为得者，彼亦逍遥矣。'于

---

① "反向格义"是刘笑敢针对中国哲学的研究方法而提出的。他将这一方法分为广狭二义："广义是任何通过西方哲学理论解释、分析、研究中国哲学的做法"，而狭义"则是专指以西方哲学的某些现成的具体概念来对应、解释中国哲学的思想、观念或概念的做法"（刘笑敢：《老子古今：五种对勘和析评引论》，中国社会科学出版社，2006年，第96页）。

② 余嘉锡：《世说新语笺疏》，北京：中华书局，1983年，第260页。

③ 余嘉锡：《世说新语笺疏》，北京：中华书局，1983年，第154—155页。

是退而注《逍遥篇》。群儒旧学，莫不叹服。"[1]

支遁作为佛教高僧，主动参与到玄学的谈论中，从佛教的角度看，首先是传法的需要。佛教想要扩大社会影响力进而在中土扎根，就必须主动参与到社会主流思想主题的讨论之中。"有无之辩"是玄学的中心议题，而佛教般若学反对任何偏执于"有"或"无"的倾向，主张对狭隘的"崇有"或"贵无"立场的超越。般若学的思辨精神和超越追求不仅在理论上对士人群体产生了吸引力，也在存在论意义上呼应着庄子的人生哲学。支遁的成功，启发了僧俗二界的知识分子，学问僧自觉运用佛学理论加入玄学清谈，士人群体也主动亲近佛教义理提升精神境界。在这样的背景之下，拥有传统学术基础的汉地高僧对老庄等学说更感兴趣，也更擅于用佛教义理诠释本土学术论题。

《取善集》中所引罗什《老子》注，虽不出自罗什，但也应在罗什译出四论之后，否则不会被后来的道教学者视为重玄一类的著作。而既有传统的老庄道学基础，又对般若中观理论方法比较熟悉的学问僧，最有可能出自罗什门下。

罗什门下弟子众多，也出现了许多法门龙象。"解空第一"的僧肇，在成为罗什弟子之前，已经有了很扎实的传统学术功底，《高僧传》载其"历观经史，备尽坟籍。爱好玄微，每以老庄为心要"[2]。僧肇不仅对传统经史之学非常熟悉，而且对老庄之学情有独钟。道融"迄至立年，才解英绝，内外经书，暗游心府"[3]。道融到了而立之年，精通内外之学，说明他在修习佛学的同时，始终保持着对本土学问的兴趣，这种内外之学兼修的风格想必为罗什的诸多弟子所有。至于对般若中观理论方法的把握，罗什门下自然比其他汉地学问僧高出一筹。因此，无论是老庄的思想观念阐述佛学，还是引用佛教理论方法解释老庄，在罗什弟子中都显得游刃有余。如罗什弟子僧叡《十二门论序》云：

> 事尽于有无，则忘功于造化；理极于虚位，则丧我于二际。然则丧我在乎落筌，筌忘存乎遗寄，筌我兼忘，始可以几乎实矣。几乎实矣，则虚实两冥，得失无际。冥而无际，则能忘造次于两玄，泯颠沛于一致，整归驾于道场，毕趣心于佛地。[4]

僧叡将般若学追求的实相涅槃完全以老庄的概念进行了表述，以"丧我"形容

① （梁）慧皎撰，汤用彤校注：《高僧传》，北京：中华书局，1992 年，第 160 页。
② （梁）慧皎撰，汤用彤校注：《高僧传》，北京：中华书局，1992 年，第 249 页。
③ （梁）慧皎撰，汤用彤校注：《高僧传》，北京：中华书局，1992 年，第 241 页。
④ （梁）僧祐撰，苏晋仁、萧炼子点校：《出三藏记集》，北京：中华书局，1995 年，第 404 页。

摆脱二边的中道，亦即"筌我"兼忘、"虚实"两冥。虽然僧叡的佛学水平得到罗什的认可，并常常让其为译文作序，但老庄化的语言，表现了僧叡对本土学术话语的自信。同样，僧肇在论述如何把握诸法实相时，依然使用了玄学的话语体系，其《肇论》宗本义云：

> 言不有不无者，不如有见常见之有，邪见断见之无耳。若以有为有，则以无为无。夫不存无以观法者，可谓识法实相矣。虽观有而无所取相。①

僧肇以不有不无否定了"有""无"之见，"有"为常见，"无"为邪见断见，不仅要否定常见，同时应否定邪见断见，即以超越有无的般若智慧观照诸法，不取相、不着相。金时赵秉文在《道德真经集解》卷一中引僧肇注《老子》第二章表达了相似的观点："有无相生，其犹有高必有下，然则有无虽殊，俱未免于有也。此乃言象之所以形，故借出有无之表者以祛之。"②从般若学的立场而言，玄学家所论"有""无"都是相对性的范畴，本质上都是着相的，所以僧肇主张要"出有无之表"，即双遣有无。在《涅槃无名论》中，僧肇将超越有无的境界称为"重玄之域"："夫群有虽众，然其量有涯。正使智犹身子，辩若满愿，穷才极虑，莫窥其畔。况乎虚无之数，重玄之域，其道无涯，欲之顿尽邪？"③所谓"重玄之域"，即般若学诸法实相境界，僧肇以"格义"的方式，对般若学进行了本土化的解读，同时用般若中观的理论方法，拓展了道家哲学的内涵。

以上论述表明，罗什的中土弟子虽然对般若中观的思想有了更为准确的把握，但是在进行表述时，依然倾向于使用汉地固有的概念范畴，这使得他们的学术特点依然具有格义色彩。无论是僧叡的"兼忘""两玄"，还是僧肇的"重玄"，这些道家化色彩的概念，对玄学家乃至道教学者均有启发意义，道教"重玄学"中对般若中观理论方法的借鉴，很可能肇端于中土的义学僧。罗什弟子除了习惯用熟悉的有无范畴来阐述般若学中道实相之外，还对最高的实体表现出浓厚的兴趣。

以僧叡为例，在罗什所出经典中，僧叡更加重视《法华》，对于罗什译出《法华》欢喜踊跃。僧叡认为《般若》经类与之相比，存在"实体不足"的缺点。其在《法华经后序》中说：

> 至如《般若》诸经，……皆以适化为本。应务之门，不得以善权为用。权

---

① （后秦）僧肇：《肇论》，《大正藏》第 45 册，第 150 页。
② （金）赵秉文：《道德真经集解》，《道藏》第 12 册，第 547 页。
③ （后秦）僧肇：《肇论》，《大正藏》第 45 册，第 160 页。

之为化，悟物虽弘，于实体不足。皆属《法华》，固其宜矣。①

　　僧叡所谓"实体"，即六卷《泥洹经》中所说"泥洹不灭，佛有真我"。在《喻疑论》中，僧叡对不同的经典赋予了不同的地位："《三藏》祛其染滞，《般若》除其虚妄，《法华》开一究竟，《泥洹》阐其实化。此三津开照，照无遗矣。"②诸部经典中，僧叡最推崇的是六卷《大般泥洹经》，其在《喻疑论》中概括该经的主旨为"泥洹不灭，佛有真我。一切众生，皆有佛性。皆有佛性，学得成佛"③。六卷《大般泥洹经》译出后，立即受到汉地僧众的追捧，其原因恐怕在于肯定性的思维方式更加与中土传统的思维方式合拍，虽然罗什弟子都承认般若学在思辨上的精深，但《泥洹》一出，都觉得找到了自己的思想归宿。很显然，《泥洹经》在表述方式上与中土固有的学术有更多相似之处。在《思益经序》中，僧叡的一段话也值得注意："详听什公传译其名，翻覆展转，意似未尽。良由未备秦言，名实之变故也。"④僧叡对罗什的翻译，有时表现出不满，原因是罗什"未备秦言"，可见罗什弟子虽然推重其人，但对罗什在语言上的不足还是觉得有所缺憾，罗什也曾经因为这方面的原因在译经时和汉地僧人有过争执。当然，对于"未备秦言"的罗什来说，注《老》本身也是一件比较困难的事。

　　从现存题名罗什《老子注》的内容来看，罗什注《老》几无此事，但这一现象本身在思想史上具有重要意义。首先，罗什所传般若中观之学在理论思辨上的所长，成为吸引中土学僧以及道教学者的主要因素。老庄之学在魏晋以后一直备受推崇，用最新的理论思辨成果来诠释《老子》，是解决老学有无、体用关系等问题的重要思想和方法资源。因此，托名罗什注释《老子》的意义在于标榜注文的理论水平以及对一些玄学辩题的回答。其次，这一事件表明，佛教对中土思想的影响更多是方法论意义上的，而其宗旨影响甚微，甚至没有改变中土学术的主题。因此，佛教中国化更多是理论方法意义上的中国化，而较少思想宗旨和价值追求的意义。再次，托名罗什的《老子注》，在道教思想史上开重玄一派，也说明到唐代，道教徒对佛教的思想方法尤其是般若中观的方法理解已经比较深入，已经基本具备与佛教对话的能力，这也充分说明，佛教思想文化对于促进中土思想学术的进步具有十分重要的意义。在对话、冲突、融合的氛围中，儒释道三教终于逐渐合流，谱成传统思想文化的和谐乐章。

---

① （梁）僧祐撰，苏晋仁、萧炼子点校：《出三藏记集》，北京：中华书局，1995 年，第 306—307 页。
② （梁）僧祐撰，苏晋仁、萧炼子点校：《出三藏记集》，北京：中华书局，1995 年，第 234 页。
③ （梁）僧祐撰，苏晋仁、萧炼子点校：《出三藏记集》，北京：中华书局，1995 年，第 235 页。
④ （梁）僧祐撰，苏晋仁、萧炼子点校：《出三藏记集》，北京：中华书局，1995 年，第 308 页。

《道德经》的哲学思想

"重死"与"哀死"：老子的死亡观念

闫　伟　华中卿*

内容提要：老子的死亡观念是"重死"与"哀死"。"重死"是老庄的生死态度，是对"生"之反面的关注，实质上是其重生意识的另类表达，体现出先秦道家在死亡问题上的理性精神。"重死"基础上的"哀死"是老子死亡观念的核心，是对生命价值的肯定，也是老子生命敬畏意识在其"反战"思想中的内化与运用。老子"哀死"观念是先秦时期普遍生死情结的反映，是老子哲学"入世积极性"的外显，更是老子身为春秋史官继承周礼与史官文化的有力证明。

关键词：老子　死亡观　重死　哀死　生命敬畏

基金项目：安徽省高等学校科学研究项目"老庄生命价值观对高校生命教育的启示"（2024AHQ53411）

先秦时期，老子重生、贵生的思想及其基础上的养生、修身实践[1]体现了早期道家对个体生命的态度。不过，生命的有限存在决定了死亡的必然性，故人不仅在"生"的层面上要有一定的思考，而且"也要在死亡这一面找到相当的态度"[2]，即死

---

　　* 　闫伟，男，山东新泰人，铜陵学院马克思主义学院讲师，哲学博士，研究方向为中国传统道家哲学与武陵民俗；华中卿，男，安徽潜山人，铜陵学院文学与艺术传媒学院学生，在读本科生，汉语言文学专业。

　　① 　老子从"尊道贵德"而发的生命本然价值观决定着其具有重生、贵生意识，体现在对"贵身"与"长生"的追求上。老子"贵身"并非"无身"或"忘身"，更不是"弃身"，而是一种对生命载体（"身"）的重视；老子持有"长生"理念，此"长生"绝非个体不死，而是庄子所谓"终其天年"（《山木》）之义，具有自然主义的重生特质。重生、贵生意识进一步落实于人生实际就形成了一定的养生实践。老子养生遵循"道法自然"的规律，实质上就是因循天地自然之道。养生工夫方面，老子以"虚静"作为形神修养与心气涵养的基本方式。在老子看来，"虚静"不仅是"道"的存在状态，也是圣人修身、处世的原则，老子以此将其作为养生依据。在具体的养生工夫中，老子认为养形重在"适物"、养神重在"无为"、养心重在"致虚"、养气重在"守静"，一切的养生工夫都不离"自然"与"虚静"之宗旨。

　　② 　[英] 马林诺夫斯基：《巫术科学宗教与神话》，李安宅编译，上海：上海文艺出版社，1987年，第42页。

亡态度。与生命态度包括生命意识与生命实践一样，死亡态度也相应是由死亡观念与死亡行为构成。由此，"生"与"死"的态度才可得以完整，即人之生死态度的形成。郑晓江提出："死亡态度指人们对死亡的看法及在死亡事件中所采取的行为方式。"[1] 就先秦诸子而言，面对死亡时的情感表达是其内在死亡观念的反映，而丧祭思想则是其死亡观念的外化，两者共同构成了其持有的死亡态度。丧祭是先秦诸子普遍重视的问题，不仅涉及生死观念，而且具有制度化、伦理化、社会化的倾向。诸家丧祭形式多样，很大程度上取决于他们的死亡观念，死亡观念制约了丧葬的形式，如儒家主张厚葬久丧、墨家主张节葬等，都与他们对死亡的看法息息相关。有学者提出："丧祭思想是对待死去之人的态度和如何送死的看法。"[2] 这说明丧祭是死亡观念的行为化、外化的结果。为此，探究老子丧祭思想的前提是对其死亡观念有一定程度的了解，故本文旨在对老子的死亡观念做一简要论析。

一、老庄的"重死"观念

生命过程的复杂往往使人容易忽略死亡的潜在与必然，"死"给人一种天然的距离感。实际上，"生"与"死"的相对存在决定了人们重视"生"的同时也就是在重视"死"。与生命过程的现实体验不同，对死亡的认知与关注体现出人在死亡问题上的理性精神，这是道家"重死"意识的主要内容。

（一）老子的"重死"意识

老子明确提出"重死"，他在叙述"太古之治"时说："小国寡民，使有什伯之器而不用，使民重死而不远徙……邻国相望，鸡犬之声相闻，民至老死不相往来。"（《老子[3]·八十章》）关于老子所谓"重死"，注家多以"重"与"轻"对，认为老子此言是对"轻死"[4]的否定，是老子"贵生"思想的体现。从老子重生意识来看，此解颇通，生死一体，重生亦当"重死"，故吴澄有注曰："重死者，视死为重事而爱养其生。"[5] 郭芹纳释"重死"为"以死为重，看重死，看重生命"[6]。然老子言"重死"与"远徙"相联系，其意似不仅在于注重生命，也有"安土重迁"之义。通行本《老子》"重死而不远徙"，据西汉简、帛本以及张舜徽、高明等人的辨证，"远"即

---

① 郑晓江:《善死与善终——中国人的死亡观》，昆明：云南人民出版社，1999 年，第 59 页。

② 何丹:《孟子的丧祭思想研究》，《三峡大学学报》2013 年第 5 期。

③ 本文所引《老子》原文，以王弼通行本为主，兼及简、帛诸本。

④ "轻死"出自《老子·七十五章》："民之轻死，以其求生之厚，是以轻死。夫唯无以生为者，是贤于贵生。"

⑤ （元）吴澄:《道德真经吴澄注》，上海：华东师范大学出版社，2010 年，第 112 页。

⑥ （唐）李隆基:《唐玄宗御注三经》，郭芹纳校注，西安：三秦出版社，2017 年，第 168 页。

"疏""离"之义，"不"字衍出，原本作"重死而远徙"。王元泽说："乐生遂性，则重死安土，无求则不远徙，此尽性之治。"① 百姓"重死"则安于故地，尽纯朴之性则不远徙，老子一方面表达了他的"重生""重死"观念，另一方面也以"重死"展现了他的治世之道。

"重死"观念在《老子》中具有多个方面的体现，譬如《老子·四十二章》说："强梁者不得其死，吾将以为教父"；《四十四章》说："得与亡孰病"；《七十四章》说："民不畏死，奈何以死惧之"；《七十五章》说："民之轻死，以其求生之厚，是以轻死"。一者，老子谓"强梁者"的最终下场是"不得其死"，即不得善终，也就是"凶死"，这类死法的人在古代社会中往往得不到正常的丧葬与祭祀，甚至被冠以道德品质恶劣之名，故为人人所避之不及。老子以"不得其死"警戒世人，并以此作为"教父"（蒋锡昌称之为"教条"②）或"觉悟之本"，说明在老子看来，"死"之事尤为重大，得其善终的方法已经达到"教父"的程度了。二者，"得"与"亡"的对比，"得"者，得名利、存生也；"亡"者，失名利、亡其身（死也）。老子为了论证生死之于人生的意义，以反问的口气将两种"得"与"亡"进行比较，质问哪一个更为严重（"孰病"）："或得名货而亡身，或得身而亡名货，何者其病乎"③ 显然，老子主张"存身亡利"，认为生死对于人生的意义重大。三者，老子评析君王治之优劣时严厉批判了暴君的刑杀威压之举，也就是以死威吓百姓的行为，"民不畏死"固然说明百姓不受严刑峻法的威胁，但这也从侧面反映出生死对于人生的重要性。诚如吕惠卿所言："使之畏威而重死矣，奈何以死而惧之而欲其畏死乎。"④ "畏威而重死"体现了老子的"重死"意识。四者，"轻死"者，与"重死"相对，严遵解为"细其命"⑤，魏源释为"轻弃其生"⑥，义皆"谓轻易或容易死亡"⑦。在老子看来，人因"求生之厚"而"轻死"的根源在于过度看重生命而加以奉养，结果造成了物极必反的结局。由此人之"轻死"恰恰是对生死的重视，本质上实为"重死"思想。

（二）庄子对老子"重死"意识的推进

老子的"重死"观念在庄子哲学中被继承与发扬。余英时说："庄子可能是最早

①（宋）王雱：《老子训传》，尹志华等整理，上海：复旦大学出版社，2016年，第174页。

② 蒋锡昌：《老子校诂》，上海：商务印书馆，1938年，第236页。

③ 张舜徽：《老子疏证》，武汉：华中师范大学出版社，2005年，第115页。

④（宋）吕惠卿：《道德真经传》，林胜利点校，北京：商务印书馆，2019年，第98页。

⑤（汉）严遵：《老子指归》，王德有点校，北京：中华书局，1994年，第178页。

⑥（清）魏源：《老子本义》，上海：华东师范大学出版社，2009年，第221页。

⑦ 陈徽：《老子新校释译：以新近出土的诸简、帛本为基础》，上海：上海古籍出版社，2017年，第400页。

将生死与始终相比较的哲学家。"① "生死"与"始终"的联系在庄子哲学中常以"死生"与"终始"的形式出现，体现出庄子的生死超越理念，同时也反映出他对"死"的重视。《庄子》全文皆谓"死生"，而不言"生死"，体现了他不仅关注"生"，更加看重"死"，"死生"的意义在于超越死亡，"由死观生"的意义正是在于生命的"延续"。由此而言，"在中国思想中，死的问题有时通过变成生命的延续问题而显示其重要性"②。具体而言，庄子的"重死"观念可以从三个方面管窥：

其一，庄子直言生死对于人生的重要，他说："死生亦大矣，而不得与之变"。（《德充符》）"死生亦大矣，而无变乎己，况爵禄乎。"（《田子方》）在这里，庄子用一个"大"字论述了生死乃是人生路途中的一件大事。林希逸将"死生亦大矣"视为《庄子》书中的"一大条贯"，并言其相当于佛教"死生事大，如救头然是也"③，可见庄子对生死之事极其看重。

其二，庄子通过"心死"与"人死"的对比从侧面道出"死"之意义重大。《田子方》有云："夫哀莫大于心死，而人死亦次之。"所谓"心死"乃是自然之天性的丧失，钟泰称其为"失夫天理流行自然之妙"④，庄子以"心死"为极哀，以"人死"为"次之"，固然突出了人应顺应自然之理的重要性，但将其与"人死"相照，也从侧面反映出他的"重死"情怀。

其三，庄子将"死"与"生"齐之于"天"，生死虽异，意义却等同。《大宗师》中庄子说："善吾生者，乃所以善吾死也。"对此，有学者将"生"诠解为"益生"，而"益生曰祥"（《老子·五十五章》），故"善死云者，乃驳辞，非许辞也"⑤。然从此句前文"生劳死息"看，生死之"善"意在生死之化与在自然（"天"）层面上的齐一。关于此义，钟泰有云：

> 善生者，善其所以生也。善其所以生，则尽性至命在其中矣。夫尽性至命，则天人一也，尚何有生死之不齐、而尧桀之相非哉！⑥

钟泰谓庄子"生死之齐"的前提在于"天人合一"，"天"者，自然也，故《天下》述庄子之学时亦言："死与？生与？天地并与？神明往与？""死"与"生"不同，

---

① ［美］余英时：《东汉生死观》，何俊编，侯旭东等译，上海：上海古籍出版社，2005 年，第 79 页。

② ［美］余英时：《东汉生死观》，何俊编，侯旭东等译，第 79 页。

③ （宋）林希逸：《庄子鬳斋口义校注》，周启成校注，北京：中华书局，1997 年，第 82 页。

④ 钟泰：《庄子发微》，上海：上海古籍出版社，2002 年，第 468 页。

⑤ （清）刘武：《庄子集解内篇补正》，沈啸寰点校，北京：中华书局，1987 年，第 550 页。

⑥ 钟泰：《庄子发微》，第 142 页。

人自重"生"，生死相化，故"重死"①。

以上是老庄"重死"观念的论述。"重死"在于对"生"的对立面存在的关注，实质上也是老庄重生意识的另一种表达，这从老庄"生死转化"②的相关论述中就可得知。"生"与"死"的转化是老庄对生命有限性与死亡断灭性的精神性否定，这表明老庄对人之生死已然具有了理性的认知，他们以高度的理性态度看待生死。同时，也正是出于对生死的理性认知，老庄才可以基于"道""气"的宇宙本根性与本体性建构起他们的生死关系论与死亡超越的相关理论。故而，如果说重生意识是老庄真实生命体验的写照，那么，"重死"则反映了老庄对待死亡问题上的理性精神。当然，"重死"只是老子死亡观念的基础，面对死亡时的"哀死"才是老子真正的情感表达，其中也蕴含着一定的时代特征。

二、老子的"哀死"观念

"死命，重事也"（《太平经·不用大言无效诀》）是道教对"死"之于人生重大意义的论说，这可算是对老子"重死"观念的反映。既然"死"之事在老庄那里被视为"重事"，则面对现实的死亡现象时老庄必定会展现出一定的内在情感与哲学思考，这就形成了老子以"哀死"为核心的死亡观念与庄子以"乐死"③为核心的死亡观念。

（一）老子"哀死"观念的形成缘由

老子死亡观念的核心是"重死"基础上的"哀死"，是面对死亡时所表现出的人之常情。那么，老子"哀死"观念的形成原因又是什么呢，这是一个值得思考的哲学问题。

首先，春秋战国时期普遍具有的"哀死"情结是老子"哀死"观念形成的重要因素。宇宙间生命的存在是一个奇迹，这是自然的伟大之处，鲜活的生命（"生"）总是被赋予阳光、积极的一面，而生命的消亡（"死"）则常被视为灰暗、消极的现

---

① 关于此义，陆西星说："顺其自然，而不以人力与之，此便是两忘而化于道。忘而化，便是善吾生，善吾生便是善吾死，盖死生虽不一，而其一者未尝不一也。"（参见陆西星《庄子副墨》，北京：华龄出版社，2018 版，第 74 页）陆氏与钟泰一样，认为庄子"齐生死"是建立在生死自然变化的层面上的。在"齐生死"的层面，"生"与"死"同，"重生"亦即"重死"。

② 生死转化的思想在老子与庄子的哲学中都有体现。如老子说："人之生也柔弱，其死也坚强。万物草木之生也柔脆，其死也枯槁。"（参见陈鼓应：《老子注译及评介》，北京：中华书局，1984，第 330 页）"物壮则老"（参见陈鼓应：《老子注译及评介》，北京：中华书局，1984 版，第 269 页）庄子说："若死生为徒，吾又何患！故万物一也。"（参见郭庆藩：《庄子集释》，北京：中华书局，2013，第 647 页）从生到死是人生的规律，而由死到生则是老庄以打破死亡断灭性的方式超越生命的有限性。

③ 这里的"乐死"与庄子"生死互渗"（"齐生死"）的死亡超越（方式）义涵一样，并不是以死为乐，而是"以死观生"，消解世俗"乐生恶死"之情，其主要内容在于死生自然背后的生死超然理念。

象。因此，面对生命的逝去，世人普遍具有一种悲哀之情，这是人心内在真实情感的显露。孟子主张人人皆有"不忍人之心"，谓"君子远庖厨"，即对生命的敬畏与感叹。宋儒倡明"民胞物与""万物一体"的思想亦是此义，阳明甚言"见草木之摧折而必有悯恤之心焉"。由此，"哀死"情结可谓人之常情。这在老庄所处的春秋战国时期自当如此，先秦诸子①普遍具有"哀死"的死亡观念。由此，"哀死"是先秦诸子较为普遍的生死情结，在这种时代背景之下，老子看待人的死亡也不免流露出悲哀之情。

关于人之"哀死"观念，儒家最为看重，故从儒家那里可以寻得其深层次的根源。据《荀子·礼论》与《礼记·三年问》，"三年之丧"之所立者谓"称情而立文"，"情"者，人情也（郑玄曰："称情而立文，称人情之轻重，而制其礼也"②），在儒家那里，表征"哀"与"敬"的丧、祭之礼是"非作而致其情也"（《礼器》）。因此，包括孔、老、墨在内的先秦诸子之所以共持"哀死"观念，其因就在于尊重生命、敬畏生命与伤叹死亡、哀悲死亡是人类的共同情感，这也是作为"万物之秀者"的人最为真挚、最为自然的情感。

其次，有学者指出，老子的"哀死"观念与儒家比较接近，一个重要原因在于"道家理论在老子那里明显带有入世的倾向"③。相比庄子，老子思想更偏重于治国、处世，的确更具有"入世"的"积极性"，故老子对待人死的态度比庄子要更加接近世俗，呈现出人内在原有的死亡悲剧色彩。在这一点上，老子无疑与儒家较为接近。而处于战国中期的庄子面对儒家日益制度化与形式化（"哀死"之情丧失，徒有仪表）的丧葬之礼，固然肯定"其生可乐，其死可葬"（《山木》）的观念，但更加强调人们面对死亡时的发自内心的真情实感，反对徒有虚表的"虽悲不哀"（《渔父》）的

---

① 譬如孔子多次强调处丧之情要"哀"，子贡述其"生也荣，死也哀"（《论语·子张》），皆主于"性情之正"。另据《论语·述而》记载，孔子患疾，子路请祷置《诔》，朱熹注曰："《诔》者，哀死而述其行之辞也"（参见朱熹：《四书章句集注》，北京：中华书局，2012年，第338页），说明孔子之时已经出现用于哀悼死者的诔文，并被孔门所知所用。孔子之后，先秦儒家普遍追求"临死而哀"，这从《孟子》《荀子》《礼记》等儒家经典的记载中就可得知。如《孟子》言及人参加葬礼应当"颜色之戚，哭泣之哀"（《滕文公》），并说："哭死而哀，非为生者也。"（《尽心》）《荀子》认为"送死"之人若无哀戚之情"则嫌于禽兽矣"（《礼论》），身穿丧服者"哭泣之声，使人之心悲"（《乐论》），而眼见灵柩之时"吊生不及悲哀，非礼也"（《大略》）。《礼记》则更是强调丧葬之礼的悲哀之情。吕大临注解《王制》"丧三年不祭"时说："人事之重，莫重于哀死。"（参见孙希旦《礼记集解》，沈啸寰，王星贤点校，北京：中华书局，1989年，第338页）对于丧葬之礼的核心，《礼记·奔丧》以"哭尽哀"明之，要求生者"悲哀在中，形变于外，痛疾在心，口不甘味"（《问丧》）。除儒家外，墨家学者虽然主张"节葬"，但也依然强调"哀死"，如《墨子·修身》说："丧虽有礼，而哀为本焉"，"死则见哀"乃是"君子之道"。另外，即使以"乐死"为死亡观念核心的庄子，面对死亡时亦不免显露悲哀之情，如《渔父》篇中，庄子说："饮酒则欢乐，处丧则悲哀"。

② （清）孙希旦：《礼记集解》，沈啸寰，王星贤点校，北京：中华书局，1989，第1373页。

③ 刘明：《周秦时代的生死观研究》，北京：人民出版社，2013年，第112页。

"矫情伪性"①之举。故而，他强调"法天贵真，不拘于俗"（《渔父》），以"死生自然""生劳死息""以死为归"的"乐死"观念阐发自己的"达生"②（不为生死所困的超然之境）思想。

再次，老子"哀死"观念的形成与他的史官身份具有一定的关系：一方面，三代之礼中的丧葬之仪注重"哀死"之情，老子身为东周史官必定对此熟悉与深知。纵然老子对形式化的"礼"及其产生的社会危害性具有较强的批判，但不可否认"道家文化毕竟是在三代礼乐文化的滋润下孕育、生长出来的"③，这就使得老子不可能彻底割断他与三代之礼的关系。加之"哀死"又是人们普遍性的情感，故老子对死亡持有悲哀之情也在情理之中。这从老子对丧祭之礼的肯定中就可知晓。另一方面，老子"哀死"观念的实质是对生命的敬畏。"敬"的本义是"警"，具有"警戒"之义，所"警"与"敬"之物无疑是"天"，"敬天"的意义在于顺应天意与谨言慎行，这正是老子极力强调的处世之道。故而，由自然之"道"所生、所育、所成、所化的生命在老子看来是尤为值得敬畏与关怀的，对于生命的逝去也应当持有悲哀之情。质言之，"敬"是老子的处世态度，而老子之"敬"的思想根源于史官的"配天"意识。所谓"配天"，义在"顺天"，"顺天之意"的思想是周代史官对于自然天象经验的总结，史官在"授时于民"的过程中形成了"善"与"恶"的观念，对之评判的标准即是"天意"的顺应与否，"敬天"者为"善"，"逆天"者为"恶"。身为史官的老子必然注重"敬天"意识，对自然的生命也就十分敬畏。他说："道者万物之奥，善人之宝，不善人之所保。"（《老子·六十二章》）"不善人"可以"保"就在于他可以依凭"道"而及时顺应"天"之自然，所以即使"不善人"，老子也会给他"悔改"的机会，给予"所保"的可能，从中可以看出老子对生命是十分敬畏的。

（二）老子"反战"思想中的"哀死"情结

《老子》一书有两处论及"哀死"，皆与"反战"思想有关，这是因为古代社会中的战争是造成人口大面积死亡的重要因素，故老子通过对战争的批判来表达自己对生命逝去（"死"）的悲哀。老子说：

> 兵者，不祥之器，非君子之器。不得已而用之，恬淡为上，胜而不美。而

---

① 郭庆藩：《庄子集释》，王孝鱼点校，第538页。
② 庄子之"达生"，绝不是只限形养之"生"，而是具有生死皆可"通达"之义。钟泰认为"达生"之"生"兼有"生死之生"与"'生之谓性'之生"（《庄子发微》，第409页）。曹础基也说："(《达生》)养生的关键在于把生死看破……"（《庄子浅注》，第319页）从《达生》一篇的思想主旨看，"达生"不仅仅是指通达人之"生"的道理，更要通达人之"死"的道理。
③ 陆建华：《先秦诸子礼学研究》，北京：人民出版社，2008年，第12页。

美之者，是乐杀人……杀人之众，以悲哀泣之。(《老子·三十一章》)

祸莫大于轻敌，轻敌几丧吾宝。故抗兵相加，哀者胜矣。(《老子·六十九章》)

　　在这里，老子以"悲哀泣之"看待那些由于暴君好杀之行而死去的人，甚至提出罢兵停战的治国主张，认为"兵者"是"不祥之器"，是"非君子之器"，不到"不得已"时不可轻用，即使被迫出兵也要"恬淡为上"、适可而止。老子之所以持有"反战"的思想与他的"哀死"观念有关。在老子看来，生命是可贵的，生命的逝去值得悲哀，而战争则无情地夺取了众人的生命，这是多么悲哀的事情。对于老子所言"悲哀泣之"，林希逸说："泣死者而悲哀之可也"[①]，老子的悲哀之情显然是针对众人之"死"而言的。同时，从另一方面看，"老子以'悲哀泣之'对待战争中死去的众人，也道出了他悲悯天下的慈爱情怀"[②]，这是老子"以慈用兵"[③]的思想之所在。
　　"慈"，乃老子"三宝"("慈""俭""不敢为天下先")之首，既是老子伦理意识的彰显，也是其为政之道的法则，老子所谓"轻敌几丧吾宝"之"宝"即是"慈"。老子将"慈"用于兵事，"慈"义之一便是"悲悯""同情"，这与其"哀死"观念十分相符，故《老子·六十九章》云："抗兵相加，哀者胜矣。"对于这里的"哀"，诸家多以"慈"或"慈"之相关义解之，如河上公说："哀者慈仁，士卒不远于死"[④]，吴澄注曰："哀者，慈心之见"[⑤]，船山亦言："以'哀'行其'不得已'，所以敛吾怒而不丧'三宝'也"[⑥]。应当说，诸家以"慈"释"哀"，就"慈"之"悲悯"义来看，大体不差，用兵者心怀"慈悲"之情，因"天将救之"(《老子·六十七章》)，故"哀者胜矣"。不过，"哀"字，《说文解字》释为"闵也"，段注又释"闵"曰："闵，吊者在门也。引申之，凡哀皆曰闵。"[⑦]从"哀"字的本义看，"哀"与往吊死者有关，故将"哀"解为"悲哀""痛惜"较为合理，由此"哀者胜矣"则是指用兵者具有"哀死"之心，怜悯众生，不忍见人之死，故"天"使其"胜矣"。关于此义，苏辙说得明白："两敌相加，而吾出于不得已，则有哀心，哀心见而天人助之，虽欲不胜，不可

　　① (宋)林希逸:《老子鬳斋口义》，黄曙辉点校，北京：中华书局，2009年，第35页。
　　② 闫伟:《老子"三宝"：伦理与政治的统一》，《老子学刊·第十九辑》，成都：巴蜀书社，2022年，第126页。
　　③ 《老子·六十七章》说："夫慈，以战则胜，以守则固，天将救之，以慈卫之。"
　　④ (汉)河上公:《老子道德经河上公章句》，王卡点校，北京：中华书局，1993年，第272页。
　　⑤ (元)吴澄:《道德真经吴澄注》，上海：华东师范大学出版社，2010年，第99页。
　　⑥ (明)王夫之:《老子衍》，王孝鱼点校，北京：中华书局，2009年，第37页。
　　⑦ 汤可敬:《说文解字今释》，周秉钧审订，长沙：岳麓书院，1997年，第207页。

得也。"① 况且，以"慈"之"悲悯"之义作为"哀"的解释也与老子"哀死"之"哀"（"悲哀"）有相通之处，俱为怜生与伤死之情感，即范应元所谓"哀矜人命之慈者"②。故而，从老子"偃兵反战"的思想看，老子对待死亡无疑是持"哀死"观念的。

三、结　语

至此，老子的死亡观念已经明晰：老子的死亡观念是"哀死"，是面对死亡时所表现出的"人之常情"。同时，老子"哀死"观念的思想实质是对人生命价值的肯定与重视，是对生命产生的敬畏之情。老子之后，道家哲人对待死亡亦是持有悲哀的情结。庄子虽然极力倡明自然生死意义上的"乐死"观念，但出于人之常情，尤其是出于真情的"哀死"观念亦是存在于他的思想中。《田子方》一篇中，庄子借孔子之口说："吾终身与汝交一臂而失之，可不哀与？"对此，郭象注曰："夫变化不可执而留也，故虽执臂相守而不能令听。若哀死者，则此亦哀也。"③ 面对人死而离世，庄子确实也是具有常人的"哀死"观念的。再如，《至乐》中，庄子的妻子死后，他也不免"概然"。《渔父》中，庄子亦言："饮酒则欢乐，处丧则悲哀。"因此，庄子并非没有"哀死"之情，只是为了倡明死生自然之理而甚少言之，或者他追求的乃是发自内心深处的"哀死"之情，而不是"强哭"伪作的悲哀之伪色。

---

① （明）焦竑：《老子翼》，黄曙辉点校，上海：华东师范大学出版社，2009年，第168页。与苏辙看法相似者亦有其人，高亨就说："抗兵相加，有乐之者，有哀之者胜。盖哀之者存不忍杀人之心，处不得不战之境，在天道人事皆有必胜之理也。"（《老子正诂》，北京：中国书店，1988年，第239页）高亨所谓"哀之者存不忍杀人之心"即是老子"哀死"之情的另一说法，"不忍杀人"也就是对人之死抱有悲哀之心。

② （宋）范应元：《宋本老子道德经》，北京：国家图书馆出版社，2017年，第271页。

③ （清）郭庆藩：《庄子集释》，王孝鱼点校，第378页。

商周政治伦理视域下《老子》"福"思想探析

邵　江　付瑞珣*

内容提要："福"是道家经典《老子》传达其思想学说的重要载体。"福"的观念至晚在商代就已诞生，代表着华夏先民对美好生活的精神追求。其内涵在后世不断得到扩充，形成了华夏民族独有的"福文化"——《尚书·洪范》发展出了"五福"的概念："寿""富""康宁""攸好德""考终命"；韩非子则解"福"为"寿""全""富""贵"几个维度。此二者是春秋战国时代中国的"福"思想代表性学说，能反映出其时代对"福"的认知的共性。基于对《老子》文本的解读以及与二者相比证，《老子》之"福"继承自商周时期政治伦理思想精神，其肯定有"福"的生活应当包含"寿""全""富"等现实条件，却又围绕"道"这一原则，从相对主义哲学的立场出发，主张"福祸相依""无为而治"，其终极目的是实现精神世界的致"福"，这实现了对传统思维之"福"学说立场上的突破与超越。

关键词：福文化　五福　《老子》　韩非子

"福文化"是中华文明中诞生最早、延绵最长的精神文化之一。其至晚发端于商代，并延续至今，成为华夏民族独特的精神标识之一。对"福"的论解自商周到春秋战国络绎不绝，尽管各经典、各学派之间的论述略有差异，但都对"福"有着共性的认识：即其囊括了个人生命历程与生活构成的一切美好愿景。道家经典《老子》传世本唯有两处直接言"福"，故而学界对于《老子》中的"福"思想未给予足够的关注。事实上，《老子》之"福"承接商周政治伦理思想体系中的"福"思想，最早地被韩非子解读为"全""寿""富""贵"几个维度，这与《尚书·洪范》发展出

---

* 邵江（1997—　），男，贵州铜仁人，青海师范大学历史学院硕士研究生，研究方向：先秦及思想文化史。付瑞珣（1990—　），男，辽宁本溪人，青海师范大学历史学院副教授，研究方向：先秦史、中国早期伦理思想史。

"五福"的概念，即"寿""富""康宁""攸好德""考终命"具有相似之处，这些共性可成为解读《老子》中"福"思想的重要依据。在目前的学界，虽有部分研究涉及《老子》之"福"，但他们大多从老子所谓"朴素的辩证法"出发，重点论述老子的"福"思想中蕴含的福祸相依的哲学思辨，缺乏对《老子》的文本分析，并没有看到《老子》中所提及的"福"与商周时期的"福"其文义是一脉相承的，因而看不到《老子》在论述"寿""富"等主题时，实则也在表达其幸福观——导致对《老子》中"福"思想的研究走向狭隘。并且，《老子》之福祸观应当是相对主义的，而非"朴素的辩证法"。[①] 本文旨在指出《老子》对于商周时期"福"观念的继承性，并以春秋战国时代中国对"福"的认知共性，即"全""寿""富"几个维度考察《老子》中蕴含的"福"思想，并揭示出老子秉持的哲学思维对传统"福"思想的突破性。

一、《老子》文献中的"福"及其内涵

"福"这一概念至晚在商代就已诞生。在甲骨文体系中，"福"通常写作 𤔲 ，会意字，从示从畐，像双手高举酒器向牌位状，以求神祖赐福。《说文》："福，祐也"。[②] "祐"，旧义为天、神的祐助。这反映出早期中国先民一种真实的生活图景与伦理政治思想：殷先人好事鬼，他们认为只有获得神祖的庇佑，生产、生活才能有条不紊地进行，这便是"福"的最初意义——尽管这带有一定的原始宗教色彩，但实质上却反映出远古华夏先民对于美好生活的精神追求。考察《老子》文本中的"福"思想，可发现其与商周伦理政治思想之间存在着密切关联，详见下文。

作为《老子》的重要议题之一，"福"在传世本中共有两处被明确提到，先见王弼本《老子》第五十八章：

> 祸兮福之所倚；福兮祸之所伏，孰知其极？[③]

此句马王堆帛书本甲、乙本以及北大西汉竹书本与王本均略有出入，兹引文如下：

---

① 近代以来，受到西来哲学思想观念的影响，学界普遍认为《老子》之福祸观是"朴素的辩证法"，但随着近年来学界对中国哲学的认识与理解不断加深，已有部分学者对老子的"朴素的辩证法"质疑并给出新的诠释，参见张茂泽：《〈老子〉朴素辩证法问题》，《西北大学学报》（哲学社会科学版），1999年第2期；韩国良：《论老子具有辩证法思想是伪命题》，《商丘师范学院学报》2017年第4期；付瑞珣、董朝胜：《〈老子〉"朴素的辩证法"的近代构建及其反思》，詹石窗、宋崇道、谢清果主编：《中华老学》第1辑，北京：九州出版社，2019年，第310—316页。

② 刘兴隆：《新编甲骨文字典》，北京：国际文化出版公司，2005年，第14页。

③ 王弼注、楼宇烈校释：《老子道德经注校释》，北京：中华书局，2008年，第151页。

祸，福之所倚；福，祸之所伏，[孰知其极？]（帛书甲本）

[祸，福之所倚；福，祸之]所伏，孰知其极？（帛书乙本）

福，祸之所倚；祸，福之所伏。夫孰知其极？（北大西汉竹书本）

帛书甲乙本都有不同程度的残损，但两版本可互勘，可见其正确文本当为"祸，福之所倚；福，祸之所伏，孰知其极？"故而高明主张世传今本均当据帛书订正。[①] 而王弼本与帛书本的差距在于前两句均多出一个"兮"字，导致断句略有出入，北大西汉竹书本较王弼本后句则多一"夫"字。然此文本的核心要义是"福祸相依"，"兮""夫"作为语气助词并无实意，可见王弼本与帛书本、北大西汉竹书本虽有差异，然其义未变。"祸"，《说文》的解释是"害也，神不福也"。[②] 意思是得不到神祖佑助，便是为祸。综合上文对"福"的原意解读来看，此处"祸"与"福"含义相对。其后又引申为"使受灾""祸害"之意，如成语"祸国殃民"等。

提及"福"的《老子》传世文本又见其第六十五章：

故以智治国，国之贼；不以智治国，国之福。[③]

马王堆帛书本、北大西汉竹书本与其亦有不同：

故以知（智）知（治）邦，邦之贼也；以不知（智）知（治）邦，[邦之]德也。（帛书甲本）

故以知（智）知（治）国，国之贼也；以不知（智）知（治）国，国之德也。（帛书乙本）

故以智智（知）国，国之贼也；以不智智（知）国，国之德也。（北大西汉竹书本）

可见王弼本与帛书本、北大西汉竹书本最大的差别在于末句"国之福"与"国（邦）之德"二者。高明认为"福"字当为后人篡"德"字所改，但"德"与"福"义可通，因"福""贼"二字可并举为韵，其引荀子言："天子即位上卿进，如之何尤

---

① 高明：《帛书老子校注》，北京：中华书局，2020 年，第 111 页。

② 许慎撰，徐铉杨校定：《说文解字》，北京：中华书局，1963 年，第 9 页。

③ 王弼注，楼宇烈校释：《老子道德经注校释》，第 168 页。

之长也。能除患者则为福,不能除患者则为贼。"① 此句核心思想是老子主张统治者须清净少言,无为而治,如此方能治理好国家。可见,无论是"德"或"福",其均指国家治理达到的一种美好状态。"贼",《说文》解为"败也"。② 又《左传·僖公九年》曰:"不僭不贼",杨伯峻注:"贼,伤害也。"③ "国之贼",陈鼓应今译为"国家的灾祸"④。所以,"贼"的原意与"祸"一致,二者在以上两处均与"福"相对。

综上所述,尽管在《老子》文本中直接言"福"的语句屈指可数,但毋庸置疑的是,其中"福"之内涵实际上与商周时期所指的"福"其文义一脉相承。"福"作为"祸患"的对立面,它总体上代表着早期中国华夏先民对于美好生活的精神追求——这便是《老子》文献中"福"之意涵。"福"思想其实质就是对于获取美好生活的一种理性思考。

二、《老子》中蕴含的"福"思想

随着后世物质生活与精神文明不断进步,"福"的内容得到了不断扩充。《尚书·洪范》将"福"的内容进行了完整的概括与总结,运用"五行说"建构了"五福"这一概念,并固定了下来,影响于后世。《尚书·洪范》云:

> ……次九日向用五福,威用六极……五福:一日寿,二日富,三日康宁,四日攸好德,五日考终命。六极:一日凶短折,二日疾,三日忧,四日贫,五日恶,六日弱。⑤

《洪范》一篇一般被认为是箕子对周武王治国理政的进谏之言:"箕子乃言曰:'我闻在昔,鲧堙洪水,汩陈其五行。帝乃震怒,不畀洪范九畴,彝伦攸斁。鲧则殛死,禹乃嗣兴,天乃锡禹洪范九畴,彝伦攸叙。'"⑥ 这段序言表明,"五福"作为"九畴"之中的内容,是统治者所施行的治国安邦之策。在提到如何劝人向善并惩戒恶人作恶时,便可"向用五福""威用六极"。所谓五福,包含着长寿、富裕、生活安定、爱好德行、善终等五个维度的美好向往,与之相对应的则是象征厄运的"六极"。虽然"五福"与"六极"在数量上并未完全对称,但从天地阴阳的角度而言,"五福

① 高明:《帛书老子校注》,第 143 页。
② 许慎撰,徐铉杨校定:《说文解字》,第 266 页。
③ 杨伯峻:《春秋左传注》,北京:中华书局,1981 年,第 331 页。
④ 陈鼓应:《老子今注今译》,上海:商务印书馆,2003 年,第 306 页。
⑤ 孔安国传、孔颖达正义、黄怀信整理:《尚书正义》,《十三经注疏》,上海:上海古籍出版社,2008 年,第 478 页。
⑥ 孔安国传、孔颖达正义、黄怀信整理:《尚书正义》,《十三经注疏》,第 447—448 页。

六极"二者的内容、性质等属性呈对称状，其以系统客观、辩证统一的生命存在观为世人展现了古人对生命历程与生活构成的双重逻辑构造。① 可以发现，《洪范》对"福"做出的完整概括，几乎囊括了个人生命历程与生活构成的一切美好愿景。这表明，"福"在后世不断地发展与诠释中，逐渐摆脱了原有的原始宗教色彩，开始具备更多的现实意义，形成了一个庞大的系统。

老子也曾描绘过自己心目中幸福生活的场景，见第八十章：

> 小国寡民，使有什伯之器而不用，使民重死而不远徙。虽有舟舆，无所乘之；虽有甲兵，无所陈之；使人复结绳而用之。甘其食，美其服，安其居，乐其俗。邻国相望，鸡犬之声相闻，民至老死不相往来。②

此章可以说是老子之"福"思想的直观体现，童书业对此说："这实际上是一种理想化的小农农村，保持着古代公社的形式。有人说老子企图恢复到原始社会，这种说法并不妥。因为老子还主张有'国'，有统治；这种社会里还有'甲兵'，而且能够'甘其食，美其服'，这些都不像是原始社会的现象。老子只是企图稳定小农经济，要统治者不干涉人民，让小农经济自由发展，这就达到了他的目的。"③ 童书业之理解，可谓卓识。

而韩非子是对《老子》中的福祸思想最早做出诠释之人，见《韩非子·解老》：

> 人有祸则心畏恐，心畏恐则行端直，行端直则思虑熟，思虑熟则得事理，行端直则无祸害，无祸害则尽天年，得事理则必成功，尽天年则全而寿，必成功则富与贵。全寿富贵之谓福，而福本于有祸。故曰："祸兮福之所倚。"以成其功也。人有福，则富贵至；富贵至，则衣食美；衣食美，则骄心生；骄心生，则行邪僻而动弃理。行邪僻，则身死夭；动弃理，则无成功。夫内有死夭之难而外无成功之名者，大祸也。而祸本生于有福。故曰："福兮祸之所伏。"④

通过韩非子的解读，可以窥见《老子》中的"福"之内涵包含着富、贵、寿、全等一列象征美好的内容。结合童书业之解读，不难发现老子并非不重视物质文明，他构建的理想社会中，"什伯之器""舟舆""甲兵"一应俱全，老百姓"甘其食，美

---

① 张方圆：《简论〈尚书〉"五福"的生命智慧》，《华夏文化》2023 年第 4 期。
② 王弼注，楼宇烈校释：《老子道德经注校释》，第 190 页。
③ 童书业：《先秦七子思想研究》，济南：齐鲁书社，1982 年，第 135 页。
④ 韩非著，高华平、王齐州、张三夕译注：《韩非子》，北京：中华书局，2010 年，第 193 页。

其服，安其居，乐其俗"，可见百姓之生活是相对富足的，而"民至老死，不相往来"想表达的是邻国之间和平相处，互不打扰，人民都能自然"老死"，这其中又包含着"全""寿"两种元素。而《尚书·洪范》中"五福"实则也包含着"富""寿""全"（康宁、考终命）等元素，可见，在先秦时期，人们对"福"的内容都存在某些共性的认识，下文若以"富""寿""全"几个方面来考察《老子》之"福"当是契合老子思想的。不揣谫陋，以见教于方家。

（一）寿

长寿是古人恒久追求的主题。寿最早出现在西周金文中，[①]《说文》："寿，久也"，[②]指生命长久之意。《尚书正义》为之注曰"百二十"，[③]这虽然有夸大、臆想的成分，但后世的《尚书·洪范》将"寿"列为"五福"之首，足以见中国古代先民对"寿"的重视。古人对"寿"的推崇可从两方面窥见：

其一是经典典籍对"寿"这一概念的多次提及，如《诗经》中直接言"寿"字的诗歌就多达十六篇。《秦风·终南》诗曰："佩玉将将，寿考不忘。"[④]"忘"通"亡"，"不亡"即是"不已"之意，"寿考不忘"则为"万寿无疆"之意。"寿考不忘"一语在《小雅·蓼萧》中亦有出现，除此之外，"万寿无疆"一语在《豳风·七月》《小雅·天保》《小雅·南山有台》《小雅·楚茨》《小雅·信南山》《小雅·甫田》等诗篇中重复出现，足可见先秦时期的先民对长寿的向往，他们甚至希望能万寿长年、没有止境。

其二是经典典籍对长寿人物形象的塑造——对于上古圣王的描写尤为如此。据传黄帝的寿命就超过百年，"在位百年而崩，年百一十岁矣"[⑤]。又《尚书·舜典》言："舜生三十征，庸三十，在位五十载，陟方乃死。"[⑥]按此推算，舜年三十被征召，以臣子身份服事三十载，又在位五十载，舜帝与黄帝一样亦当享年百一十岁。黄帝与舜帝的寿命虽很符合《尚书正义》对"寿"的定义，但黄帝与舜帝的时代距今数千年，彼时人可如此长寿实难让今人信服，更勿论彭祖寿八百年的神话了。本文研究认为，之所以出现这种荒唐的记载，一方面是出于古人对圣王、神人的崇敬，如孔子就提出"仁者寿"[⑦]的观点，《中庸》也言："故大德必得其位，必得其禄。必得其

① 李学勤主编：《字源》，天津：天津古籍出版社，2013 年，第 741 页。

② 许慎撰，徐铉杨校定：《说文解字》，第 173 页。

③ 孔安国传，孔颖达正义，黄怀信整理：《尚书正义》，《十三经注疏》，第 478 页。

④ 中华书局编，陆费逵、高野侯等辑校：《毛诗》第十八卷，《四部备要》，北京：中华书局，1989 年影印本，第一册，第 52 页。

⑤ 皇甫谧：《帝王世纪》，刘晓东等点校：《二十五别史》，济南：齐鲁书社，2010 年，第 6 页。

⑥ 孔安国传，孔颖达正义，黄怀信整理：《尚书正义》，《十三经注疏》，第 111 页。

⑦ 陈晓芬、徐儒宗译注：《论语·大学·中庸》，北京：中华书局，2011 年，第 70 页。

命，必得其寿……"① 这其中暗含儒家对于"寿"的一种观点：黄帝、舜帝作为有仁德的圣王，他们理应是能获得长寿的。而另一方面，也是出于古人对于长寿的美好向往之情，亦只有黄帝、舜帝等有大德之人，方能长寿。

而道家对于"寿"是什么样的态度呢？《老子》中直接阐述"寿"的语段见于第三十三章，兹引文如下：

> 知人者智，自知者明。胜人者有力，自胜者强。知足者富，强行者有志，不失其所者久，死而不亡者寿。②

据陈鼓应解读，此篇所讲个人修养与自我建立。"不失其所者久"与"死而不亡者寿"二句形成对仗，其义为：不离失根基的就能长久，身死而不朽的才是长寿。③老子于此显然将"寿"的内涵从现实层面上升到了精神层面。"死而不亡"，王弼注曰："身没而道犹存。"④身没，代表着人的归宿仍然是走向死亡。既如此，何为寿？如何达到"久"与"寿"？老子显然更强调追求精神世界的长久——引文前四句与后二句并非割裂的，而是呈一种因果关系，一个人若能做到"自知""自胜""自足""强行"，即省视自己、坚定自己、约束自己，并且勤勉力行，如此便能"不失其所"以至"长久"，"死而不亡"以至"寿"。这样便能延长其精神生命与思想生命——这实则是一种修行的理念，由于《老子》始终围绕"道"这一主题，"寿"在其思想中便也超脱了世俗的定义，生命长久是为寿，但人确有"身没"的终局，如若一个人即便肉体朽化而道犹存，这才是更高层级的"寿"。

值得注意的是，儒家对于"寿"的看法与老子存在某些相通之处，据《大戴礼记·五帝德》载：

> 宰我问于孔子曰："昔者予闻诸荣伊，言黄帝三百年。请问黄帝者人邪？亦非人邪？何至于三百年？"⑤

尽管长寿是人的本能追求，但是心怀理性之人仍然能意识到人终是会去世的，并产生疑问，譬如说宰我——黄帝虽作为上古圣王，但其寿命达三百年仍然是一件

---

① 陈晓芬、徐儒宗译注：《论语·大学·中庸》，第 315 页。
② 王弼注，楼宇烈校释：《老子道德经注校释》，第 84 页。
③ 陈鼓应：《老子今注今译》，第 202 页。
④ 王弼注，楼宇烈校释：《老子道德经注校释》，第 84 页。
⑤ 王聘珍：《大戴礼记解诂》，北京：新华书局，1983 年，第 119 页。

匪夷所思之事。孔子基于黄帝是人王的立场对宰我做出解释："……生而民得其利百年，死而民畏其神百年，亡而民用其教百年，故曰三百年。"① 可见孔子对于黄帝寿命长达三百年的传闻也是持怀疑态度的，故而他只能将这个荒唐的传闻解释为：作为圣王的黄帝以其功德造福了子民百年，（黄帝去世后）人民诚心服从他功业百年，又遵循其教化百年，谓之三百年。孔子于此做出的解释，实际上亦将"寿"这一命题提升到了精神层面。在其看来，黄帝被传三百年寿命实际上不是指其生理寿命如此之长，而是他的伟大功德被人民铭记数百年，这才是真正的"长寿"——这实则与其提出的"仁者寿"思想暗合，亦与老子对"寿"的态度有相通之处，在二者看来，人是会走向死亡的，不会真的达到"万寿无疆"的境地，但是人可以通过自我造化，以达到精神世界的长久与长寿。儒家讲求修仁德，做道德高尚之人，以造福于人。而道家讲修"道"，《老子》第七章言：

> 天长地久。天地所以能长且久者，以其不自生，故能长生。是以圣人后其身而身先，外其身而身存。非以其无私邪？故能成其私。②

长生是寿的另一种表达方式。老子认为，天与地是恒久不灭的，其原因是"以其不自生"，即天地的运转不是为了自己。引申于人，即一个人须不以自己的利害优先，先人而后己，方能受到大家爱戴。如此，一个人便能得道，便能成就自己的理想生活，这何尝不是另一种形式的寿？如大禹，其一心治水，为天下百姓的利害而奔走，自己三过家门而不入。他为了治水"身执耒臿以为民先，股无胈，胫不生毛……"，③ 所以大禹成为后世铭记的圣王。即便大禹身死，其治水精神以及给人民带来的福祉却成就了大禹的功名。

综上所述，我们能窥见道家思想的"寿"是超脱于世俗的，人的生命长短是世俗的寿，但是得道才是至高的寿。要如圣人一样，行为没有贪私的心念、先人后己，此即一种得道的方式。

（二）富

"富"，《尚书正义》注之曰"财丰备"，④ 意为家境殷实、财产丰厚——这是世俗观念下的"福"。"福"发展出"富"的内容实与其时代背景有关。在春秋战国时代，随着铁器牛耕的发展，井田制逐步崩坏，荒地也得到开垦，生产力的巨大进步必然

① 王聘珍：《大戴礼记解诂》，第 119 页。
② 王弼注，楼宇烈校释：《老子道德经注校释》，第 19 页。
③ 韩非著，高华平、王齐州、张三夕译注：《韩非子》，第 700 页。
④ 孔安国传，孔颖达正义，黄怀信整理：《尚书正义》，《十三经注疏》，第 478 页。

伴随着生产关系的调整——土地私有逐渐获得承认，土地买卖成为可能，这大大刺激了商业的发展。依靠经商获得财富与地位成为现实，在这一时期，涌现了诸如范蠡、子贡、吕不韦等不少巨贾——这是春秋战国时代发展的真实写照。《老子》第九章言：

> 金玉满堂，莫之能守。富贵而骄，自遗其咎。功遂身退，天之道。①

此处"金玉满堂"就是形容家资丰厚之意，故下文的"富贵"自然指的是由"金玉满堂"带来的生活上的富足与地位上的显赫。老子认为，即便是金玉满堂，但也有可能有一天钱财散尽。因此要不露富、不夸富，若因身处富贵之中而自骄，常常会自取祸患——这反映了老子的相对主义哲学。老子意在通过"富贵"这一主题，警示世人要懂得知足。一个人在功成名就之后，要及时身退，切不可自满自骄，这才是长久之道。在第三十三章中有"知足者富"一语，亦将对"富"的内涵提升到了精神层面。金玉满堂固然是富的表现，但是要在心理上知足，这才是"富"的终极意义。因为钱财皆乃身外之物，可能有散落的一天，而内心的自足才是最恒久的财富。只有自足，不自满自骄，方才能守住金玉，方能功成身退——这是老子向世人传达的"急流勇退"的处世哲学。

范蠡是深谙这一哲学的典型代表。其助越王勾践灭吴之后，面对勾践提出的"与之分国"提议，范蠡深解"飞鸟尽良弓藏"之理，选择平稳隐退，"乃装其轻宝珠玉，自与其私徒属乘舟浮海以行，终不反"。范蠡带着钱财渡海赴齐，专心治产，"居无几何，致产数十万"。在这之后范蠡非但没有自骄自满，而是"尽散其财，以分与知友乡党……"，以至于后世纷纷将其奉为商圣、财神。②

范蠡能够功成身退的主要原因就在于他懂得自足、急流勇退，是契合老子"知足者富"精神的典型案例。冯友兰也曾说，范蠡之言多似老子处，恐即老学之先河也。③综上所述，我们似乎能发现老子哲学中一条清晰的线索：老子肯定"福"的现实意义，却又超然于现实，更强调精神世界的自得，产生了一种人文主义精神的跃升。后文对此有详细论述，先按下不表。

（三）全

《说文》"全，完也"，④指完整、完备之意，后又衍生出"保全"之意。《老子》

---

① 王弼注，楼宇烈校释：《老子道德经注校释》，第21页。
② 范蠡之事迹见《史记·越王勾践世家》与《史记·货殖列传》。
③ 冯友兰：《中国哲学史》，上海：商务印书馆，2011年，第47页。
④ 许慎撰，徐铉杨校定：《说文解字》，第161页。

第二十二章言："曲则全，枉则直。"① 其意为委曲反能保全，反能伸展。如何保全己方，小到关乎个人身家性命，大至关乎家国命运。从《老子》的性质来看，它既是讲个人修行的处世哲学，又是讲治国安邦的政治学说，所以讨论"全"必须从这两个方面去考察：

第一，于个人而言，须懂得功成身退。《老子》第九章言："功遂身退，天之道。"② 在论及"富"这一主题时，老子已经向世人传达了一个道理：一个人在功成名就之后，要及时身退，切不可自满自骄，这才是长久之道。范蠡之事即此例也，兹不再论。

第七章又言："是以圣人后其身而身先，外其身而身存。"③ 老子以圣人的处世哲学为例，认为圣人正是因为谦卑才能居人先、受人爱戴，不计生死反而能保全性命。号召世人要像圣人一样不妄争先、知退让，这才是保全之道。

第二，于统治者而言，须少言无为。《老子》第五章言："多数言穷，不如守中。"④ "言"意指声教法令，"多言"即是"政令繁多"之意。如果统治者制定的政令烦苛反而会加速家国败亡，不若持守虚静。所以对于统治者而言，要施无为之政，切忌政令烦琐，这是国祚长存的保证。

对此老子也给出了一些具体建议，见第七十五章：

> 民之饥，以其上食税之多，是以饥；民之难治，以其上之有为，是以难治。民之轻死，以其求生之厚，是以轻死。⑤

老子指出，人民食不饱腹是因为统治者"食税之多"，所以其明确反对苛征。与此同时，老子也明确提出反对严峻的刑法，见七十四章：

> 民不畏死，奈何以死惧之！若使民常畏死，而为奇者吾得执而杀之，孰敢？⑥

综上所述，不论是个人的命运抑或国家的命运，老子总是围绕"退让"这一命题：个人功成名就之后，要及时退让，这样才能保全自己已经获得的财富与名利。

---

① 王弼注，楼宇烈校释：《老子道德经注校释》，第 55 页。
② 王弼注，楼宇烈校释：《老子道德经注校释》，第 21 页。
③ 王弼注，楼宇烈校释：《老子道德经注校释》，第 19 页。
④ 王弼注，楼宇烈校释：《老子道德经注校释》，第 14 页。
⑤ 王弼注，楼宇烈校释：《老子道德经注校释》，第 184 页。
⑥ 王弼注，楼宇烈校释：《老子道德经注校释》，第 183 页。

与此同时，要像圣人一样先人后己，这也是谦让、退让的处世哲学，如此反而能保全性命。最后，身为统治者，更要"退让"，不以政令约束民众，施无为之政，这样才能长治久安。归根结底，这里折射出的仍然是《老子》"清净无为"的思想核心。

二、《老子》"福"思想映射的哲学思维

《老子》作为一部哲学著作，与作为施政之策的《尚书·洪范》相比，尽管其强调幸福的生活应当是建立在现实条件之上的，但其往往又超脱其现实意义，如"富"，老子认为"知足者富"；又如"寿"，老子认为"死而不亡者寿"等。这反映出老子在传统的"福"思想之上实现的人文主义精神的跃升与突破，可总结其有如下特点：

（一）始终围绕"道"这一原则

"道"是贯穿《老子》全书的核心论题，是老子哲学的中心观念。道是一切存在的根源，是自然界最初的发动者（the primordial natural force）……道不仅仅创造万物，还内附于万物以畜养它们、培育它们。① 道本是形而上的，但当其落实到人生层面，成为我们生活准则的，这一层次的"道"便称为"德"。故而，人的言行需受到"道"（抑或"德"）的支配，强调应当"无为而治"，意指顺应事物自身的状况去自由发展，而不以外在的强制力量去约束它。② 故而，对于如何致福，老子也始终强调要顺应"道"，《老子》第六十五章言：

> 古之善为道者，非以明民，将以愚之。民之难治，以其智多。故以智治国，国之贼；不以智治国，国之福。知此两者，亦稽式。常知稽式，是谓玄德。玄德深矣，远矣，与物反矣，然后乃至大顺。③

老子于此阐述了他的治国理念，认为应当不以智治国，为政真朴。陈鼓应引范应元曰："不循自然，而以私意穿凿为明者，此世俗之所谓智也。"④ 所以老子认为，不以智巧治国，才是国家的福祉，人民方才能获得"福"。引申于个人，则也要"清净无为"，不争不抢，方才能获得"福"。

（二）"福祸相依"的相对主义哲学

《老子》的核心思想在于"道"，但是"道"并不是一成不变的，它处于周而复

① 陈鼓应：《老子今注今译》，引论，第 26 页。
② 陈鼓应：《老子今注今译》，第 34 页。
③ 王弼注，楼宇烈校释：《老子道德经注校释》，第 167—168 页。
④ 陈鼓应：《老子今注今译》，第 305 页。

始的运动之中，正所谓"周行而不殆"。① 道创造世间万物，一切现象均是在相反对立的状态下造就的，"福"与"祸"这一组对立的元素亦然。见《老子》第二章：

> 故有无相生，难易相成，长短相较，高下相倾，音声相和，前后相随。②

又见《老子》第五十八章：

> 祸兮福之所倚，福兮祸之所伏。孰知其极？其无正？③

童书业为此评论道：

> 在老子的辩证法中，辩证法的因素是比较显著的……老子至少已经知道矛盾统一的规律，相反的东西是可以相成，例如没有"有"，也就没有"无"；没有"难"，也就没有"易"；没有"长"，也就没有"短"等等。同时他又知道相反的东西可以相互转化，例如"美"可以转化成"恶"，"善"可以转化为"不善"。因为每件事物之中，都包含有否定本身的因素，例如"祸"是"福之所倚"，"福"是"祸之所伏"；相反相成，变化无展，所以说"孰知其极"。"正"可以变成"奇"，"善"可以变成"妖"。这种观察事物的辩证法，是老子哲学上的最大成就。④

童书业之观点代表着近代以来大部分人对《老子》哲学思想的态度，认为其是一种"朴素的辩证法"思想。然此种观点是近代以来西学东渐背景下，以西方思想和话语体系生成的，值得反思。老子学说中所谓对立、量变、否定等思想的目的是解构西周以来形成的伦理观念，为其"小国寡民""无为而治"的政治主张奠基，其更与《庄子》的相对主义接近，而非辩证法。⑤ 在老子看来，既然道在推动着世间万物不断运动，那么万事万物处于一种恒久不变的状态是无法实现的，所以，老子的思想是否定"绝对"的，这对于福祸观念亦是如此，在遭受劫祸之时，幸福倚傍其中，当处于幸福中时，祸害却可能在其中悄然酝酿——这是老子的"福祸相依"的

---

① 王弼注，楼宇烈校释：《老子道德经注校释》，第 63 页。
② 王弼注，楼宇烈校释：《老子道德经注校释》，第 6 页。
③ 王弼注，楼宇烈校释：《老子道德经注校释》，第 151 页。
④ 童书业：《先秦七子思想研究》，第 119 页。
⑤ 付瑞珣、董朝胜：《〈老子〉"朴素的辩证法"的近代构建及其反思》，詹石窗、宋崇道、谢清果主编：《中华老学》第 1 辑，北京：九州出版社，2019 年，第 310—316 页。

相对主义哲学，这与强调对立统一、否定之否定的辩证法存在一定区别。

老子从相对主义的视角出发，否认"福"与"祸"存在的绝对性，主张"福祸相依"，其意图警醒世人：要想致福，个人唯有不争不抢、清静无为，统治者唯有少智少言、无为而治，因为"福"是主动追求不来的，过于渴求，只会等来祸患。不惧祸患（即不怕失去"富""寿""全"），内心自足，如此才会致福——这是精神层面上的获取方式。

综上所述，《老子》围绕"道"这一核心思想，首先肯定寿、富、全这些元素的实际意义，却又超然于其实际意义，这皆源于老子对其理想的幸福社会的认知，即一种小国寡民式的"乌托邦"社会。为此，老子遭到不少质疑与误解，如被认为其无为思想是消极的，陈鼓应则认为"老子的'无为'，并不是什么都不做，并不是不为，而是含有不妄为的意思"，[①]可谓卓识。一个幸福的社会是不能完全脱离物质生活的，商周先民在向神祖祈福以渴求美好的物质生活时，这何尝不也是一种精神寄托呢？因而，老子对其理想的幸福生活的设想，本质上仍然如同商周先民一样，蕴含着对美好生活的积极追求之精神，其关于"福"的思想对于先人"福"思想是延续的、同质的——甚至于当今社会同样如此。

结　语

综上所述，从"福"之内涵的发展角度来看，尽管《老子》传世本中直接言"福"的章句仅有两处，但这并不意味着《老子》中"福"思想并不丰富：结合前人的论解与今人的研究，可见"全""寿""富"等主题也在表达着老子的幸福观。与此同时，作为哲学著作的《老子》，除了关注客观现实条件，更注重获得精神世界的满足，这才是最高层级的"福"。

---

① 陈鼓应：《老子今注今译》，第53页。

老子"不尚贤"思想与自我接纳

黄慧甜[*]

内容提要： 在对老子《道德经》第三章中的"不尚贤"进行解释时，历代学者都倾向于把重点放在对"贤"字的辨析上，以从中剖析老子对"贤"的态度及其政治思想。本文将解读重点放在"尚"字上，结合老子"道法自然"的世界观，阐释了老子反对比较的平等思想及自我接纳的健康心态，通过与现代心理学的对比，拓展了老子思想对现代人的精神价值。

关键词： 老子　不尚贤　自我接纳

《老子》通行本第三章共六十余字，始于"不尚贤"，终于"无不治"，一般解读本章时常常会从治国的角度，来探析老子对于贤能的态度以及治国的手段，这种解读角度存在一定的争议。有些学者将本章视为老子主张愚民政策的证据，也有些学者认为老子的"常使民无知无欲"并非愚民，而是希望用一种无为的手段来达到"无不治"的目的。以上两种观点都是建立在本章是为统治者而言说的前提下，本文尝试从普通民众的视角，结合老子整体的世界观，来阐释为何"不尚贤"能够达到"无不治"的理想状态，以及老子本章所说的圣人之治的措施对于普通人来说有什么价值。

一、老子不尚贤观点解读

《老子》第三章的原文如下：

> 不尚贤，使民不争。不贵难得之货，使民不为盗。不见可欲，使民心不乱。

---

* 黄慧甜，河南周口人，四川大学道教与宗教文化研究所硕士研究生。

是以圣人之治，虚其心，实其腹，弱其志，强其骨。常使民无知无欲，使夫智者不敢为也。为无为，则无不治。①

《老子》注释中成书最早的是汉初的《老子河上公章句》，其中对"不尚贤"一句的注释为：

贤，谓世俗之贤，辩口明文，离道行权，去质为文也。不尚者，不贵之以禄，不尊之以官。②

"贤"就是世俗标准之下的所谓贤人，这样的贤人能说会道，不遵循着大道使用权力，浮夸虚华。"不尚"，即统治者不向这样的人提供钱财官禄，这样就使得人们不去竞相追逐功名利益，返归自然。这里，《老子河上公章句》对"贤"字进行了反义的理解，所否定并非"贤"本身，而是用"贤"作为矫饰以迎合世俗标准的虚伪之人。这种人丢弃对贤能本质的追求，而致力于营造美好的表象，实际上是对"贤"的背弃，这里只是在否定那些失去朴素本质而夸耀贤能的造作行为，本质仍是推崇真正的"贤"的。

三国曹魏时期经学家王弼在《老子道德经注》中则认为：

贤，犹能也。尚者，嘉之名也。③

王弼将"贤"解释为才能，"尚"，即嘉奖鼓励。这里是对"贤"的正义理解，首先肯定了"贤"本身是存在价值的，但他紧接着提出："尚贤显名，荣过其任，为而常校能相射。"推崇贤能就会过分彰显名声，使得个人获得的荣誉超出其本身应有的能力和价值，导致人们争强好胜，热衷于在相互比较中获得胜利。这里的问题实际上并不在于贤能本身，而在于崇尚贤能的行为会给社会带来一系列不好的后果。而且，"唯能是任，尚也曷为？"如果社会本来就是以才能为根据来决定人才的任免，又何必去强调和推崇贤能呢？这本身就应该是合情合理的应有状态，常态是不需要被特别强调的，除非这个状态已经受到了破坏。

以上两种注释代表了对"不尚贤"一章主要的两种解读方向，二者的差异主要在于对"贤"字的解释上：一种对"贤"做反义解，将之解释为迎合世俗标准的所

---

① 陈鼓应：《老子今注今译》，北京：商务印书馆，2003年，第86页。
② 王卡：《老子道德经注河上公章句》，北京：中华书局，1993年，第10页。
③ 楼宇烈：《老子道德经注校释》，北京：中华书局，2008年，第8页。

谓"贤人",其实际并非真正贤者;一种将"贤"作正义解,理解为"贤能"本身,这两者的差异也是历代对本章进行注释时的主要争论所在,本文暂且不论。

但王弼的解读又另外强调了对"尚"这一行为的批判,即认为"贤"本身是合乎情理的,问题在于社会对"贤"的推崇导致了人们的纷争,社会按照既有秩序运转的话,并不需要对某种特质的推崇。正如《老子》第十八章所言:"大道废,有仁义;国家昏乱,有忠臣。"①所以对"贤"的推崇也是不自然的,是在已经失去了本质的"贤"以后的一种不合理状态,这种推崇非但无法达到理想的效果,反而会导致社会混乱。王弼的解释是从社会整体以及结果导向的角度,向统治者解释为什么不能够采用"尚贤"的统治手段,以及应该如何安排人才和治理国家,这实际上也是自古以来对老子解读的主要方向,即将之作为帝王南面之术。但《老子》作为道家的开创之作,其核心在于对"道"的体认和运用,而"道"是总体规律,不仅适用于社会整体,也同样适用于个体,也可以从普通人的视角来理解"不尚贤"是如何对个人起作用的。

本段中,"不尚贤、不贵难得之货、不见可欲"是三种具体措施,即不去在社会中推崇称赞所谓贤能之人,不去珍爱稀少难得的东西,不将容易激起人贪欲的东西暴露在民众面前,进而达到使百姓"不争、不为盗、民心不乱"的效果。由此可以看出,老子并没有将百姓的纷乱归咎于其自身,因此并不主张靠百姓的意志力去遵守社会秩序以达到完美的境界。老子认为,百姓的纷争、偷盗、民心扰乱是由于特定的社会环境和刺激所引起的,为了避免这样的事情,应该制止刺激因素的出现,而不是一味地对百姓进行惩罚和规训,企图用法律或道德等外在枷锁来让百姓遵循某种既定秩序。

那么从个体的角度看,为什么只有避免刺激的出现才可以维持平和的状态呢?这一点需要从老子哲学的整体来进行理解。

老子哲学的核心是"道","道"即世间万物的总则,"人法地,地法天,天法道,道法自然"②。法即法则、效法。道法自然,这里的"自然"不是道的属性和活动方式,而是"万物"和"百姓"的属性和活动方式,所以道法自然的意思应该是"道遵循万物的自然"。王弼在《老子注》中将之解释为"道不违自然",即"道"纯任"万物的自然"。"自然"一词是老子首先发明和使用的,并不是我们现在所称的自然界的意思,老子所说的"自然"是指事物的"自己如此""自我造就",进而可以引申出"不要勉强和强迫"的意思。这一词汇是用来说明万物和百姓的活动方式和状态

---

① 陈鼓应:《老子今注今译》,北京:商务印书馆,2003年,第145页。
② 陈鼓应:《老子今注今译》,北京:商务印书馆,2003年,第169页。

的，并不是说明道和圣人如何。①因此，在老子看来，道生育、包容万物，同时遵循顺应万物本身的状态，不对其进行任何的干涉，任其自由发展。笔者认为，这正是道家哲学不同于其他诸家的深刻之处，在人们都执着于改变自我或环境以达成某种目的的时候，老子提出，真正的智慧是接纳万物的本真状态，恢复世界的素朴自然。因为任何的矫正和强行改变都是一种有为，是违反事物的惯性的，因此必然无法长久，这就会导致自然秩序的混乱。

因此，我们再次返回第三章，"不尚贤，使民不争"，可以解读为，老子反对的并不是"贤"本身，而是"尚"这个行为。这个行为对个人产生影响时主要有两个层面的发起者，一是统治者，二是个人自身。统治阶层对某种特质的推崇会导致整个社会的效仿追随，所谓"上行下效"是也。而普遍个人对某种特质的推崇一方面会影响自身心境，另一方面也会塑造整个社会的风气，进而反过来加强个人的执念。我们接下来主要讨论的就是从个人出发的"尚"。

二、"尚"引发的比较与欲望

"尚"即崇尚，也可通"上"，不管是崇尚还是向上，都是一个单向的动作。《老子》第二章说："有无相生，难易相成，长短相较，高下相倾。"②任何含有偏向性的动作都是有着对立在其中的，有上即有下，有高即有低。有了"上"，自然就衬托出了其反向的存在，因此其自身就隐含着对比、相较的意思。而所谓比较，在自然界是不存在的，因为比较意味着不接受事物的当下，是向外确定自身的存在，同时含有不满、强求、改变的意味。

生物有自身本然的存在状态，其存在就只是存在本身，而对其存在的各种描述、理解、评价，都是人类价值体系内的判断。一旦有了价值判断，事物的本然状态就会被破坏，无法完全地沉浸于当下，即老子所谓"朴散"，素朴的浑然一体状态破坏后，才会出现各种各样不同的具体形式，"朴散即为器"，此时事物的价值是被使用者从外在进行规定的，因此只能成为"器"。对于个人而言，他人将自己作为物化的"器"进行对待，个人的主体性遭到破坏，会从对自我内在的追求陷入对外在价值序列的追求之中，即所谓心逐外物。而外在的价值是由他人掌握的，个人就此也就丧失了自身的主导权。同时，这种价值的评判是没有尽头的，相应的对其追求也没有尽头，越是追逐，越是难以得到。

对于社会而言，一旦有了对所谓美的崇尚，也就会相应地出现其相反的状态，

---

① 王中江：《道与事物的自然：老子"道法自然"实义考论》，《哲学研究》2010年第8期。
② 陈鼓应：《老子今注今译》，北京：商务印书馆，2003年，第80页。

民众也会失去其安居乐业的质朴状态。区分、比较、等级划分，会引起人们对现状的不满，对他人的羡慕嫉妒，对所谓好的事物的争夺，社会就会出现混乱。

"不贵难得之货，使民不为盗"，同样的，激起民众偷盗心理的并不是难得之货本身，而是"贵"。事物之存在本身是平等的，上天以万物为刍狗，理所当然地平等对待自己的造物。但是人们的价值观对物进行了分化，有了贵贱，就会激发人们的所谓珍贵事物的占有欲。"不见可欲，使民心不乱"，民心之乱是因为欲望的扰乱，而欲望的产生是由于"可欲之物"的出现。紧接着老子提出圣人之治应该是"虚其心，实其腹，弱其志，强其骨"，这里我们需要分辨，老子所说的欲望到底是什么？这种欲望是如何被激发的？

首先，老子虽然提倡见素抱朴、少私寡欲，但寡欲并非无欲，老子对人的生理基础需求是持肯定态度的。第三章后第二部分强调了圣人之治的理想状态首先要满足"虚其心，实其腹；弱其志，强其骨"的条件。心与志，是人类的主观感受和观念；腹和骨，则是人类作为动物所必需的物质条件。老子主张要虚心弱志，实腹强骨，也就是说要满足人类作为生物的合理的、基本的物质需求，满足人作为自然造物一面的原始现实，真正要削减和克服的，是那些人类脱离了正常生理心理需求以外的过分的追求。在第八十章对理想社会的描述中，老子也写道要"甘其食，美其服，安其居，乐其俗"①，这里甚至对如何满足衣食住行的欲望满足进行了具体的描绘。实际上，老子恰恰肯定了生命欲望的合理性，并且要求对其进行满足，他所反对"欲"指的是超出正常生命所需的、放纵之"欲"。这种非自然的欲望在浑然一体的自然界实际上并不会出现，草原上的狮子在吃饱后并不会继续追求猎取每一只出现在视野中的猎物，也不会去寻求自身不需要的东西。而所谓过分之"欲"，正如《老子》第十二章所说："五色令人目盲；五音令人耳聋；五味令人口爽；驰骋畋猎，令人心发狂；难得之货，令人行妨。"②繁复的颜色、靡乱的音乐、精美的食物、刺激的活动，都是在满足了人的生理欲望之后的过度追求，对这些欲望的放纵会导致人的心神迷乱。这是因为，自然万物有自己的本性，所以生理需求是有限的、可满足的，是可控的，这也是作为动物的有限性一面。而在摆脱了现实的精神世界，人的欲望是可以无穷膨胀、没有上限的，甚至越是满足这种不合理的需求，越会滋长更为旺盛的欲望，使得人不得不一直处于过度的追求、争抢之中，对自己和社会都会带来巨大的伤害。所以老子主张人们要合理地对待自然的欲望，减少自己的私心和过度的欲求，恢复作为自然生物的素朴状态。

---

① 陈鼓应：《老子今注今译》，北京：商务印书馆，2003 年，第 345 页。
② 陈鼓应：《老子今注今译》，北京：商务印书馆，2003 年，第 118 页。

　　从"不尚贤"一句可以发现，真正激发民众欲望的并非"贤""难得之货"或"可欲之物"本身，而是社会对这些事物的推崇，只有在这些事物被赋予了过高价值之后，才会刺激到民众进而使之产生欲望和争夺。这些欲望本身不属于"自然"，它不是人自发的本能需求，而是被外界构建出来的。而建构这种欲望的方式，正是通过对生活中的事物进行各种方面的比较、判断、分级，建立一整套完整的层级之后，自然就产生了高下、贵贱，人们在这样的价值体系中寻找自己的定位，同时觊觎那些价值排序中处于上位的东西，这种觊觎就是所谓的欲望。这种欲望的出现恰在于"见"，即人们对于他人欲望的模仿以及对于欲望对象的看见。法国哲学家基拉尔认为，人永远不是自身欲望的根源，欲望永远源自被模仿的第三者——一个既是楷模又是对手的介体。模仿另一个人的欲望必然会导致将这个人当成模仿的同时也变成竞争对手，从而引发为争夺同一目标对象的冲突和对抗。这种欲望具有冲突性和传播性，然而又永远无法达到其根本的目标，最终会导向失败和死亡。[①]

　　基于以上解读可以认为，最后一部分的"使民无知无欲"一句，并不是主张使百姓成为没有智慧和知识、压抑正常欲望以便于统治者驱驰的愚民政策，而是指让人们恢复与道合一的自然状态，不去追求过度的机巧智谋，也不去滋长过于旺盛的欲望，这样才能达到"使夫智者不敢为也"的效果。那些倚仗智力搅乱自然的所谓智者不能轻易挑动民众的神经，整个社会才能长久地保持和谐的自然状态。"道法自然"，正因人是有限的动物，不可能通过自己的智力机巧达到像大道一般妥善安排万物的和谐状态，所以人应该学会顺应大道，让万物回归处在大道规则内彼此和谐的原初运行轨道，这样自然就能达到物各有其处的大治了。

　　从个人的角度来说，无知无欲，实际上指的是不再去追求一种过度的欲望，而是完全地接纳和回归自身的自然状态。虽然大道视万物如刍狗，但是万物本身是彼此不同的，各有各的本性所在。因此，每个人实际上都有自身特有的能力和价值，当社会不再构建某种固定的价值体系之后，人们反而能够返归自身，去发现自己的特性，然后遵循自身的自然状态，去发挥自己的价值。老子的弟子文子认为，"不尚贤者，言不放鱼于木，不沉鸟于渊"[②]，即是说尊重个体的天性，让每一个生物都在合适的环境顺应自己的自然本性。外在的社会价值体系是有局限的，不可能满足所有个体的特性，所以必然会出现错位，背离人的自然本性，导致人们的天性被摧毁、破坏。因此社会不应该"尚"，不应该建立过于狭隘单一的评价体系，而应该保持一个开放的接纳状态，不去人为区分所谓贤与不肖，而是要完全地包容个体的本然状

①　丁文静：《基拉尔的模仿欲望理论探析》，硕士学位论文，华中科技大学，2016年。
②　王利器：《文子疏义》，北京，中华书局，2000年，第351页。

态。这样才能让每个人都没有压力地顺应天性，找到自己的价值所在。①

三、"不尚贤"思想与自我接纳

中国社会长期以来的主流是儒家的层级式构建，孔子虽然主张仁者爱人，但这爱亦是根据远近亲疏而分等级的，更不用说君臣父子夫妇这样界限严明的社会秩序。这也导致了大众的心理常常是过于推崇某类特质的，不管是"万般皆下品，唯有读书高"，还是"吃得苦中苦，方为人上人"，这些俗语无不反映了大众对自身的不接纳以及普遍的焦虑心态。这样的心态在今天愈演愈烈，"内卷"一词成为大众讨论中最热门的词汇。

内卷，即无意义的互相竞争，因为社会评价体系过于单一，人们只能在有限的几个赛道上倾注资源和自我实现，导致没有尽头的"卷"。法兰克福学派著名哲学家马尔库塞提出了"单向度"理论，认为在现今这样一个后工业主义时代，技术的进步虽然创造了财富，但同时也创造了一种特定的生活方式，这种生活方式成为社会的标杆，能够调和反对这种制度的力量，同化那些持不同意见的人，因此人们反而成为工业文化的奴隶，失去了自由实现自我的选择。现在的社会人们就处在类似于这样境况的一种尴尬状态，消费主义为人们提供了丰富的物质财富，同时也创造了由商品序列构成的社会秩序，将人们困于其中。人异化为商品，而商品最重要的特征是其交换价值，人们不得不为自己的交换价值而焦虑，却无法坦然接受自己的存在及价值本身。② 这种焦虑，实际上可以在老子的思想中得到解释和回应。

"不尚贤"思想的重点在于对"尚"的拒绝，即反对设定具体的价值判断和社会评价体系，以社会总体的"无为"来创造一个能使每一个人自由地"无不为"的环境，而"无为社会"的形成恰是以个体的自我接纳为基石的。

现代心理学理论中认为，自我接纳（self-acceptance）是影响个体心理健康的一个重要因素，这一概念由心理学家高尔顿·威拉德·奥尔波特（G.W. Allport）第一次提出，并将其视为健康成熟人格的一个特征。自我接纳意味着主体自我对客体我的一种态度，意味着一个人能够接受自己所有部分，不论消极方面还是积极方面。③ 自我接纳表明主体能够不再将自己异化为外在于自我的物，而是重新接受自己作为生物的统一性，不再用社会既有标准时时刻刻评判、改造自己，而是顺应生命本身的自然状态，进而在行为上珍爱和包容自己，发挥自身的最大潜力，这一观点与老子

---

① 孙以楷：《"不尚贤"说解》，《华夏文化》，2002 年第 2 期。
② 马自力：《马尔库塞的"单向度"理论及其现实意义》，《社会科学辑刊》2001 年第 6 期。
③ 孙灯勇、卢碧丹：《自我接纳：概念、测量及影响》，《心理研究》2017 年第 6 期。

的自然思想不谋而合。实际上，自我接纳是心理健康的应有之义。健康自我是指自我的一种完整、和谐与统一的状态，需要个体客观认识自我，同时以一种积极态度对待自我，自我接纳能够帮助个体整合过去、现在的经验和未来的预期，帮助个体达成和谐健康的状态。没有自我接纳，个体就会处于混乱的内心冲突之中，不断地消耗个人的精力，无法将生命力转向外界进行创造和劳动，这也就是心理学所说的"内耗"。老子及自我接纳理论都反对这种"内耗"，因为这代表着对自然之我的拒绝和对抗，这种对抗是一种完全的徒劳。只有认识自我，放弃以外界标准扭曲改造自我，才能够消除内心无谓的精力消耗，反而能够将精力用于正视自身，不带评判地发现自身的特点而非所谓优劣，进而根据天赋所在发挥自身的最大价值，这也正是通过"无为"而达到"无不为"这一路线在个人身上的最好诠释。

在今天这样一个普遍焦虑的时代，老子反对比较、顺遂生命本身的这种思想对于现代人的价值正在不断显现。现代社会的焦虑有多种方面，其中最重要的一种就是所谓的"peer pressure"（同侪压力），即周围与自己年龄、地位相近的身边人的生活带来的比较和竞争性压力，这种压力又来自对社会常规价值观的过度推崇和盲目追求。在这种一切行为都被进行过价值判定的社会中，个人已经被扭曲为物。人类复杂多样的自我被限制，只能将自己作为手段而非目的，人也就丧失了自身活泼泼的生命力。同时，为了保住自身在这样一个阶层化、工具化的设计中岌岌可危的存在价值，人还必须与他人进行不断的竞争和内卷，这种由外界驱动的努力和竞赛是对自我极大的消耗。[①] 实际上，一旦接受了社会构建完成的价值体系，就会陷入这样一个恶性循环中，不断地消耗自身追逐外物，越发丧失发展自我的可能。这个时候我们需要的是停下来重新回归古代的智慧，首先审视自身所未加思考而接受的价值本身是否就存在着问题，那些被我们崇尚和不断追逐的东西，很可能根本就是一种虚构的幻象。只有从这个幻象中跳脱出来，放弃对某种特定外物的崇尚，返归自身本根，重新认识作为自然存在的自己，接纳自己的自然状态，才能从比较、焦虑的恶性循环中解脱，重新找到适合自己的人生道路，发挥自己的最大价值。

结　语

千百年来，道家思想一直是中国古代文人最重要的精神慰藉之一，其自然主义、淡泊、旷达的精神能够使人摆脱现实世界中一时的失意和苦恼，从大道的角度重新审视自身的处境。而老子的"不尚贤"思想以自然主义为依托，从反对比较和自我接纳的角度，为现代人的精神困境开了一扇自我救赎的大门。尽管我们生活在竞争

---

① 蓝江：《功绩社会下的倦怠：内卷和焦虑现象的社会根源》，《理论月刊》2022 年第 7 期。

激烈的现代社会，时刻面临着来自外界的评价和束缚，但老子时刻提醒我们，所谓的"贤"从来不是我们必须追求的完美境界。人是自然造物，自然则一视同仁，因此每个人都有自己独特的价值所在。我们不需要为了将自己改造为所谓贤者而摧折自己原本的生命，放弃过分的对知识和欲望的追逐，只需要专注于自身的本来面目，淡然自在，就可以实现自身存在的价值，实现"无不为"的理想目标。

在先秦语境中理解《老子》的"慈"思想

邵林凡*

内容提要:《老子》一书无处不体现着"慈"的精神,在六十七章中更是将"慈"视为"三宝"之一。大体而言,《老子》的"慈"思想可以分为四个方面:归责于上,去除"察察"之政;知足而止,去奢与藏;慎用兵,慎时动。由于言简意赅,《老子》并没有展开论述,但其"慈"思想显然带有先秦深厚的"慈"文化的传统。因此,结合先秦语境中对"慈"的论述与事例,能够从形下、经验、历史的角度更为深入地体会《老子》的"慈"思想。

关键词:老子 慈 先秦语境

学界对《老子》[①]的研究,往往注重其形上的面向,然其形下的面向也是重要的研究视角。徐复观就说:"老学的动机与目的,并不在于宇宙论的建立,而依然是由人生的要求,逐步向上面推求,推求到作为宇宙根源的处所,以作为人生安顿之地。因此,道家的宇宙论,可以说是他的人生哲学的副产物。"[②] 其实,《汉书·艺文志》就将道家的源流追溯到"史官"对历史成败经验的总结:"道家者流,盖出于史官。历记成败存亡祸福古今之道,然后知秉要执本……"[③] 由此可见,从形下、经验、历史的角度进行研究,也是深入理解《老子》的一种方式。正如陈少明所说:"古典的观念必须在古典生活经验中理解",经典若"离开相关的经验背景及话语方式,那些

---

* 邵林凡(1987—),男,浙江温州人,厦门工学院,国学院,哲学博士,副教授,主要研究方向:先秦诸子思想。

① 本文所引用的《老子》原文以王弼本为准。
② 徐复观:《中国人性论史·先秦篇》,北京:九州出版社,2014年,第294页。
③ (汉)班固:《汉书》,杭州:浙江古籍出版社,2000年,第592页。

概念或问题会变得不可理喻"。①

而《老子》第六十七章中"三宝"之一的"慈",在先秦语境中有着丰富的现实观念及经验实例可供参考。因为"慈"有其自身的悠久传统,它并不是道家或《老子》所独有。因此,结合先秦文献及记载先秦历史的文献②解读《老子》的"慈"思想,能够使其更为立体、生动,也更能领悟《老子》"正言若反"的玄机。下文就《老子》"慈"思想的四个方面展开论述,它们分别是:归责于上,去除"察察"之政;知足而止,去奢与藏;慎用兵;慎时动。

一、归责于上,去除"察察"之政

所谓"归责于上,去除'察察'之政",指的是苛政所导致的负面结果的源头在于上位者,上位者应当自我反思,去除严苛之政,回应人民的怨恨以慈德。

《老子》的这类思想,还要从四十九章的"善者,吾善之;不善者,吾亦善之"③说起。此句较难理解的是:为什么"不善良的人,我也善待他"④?这里的"不善者"被译作"不善良的人",其意似与常识相悖,故有学者改译为:"对'百姓'不善意的意见,'我'也善待他"⑤,或译作"百姓不称赞的事情,我也同样称赞"⑥。但是这类增字解文的做法过于迂回,皆未得《老子》"慈"思想的宗旨。

从《老子》批判的角度而言,它是将被治理者的问题归咎于治理者。如七十五章说"民之难治,以其上之有为"⑦,五十八章说"其政察察,其民缺缺"⑧,可见两处都明确将"民"所出现的问题归咎于治理者的"有为"之政。"察察"之政看似明察秋毫,却只针对已出现问题的民众,尚未将问题追溯至其根源——治理者。正如《庄子·天地》所言:"审乎禁过",却"不知过之所由生"。⑨

从《老子》正面主张的角度而言,它认为好的治理者能够引导臣下、民众,使人民朝着好的方向发展。如二十七章说"圣人常善救人,故无弃人;常善救物,故无弃物"⑩,五十七章引"圣人"话说"我无为,而民自化;我好静,而民自正;我无

---

①　陈少明:《"做中国哲学"思考》,《哲学动态》,2019 年第 9 期。

②　虽然学界对《老子》一书的成书年代有争议,或曰春秋晚期,或曰战国中晚期,但"慈"文化的传统在春秋、战国一直是存在的,故本文所谓的"先秦语境"既包括先秦的文献,也包括汉代所记载的先秦历史。

③　楼宇烈:《老子道德经注》,北京:中华书局,2011 年,第 134 页。

④　陈鼓应:《老子注译及评介》,北京:中华书局,2007 年,第 255 页。

⑤　孙以楷:《老子解读》,合肥:黄山书社,2007 年,第 110 页。

⑥　朱俊红:《〈道德经〉四帝注》,海口:海南出版社,2012 年,第 251 页。

⑦　楼宇烈:《老子道德经注》,第 192 页。

⑧　楼宇烈:《老子道德经注》,第 156 页。

⑨　方勇:《庄子》,北京:中华书局,2015 年,第 183 页。

⑩　楼宇烈:《老子道德经注》,第 72 页。

事，而民自富；我无欲，而民自朴"①，六十二章说"人之不善，何弃之有？故立天子，置三公……"②。可见《老子》认为好的治理者（"圣人"）只有实现"无为"，才能"救人"、使民"自然"。

总之，正是认识到上位者应对人民的"不善"负责，进而主张上位者应实施"无为"之政，从而使民向"善"（"自化""自正""自朴"），《老子》才主张"不善者，吾亦善之"③（第四十九章），即不抛弃"不善"之人，所谓"人之不善，何弃之有"④（第六十二章）。河上公对此注得非常明白："百姓虽有不善者，圣人化之使善也。"⑤这就是为什么即使"不善良的人"，治理者也应"善待他"的原因。

也许正是出于同样的原因，《老子》才主张"报怨以德"⑥。虽然没有明确"怨"的主体，但如果理解为治理者与被治理者的关系，则可以解释为上位者"报"臣民之"怨"以"德"政。臣民所以"怨"上，是上位者无"德"所致，上位者应当实施"无为"式的"德"政，以平息臣民的怨愤，而不是对这些怨恨的人实施惩罚与清算。

以上《老子》这类归民不善之责于上而要求去严苛之政的主张，在先秦语境中较为常见。首先是认为民之善恶取决于上位者，上位者有责任教化民众，使之向善，这类观念在先秦中多有之，如：

> 君也者，将牧民而正其邪者也。⑦（《国语·鲁语上》）
>
> 然而正者，无自下正上者，必自上正下。⑧（《墨子·天志下》）
>
> 安危治乱，在上之发政也……⑨（《墨子·非命中》）
>
> 世之所以不治者，非下之罪，上失其道也。⑩（《韩非子·诡使》）
>
> 上老老，而民兴孝；上长长，而民兴弟。⑪（《礼记·大学》）
>
> 民之治乱在于上……⑫（《慎子·逸文》）

---

① 楼宇烈：《老子道德经注》，第 154 页。
② 楼宇烈：《老子道德经注》，第 166 页。
③ 楼宇烈：《老子道德经注》，第 134 页。
④ 楼宇烈：《老子道德经注》，第 166 页。
⑤ 王卡：《老子道德经河上公章句》，北京：中华书局，1993 年，第 189 页。
⑥ 楼宇烈：《老子道德经注》，第 169 页。
⑦ 陈桐生：《国语》，北京：中华书局，2013 年，第 190 页。
⑧ 方勇：《墨子》，北京：中华书局，2011 年，第 238 页。
⑨ 方勇：《墨子》，第 297 页。
⑩ 高华平：《韩非子》，北京：中华书局，2015 年，第 646 页。
⑪ 王文锦：《礼记译解》，北京：中华书局，2016 年，第 812 页。
⑫ 朱海雷：《关尹子·慎子今译》，杭州：浙江大学出版社，第 184 页。

以上引文既从正面说明上位者对下有教化、管理之责，也从反面说明一旦有乱则问题出在"上"。其实，先秦将治理者称之为"父母"，已然有此正反两面之意，如《诗经·小雅·南山有台》说"乐只君子，民之父母"①，《诗经·大雅·泂酌》说"岂弟君子，民之父母"②，《孟子·梁惠王上》说"为民父母，行政……"③。将治理者比作民之父母，正与《老子》四十九章中"圣人"对待天下民众的方式——"皆孩之"④——相同。河上公对此注道："圣人爱念百姓如孩婴赤子"⑤，可见《老子》将"圣人"比作民之父母，"圣人"对民众的负责，亦如父母之于婴孩。

先秦语境中，还常将治民比作御马。如《尸子》将民众比喻为马，治理就是驾驭，尧舜这样的明君驾驭则使"天下端正"，而桀纣这样的昏君驾驭则使"天下奔于历山"。⑥

《尸子》还举了一个"秦穆公明于听狱"的例子，秦穆公认为"民入于刑"是自己"不敏，教不至"所导致的过失。⑦《国语·鲁语上》则通过历史故事表达着"为民父母"的观念：晋人杀了晋厉公，鲁成公听闻后问臣下："臣杀其君，谁之过也？"大夫里革认为是"君之过"，因为君主的职责是"牧民而正其邪"，人民的"美恶皆君之由"，所以臣下作乱自然是君上之责。⑧

其次，基于"民之治乱在于上"⑨的治理观念，先秦语境中多有主张先教后罚、去其苛政（"察察"之政）：

> 苛慝不作，盗贼伏隐……⑩（《左传·昭公十三年》）
>
> 不施而杀，不可谓德……⑪（《左传·成公十七年》）
>
> 政之所兴，在顺民心；政之所废，在逆民心……故刑罚不足以畏其意，杀戮不足以服其心。⑫（《管子·牧民》）

① 王秀梅：《诗经》，北京：中华书局，第 360 页。

② 王秀梅：《诗经》，第 649 页。

③ 方勇：《孟子》，北京：中华书局，2015 年，第 7 页。

④ 楼宇烈：《老子道德经注》，第 134 页。

⑤ 王卡：《老子道德经河上公章句》，第 189 页。

⑥ 《尸子·卷下》："民者，譬之马也。尧舜御之，则天下端正；桀纣御之，则天下奔于历山。"（《尸子》，上海：华东师范大学出版社，2009 年，第 62 页。）

⑦ 《尸子》，第 63 页。

⑧ 陈桐生：《国语》，第 190 页。

⑨ 朱海雷：《关尹子·慎子今译》，第 184 页。

⑩ 郭丹：《左传》，北京：中华书局，2012 年，第 1784 页。

⑪ 郭丹：《左传》，第 1039 页。

⑫ 李山：《管子》，北京：中华书局，2019 年，第 6 页。

执法之吏，并苛百姓。民愁苦约病，而奸驱尤佚。① (《晏子春秋·卷一·内篇谏上第一》)

民一犯禁，而拘以刑治，乌有以为人上也。② (《尉缭子·卷第三·治本》)

民多犯法，以法之重无所措手足也。③ (《孔丛子·卷四·对魏王》)

不治其本而问其过，臣不知所以也。④ (《孔丛子·卷三·公仪》)

上失其道而杀其下，非理也。不教以孝而听其狱，是杀不辜。⑤ (《孔子家语·卷一·始诛》)

以上引文都指出苛政作为治理的方法，不能从根本上解决问题，反而会起到负面的作用。即使是主张法治的《韩非子》也反对过度的惩罚，如其《饰邪》所说："用刑过者民不畏。"⑥ 此句如同《老子》的疾呼——"民不畏死，奈何以死惧之"⑦ (第七十四章)。可见，只要乱出在"上"，而苛政加于民，即使对违"法"之民"执而杀之"⑧ (第七十四章)，也依旧会有敢于犯"法"者。

除了表达基本的思想观念外，先秦语境中还有很多事例可以表达先教后罚、去其苛政的主张。《韩诗外传·卷三》记载了两则批判苛政的故事。第一则故事是鲁国有一对父子相互打官司，季康子认为父子诉讼有违孝道，想把其中的儿子杀掉。孔子主张不能杀，他认为这种现象恰恰说明上位者的教化有问题，不在根本的问题上着手，却要施以刑罚，这是"不教而诛"⑨，这是戕害人民的行为。孔子的弟子子路在听闻这件事后，反而非常不解，认为季康子的判决并无问题。第二则故事同样是鲁国的季康子治理国家，杀了很多人，但是都惩罚得当，与其罪所应得相等。孔子的学生子贡对此感叹道："暴哉！治乎！"⑩ 季康子对子贡的话感到奇怪，他认为自己并没有做错。但子贡认为靠法令去治理国家，这是"暴"，不对人民先进行劝导就加以刑戮，这是"贼"，应当向郑国的子产学习。子产治郑国，一年的时间，使被惩处的人减少，两年则没有犯罪的人，三年则监狱里没有被拘禁的人。

以上《韩诗外传》中二例说明：不是越赏罚分明的施政（"察察"之政），就是

---

① 汤化：《晏子春秋》，北京：中华书局，2011 年，第 25 页。
② 徐勇：《尉缭子 吴子》，郑州：中州古籍出版社，2010 年，第 75 页。
③ 王钧林：《孔丛子》，北京：中华书局，2009 年，第 178 页。
④ 王钧林：《孔丛子》，第 115—116 页。
⑤ 王国轩：《孔子家语》，北京：中华书局，2011 年，第 19 页。
⑥ 高华平：《韩非子》，第 178 页。
⑦ 楼宇烈：《老子道德经注》，第 191 页。
⑧ 楼宇烈：《老子道德经注》，第 191 页。
⑨ 谦德书院：《韩诗外传》，北京：团结出版社，2020 年，第 116 页。
⑩ 谦德书院：《韩诗外传》，第 120 页。

越好。正如《老子》认为"其民缺缺"①的危害，恰恰是"察察"之政所带来的，故此政是"祸"。但在季康子、子路这类人看来，"察察之政"显然是善政，是"福"。正是基于这种哲俗二见的对立，《老子》五十八章才会说："福兮祸之所伏"②，表面上看是"福"的"察察"之政，其实际上是"祸"，会带来"其民缺缺"③之害。④

另外，先秦记载了齐景公具体实施的一些刑罚。如《左传·昭公三年》和《晏子春秋·卷六·内篇杂下第六》都记载了一个故事：齐景公"繁于刑"⑤，而卖假腿给受过刖刑的人成为常见的买卖，以至于假腿比鞋子还贵，所谓"踊贵而屦贱"⑥。《晏子春秋》还记载了景公不少严酷的例子，如：景公要杀吓跑自己想要射猎之鸟的农夫，要肢解养死其马的养马人，要杀不小心碰触其禁止碰触之树的醉汉，要杀未完工之人。由此可见，齐景公所制定的"法"不仅以君主自我为中心，且过于苛刻。

最后，基于"民之治乱在于上"⑦的治理观念，先秦语境中多主张"报怨以德"。

这方面先秦语境中的材料多为实例。《左传·襄公三十一年》记载"郑人游于乡校"⑧，议论郑国执政者子产的对错，有人建议子产毁掉乡校，子产认为人们所认为好的，我就施行，认为不好的，我就改掉，"我闻忠善以损怨，不闻作威以防怨"⑨，子产认为应当以"忠善"对待人们的"怨"，以减少它。《左传·定公五年》记载楚昭王逃往随国需要渡河时，楚国大夫蓝尹亹没有把船让给昭王，而是给了自己的妻子儿女。等事态平息，昭王返国，要杀蓝尹亹，子西劝谏道："子常唯思旧怨以败"⑩（子常就是因为总记着过去的仇怨才失败），昭王采纳了子西的话，赏了一批大臣，包括原先想杀昭王的斗怀。子西认为斗怀不该赏，昭王反而说："大德灭小怨，道也。"⑪《国语·晋语》记载晋献公曾命勃鞮去抓当时还是公子的晋文公，但被晋文公逃脱。等到晋文公结束流亡回国做了国君，勃鞮对文公说了两个故事：商朝君王太甲原谅了伊尹曾流放自己的行为而终成一代"明主"，齐桓公原谅了曾要杀害自己的管仲而成为一代"侯伯"。晋文公于是原谅了勃鞮，并因为"报怨以德"而从勃鞮那里得知有人

① 楼宇烈：《老子道德经注》，第156页。
② 楼宇烈：《老子道德经注》，第156页。
③ 楼宇烈：《老子道德经注》，第156页。
④ 关于对"祸兮福之所倚，福兮祸之所伏"的具体分析，详见拙文《"祸兮福之所倚，福兮祸之所伏"中的单向发展思想——兼反思"对立面相互转化"的解读范式》，载于《中华老学》第8辑，第124—134页。
⑤ 汤化：《晏子春秋》，第430页。
⑥ 汤化：《晏子春秋》，第430页。
⑦ 朱海雷：《关尹子·慎子今译》，第184页。
⑧ 郭丹：《左传》，第1526页。
⑨ 郭丹：《左传》，第1526页。
⑩ 郭丹：《左传》，第2130页。
⑪ 郭丹：《左传》，第2130页。

要谋害自己的消息，从而躲过了一场政变。

值得注意的是，《庄子·则阳》"柏矩学于老聃"①一段的观点与《老子》归责于上、去"察察"之政的观点相符。在这则寓言中，学生柏矩离开老聃游于齐而哭罪人之尸，柏矩认为罪人所以受害，是因为上位者的不当治理。他批评上位者执着于"荣辱""财货"，为政过于苛刻，比如"匿为物而愚不识，大为难而罪不敢，重为任而罚不胜，远其涂而诛不至"，以致"民知力竭"而"以伪继之"，大有官逼民反的意味，故作者主张学习"古之君人"，揽责于己，所谓"以得为在民，以失为在己；以正为在民，以枉为在己"。②这明显有《老子》"受国之垢，是谓社稷主"③的意味。此段最后还别有意味地反问："盗窃之行，于谁责而可乎？"④

二、知足而止，去奢与藏

知足而止，去奢与藏，是《老子》"俭"的思想内容。"俭"虽然与"慈"并为"三宝"之一，但"俭"就其效果作用于民众而言，体现了治理者"慈"的精神，故可视作"慈"思想的一部分。《老子》七十五章说：

> 民之饥，以其上食税之多，是以饥。民之难治，以其上之有为，是以难治。民之轻死，以其上求生之厚，是以轻死。夫唯无以生为者，是贤于贵生。⑤

可见，人民有"饥""难治""轻死"，都是上位者不知足、为了自己享受（"贵生"）而通过重税、劳役等方式压榨人民所致。因此，《老子》主张知足而止，并警告上位者，财货藏得越多，失去得也越多，所谓"甚爱必大费，多藏必厚亡"⑥（第四十四章）。《老子》还用夸张的方式，说明过度的欲望会导致不好的结果，所谓"五色令人目盲，五音令人耳聋，五味令人口爽，驰骋畋猎令人心发狂，难得之货令人行妨"⑦（第十二章）。

《老子》以上的"俭"观念，在先秦语境中，亦多有之。首先，主张节俭、反对奢靡，是当时有识之士的共识：

---

① 方勇：《庄子》，第 445 页。
② 方勇：《庄子》，第 445 页。
③ 楼宇烈：《老子道德经注》，第 195 页，
④ 方勇：《庄子》，第 445 页。
⑤ 楼宇烈：《老子道德经注》，第 192 页。
⑥ 楼宇烈：《老子道德经注》，第 125 页。
⑦ 楼宇烈：《老子道德经注》，第 31 页。

骄、奢、淫、泆，所自邪也。①（《左传·隐公三年》）

戌曰："吾闻抚民者，节用于内，而树德于外，民乐其性，而无寇仇。今宫室无量，民人日骇，劳罢死转，忘寝与食，非抚之也。"②（《左传·昭公十九年》）

贪者，怨之本也。……贪则民怨，反义则富不为赖。③（《国语·晋语二》）

夫从政者，以庇民也。民多旷者，而我取富焉，是勤民以自封也，死无日矣。④（《国语·楚语下》）

积货滋多，蓄怨滋厚，不亡何待！⑤（《国语·楚语下》）

当今之主，其为宫室……必厚作敛于百姓，暴夺民衣食之财，以为宫室，台榭曲直之望，青黄刻镂之饰。为宫室若此，故左右皆法象之，是以其财不足以待凶饥、振孤寡，故国贫而民难治也。⑥（《墨子·辞过》）

及其衰也，衣服之侈过足以敬，宫室之美过避润湿，用力甚多，用财甚费，与民为雠。……今君穷台榭之高、极污池之深而不止，务于刻镂之巧、文章之观而不厌，则亦与民为雠矣。⑦（《晏子春秋·卷二·内篇谏下第二》）

今君税敛重，故民心离。⑧（《晏子春秋·卷三·内篇问上第三》）

世主多盛其欢乐，大其钟鼓，侈其台榭苑囿，以夺人财；轻用民死，以行其忿。老弱冻馁，夭瘠壮狡，汔尽穷屈，加以死虏。攻无罪之国以索地，诛不辜之民以求利，而欲宗庙之安也，社稷之不危也，不亦难乎？⑨（《吕氏春秋·有始玄览第一·听言》）

以国持之而不足以容其身，夫是之谓至贪，是愚主之极也。将以求富而丧其国，将以求利而危其身。⑩（《荀子·富国》）

上不爱民，赋敛常重，则用不足而下怨上，故天下大乱。⑪（《韩非子·六反》）

由以上诸多引文的内容可知：上位者贪图自己的享受而取之于民，由于无厌、

① 郭丹：《左传》，第 33 页。
② 郭丹：《左传》，第 1875 页。
③ 陈桐生：《国语》，第 327 页。
④ 陈桐生：《国语》，第 635 页。
⑤ 陈桐生：《国语》，第 636 页。
⑥ 方勇：《墨子》，第 35 页。
⑦ 汤化：《晏子春秋》，第 119 页。
⑧ 汤化：《晏子春秋》，第 191 页。
⑨ 陆玖：《吕氏春秋》，北京：中华书局，2011 年，第 386 页。
⑩ 方勇：《荀子》，北京：中华书局，2011 年，第 157 页。
⑪ 高华平：《韩非子》，第 663 页。

不知足，超过了人民的负荷，结怨于人民，最后只会招来祸害，这便是为什么《老子》说"多藏"会导致"厚亡"的原因。过度的享受不仅对自己的健康有害，违背了"求生""养性"的最初目的，而且还会结怨于民而导致身死国灭。正是在这个意义上，《老子》质问上位者："身与货孰多？"①（第四十四章）

《晏子春秋》②记载晏子多次劝诫景公不要奢靡享受，以免劳民伤财，激起民怨。有一次晏子请求发粮给饥民，景公不许，晏子便批评景公不体恤人民，日夜饮酒不停，向全国征集能歌舞者，马吃着国库里的粮食，狗吃着家畜的肉，后宫的姬妾都有充足精美的膳食（"而君不恤，日夜饮酒，令国致乐不已，马食府粟，狗餍刍豢，三保之妾，俱足梁肉"③）。有一次景公兴建"路寝之台"，劳民伤财、累年不休，致使人民受冻挨饿，晏子举楚灵王的例子劝诫景公，说楚灵王又是造"顷宫"，又是造"章华之台"，劳民伤财，累年不休，结果灵王最后逃亡挨饿，自缢而死。④

《晏子春秋》还记载了一些景公贪图享受，不恤民苦的例子。如景公有一次穿了一双精美的鞋子，黄金做鞋带，银子作装饰，上面还有珍珠、玉。景公穿着它上朝，却行动不便，只能勉强抬起脚而已。晏子批评景公"用财物功，以怨百姓"⑤。景公的衣服也很精美："公衣黼黻之衣、素绣之裳，一衣而五采具焉，带球玉而冠且。"⑥有一次景公冬天穿着"狐白之裘"，不体恤人民的饥寒，竟说出了类似"何不食肉糜"的话："怪哉！雨雪三日而天不寒。"⑦

因为贪得无厌而引来灾祸的例子也有不少。《左传·僖公十九年》记载梁伯喜欢大兴土木，却不住，人民疲惫不堪，结果有人假称秦国袭击，"民惧而溃"⑧，秦国轻松占有梁国。《左传·庄公十九年》周惠王收取蒍国的菜园、占取边伯的房子、夺取子禽祝跪和詹父的田地、收回了膳夫石速的俸禄，最后五大夫联合起来攻打惠王。《左传·哀公元年》记载楚国大夫担心吴国的进攻，子西认为当下的吴王夫差奢靡残民，与其父阖闾的节俭恤民形成鲜明对比，夫差"次有台榭陂池焉，宿有妃嫱嫔御焉。一日之行，所欲必成，玩好必从。珍异是聚，观乐是务，视民如仇，而用之日新"⑨，所以夫差不足为惧。果然，后来夫差兵败自杀。《左传·哀公五年》记载郑人

---

① 楼宇烈：《老子道德经注》，第 125 页，
② 《晏子春秋》以齐景公与晏子的对话为主要内容，记载了不少齐景公奢靡、贪图享受的例子，故而相较于其他先秦的文献，在这方面最为详细。
③ 汤化：《晏子春秋》，第 13 页。
④ 汤化：《晏子春秋》，第 102—103 页。
⑤ 汤化：《晏子春秋》，第 116 页。
⑥ 汤化：《晏子春秋》，第 122 页。
⑦ 汤化：《晏子春秋》，第 65 页。
⑧ 郭丹：《左传》，第 432 页。
⑨ 郭丹：《左传》，第 2223 页。

杀了有僭越行为、"富而侈"①的大夫郤秦。《国语·楚语上》记载楚国令尹子常问斗且如何"蓄货聚马",斗且认为子常问时"如饿豺狼",实际行为也是"蓄聚不厌",妨害人民"衣食""财用",以致民心"离叛",必定会"亡",最终柏举一战,楚国战败,子常逃往郑国。②

奢靡的反面,即节俭。《左传·襄公九年》记载晋悼公与民休息,"自公以下,苟有积者,尽出之。国无滞积,亦无困人"③。还有用度从简:祈祷用财币代替牺牲,招待宾客只用一种牲畜,不添置新的器物,车马服饰够用就行("祈以币更,宾以特牲,器用不作,车服从给"④)。之后楚国无法与晋国争锋,所谓"三驾而楚不能与争"⑤,此正应验了《老子》二十二章认为"无为"之政"不争"而"天下莫能与之争"⑥的观点。《左传·襄公二十九年》记载郑国和宋国都发生饥荒,在郑国的大夫子皮和宋国的大夫子罕的主持下,放粮予民。子皮以已去世的子展的名义赠粮,子罕借粮予民不写契约又替无粮可借的大夫借粮给民,他们都是"施而不德"⑦(施舍却不归德于己)。《国语·楚语下》记载楚国令尹子文体恤人民,"无一日之积"⑧,也不接受楚成王增加自己的俸禄。有人对子文说:"人生求富,而子逃之,何也?"⑨子文认为自己作为当政者,如果劳民以使人民贫困、自己富有,那么自己也就离死亡不远了,自己不是逃避富有,而是逃避死亡。显然,子文在《老子》的"身与货"⑩之间选择了"身",不想因"多藏"而"厚亡"。

节制自身的欲望、用度从简,与民休息、赈济饥贫,是避免民怨、得到拥护的方式之一,正如《国语·周语下》所言:"居俭动敬,德让事咨,而能避怨。"⑪《吕氏春秋·慎大览第三·慎大》用《老子》"正言若反"⑫的语言方式表达了这个道理:"唯不藏也,可以守至藏。"⑬

《淮南子·人间训》所载西门豹治邺的故事中,也有"正言若反"的意味。西门豹治邺,藏富于民。就其表面上看,是"廪无积粟,府无储钱,库无甲兵,官无计

① 郭丹:《左传》,第 2253 页。
② 陈桐生:《国语》,第 634 页。
③ 郭丹:《左传》,第 1136 页。
④ 郭丹:《左传》,第 1136 页。
⑤ 郭丹:《左传》,第 1136 页。
⑥ 楼宇烈:《老子道德经注》,第 58 页。
⑦ 郭丹:《左传》,第 1463 页。
⑧ 陈桐生:《国语》,第 635 页。
⑨ 陈桐生:《国语》,第 635 页。
⑩ 楼宇烈:《老子道德经注》,第 125 页。
⑪ 陈桐生:《国语》,第 123 页。
⑫ 楼宇烈:《老子道德经注》,第 195 页。
⑬ 陆玖:《吕氏春秋》,469 页。

会"①，因此有人在魏文侯面前告发西门豹治邺无方。但西门豹对文侯说："今王欲为霸王者也，臣故稽积于民……升城鼓之，甲兵粟米，可立具也。"② 通过实验，果然"一鼓，民被甲括矢，操兵弩而出；再鼓，负辇粟而至"③。可见藏富于民，民皆愿效死力，证明了《老子》那句"夫慈，以战则胜，以守则固"④ 的话并非虚言。而西门豹批判的"亡国富库"与《老子》的"多藏必厚亡"可谓异曲同工。

三、慎用兵

《老子》对于用兵非常谨慎，在三十一章中径呼"兵者"为"不祥之器"，只有在"不得已"的情况下才能使用，如果用了，也要采取冷静的态度，不能以此为"乐"（"乐杀人"），如果杀人太多，则应"悲哀泣之"。⑤《老子》对"兵"的这些看法，一定程度上是出于怜惜民命的考虑⑥，属于"慈"思想的范畴。"夫兵者，不祥之器，物或恶之，故有道者不处"⑦（第三十一章），这里的"物或恶之"，显然是指民众对于战争的厌恶。战争对人民生产的破坏是直接性的，所谓"其事好还，师之所处，荆棘生焉。大军之后，必有凶年"⑧（第三十章）。

而在先秦语境中，有识之士对"兵"的认识也是一致的。从批判的角度看，他们都认为"兵者，不祥之器"，劳民伤财，只有不得已时才应使用；从认可的角度看，他们都赞扬修德恶兵的精神。

首先是对"兵"本身的否定：

> 夫兵，犹火也；弗戢，将自焚也。⑨（《左传·隐公四年》）
> 兵，民之残也，财用之蠹，小国之大灾也。⑩（《左传·襄公二十七年》）
> 范蠡进谏曰："夫勇者，逆德也；兵者，凶器也；争者，事之末叶……"⑪（《国语·越语下》）

---

① 陈广忠：《淮南子》，北京：中华书局，2012 年，第 1064 页。
② 陈广忠：《淮南子》，第 1064 页。
③ 陈广忠：《淮南子》，第 1064 页。
④ 楼宇烈：《老子道德经注》，第 176 页。
⑤ 楼宇烈：《老子道德经注》，第 83 页。
⑥ 当然，怜惜民命同时也是为了稳固上位者的统治。《老子》不是阴谋论，稳固上位者的统治与怜惜民命是同等重要的，二者是互利的关系。
⑦ 楼宇烈：《老子道德经注》，第 83 页。
⑧ 楼宇烈：《老子道德经注》，第 80 页。
⑨ 郭丹：《左传》，第 39 页。
⑩ 郭丹：《左传》，第 1407 页。
⑪ 陈桐生：《国语》，第 715 页。

古者离散其民而陨失其国者……好兵而忘民……①（《晏子春秋·卷三·内篇问上第三》）

凡兵，天下之凶器也；勇，天下之凶德也。②（《吕氏春秋·仲秋纪第八·论威》）

故曰："兵者，凶器也。不可不审用也。"③（《韩非子·存韩》）

其次是慎兵的理由——劳民伤财，《孙子兵法》对此有较为详细的记载：

凡用兵……则内外之费，宾客之用，胶漆之材，车甲之奉，日费千金，然后十万之师举矣。④（《孙子兵法·作战篇》）

国之贫于师者远输，远输则百姓贫；近师者贵卖，贵卖则百姓财竭，财竭则急于丘役。力屈、财殚，中原、内虚于家，百姓之费，十去其七；公家之费，破军罢马，甲胄矢弓，戟盾矛橹，丘牛大车，十去其六。……故兵贵胜，不贵久。⑤（《孙子兵法·作战篇》）

孙子曰：凡兴师十万，出征千里，百姓之费，公家之奉，日费千金；内外骚动，怠于道路，不得操事者，七十万家。相守数年，以争一日之胜……⑥（《孙子兵法·用间篇》）

由以上引文不难看出战争的一系列弊端：战争伤财之甚——"日费千金"，公家的损失可能达到十分之六，而百姓的损失则可能达到十分之七；严重影响人民的生产劳作，"不得操事者，七十万家"；如果不能速胜，则士兵锐气消耗、疲惫不堪，兵力损失，其他国家则伺机而动。所以《孙子兵法·作战篇》认为首先要明白战争的害处，然后才能知道战争的好处，所谓"不尽知用兵之害者，则不能尽知用兵之利也"⑦。

再次，主张"不得已"时再用兵：

穆王将征犬戎，祭公谋父谏曰："不可。先王耀德不观兵。夫兵戢而时动，

① 汤化：《晏子春秋》，第 227 页。
② 陆玖：《吕氏春秋》，第 225 页。
③ 高华平：《韩非子》，第 14 页。
④ 陈曦：《孙子兵法》，北京：中华书局，2011 年，第 20 页。
⑤ 陈曦：《孙子兵法》，第 27 页、第 33 页。
⑥ 陈曦：《孙子兵法》，第 231 页。
⑦ 陈曦：《孙子兵法》，第 23 页。

动则威，观则玩，玩则无震……"①（《国语·周语上》）

最后，赞扬修德而恶兵者：

　　穆王将征犬戎，祭公谋父谏曰："不可。先王耀德不观兵……于是乎有刑不祭，伐不祀，征不享，让不贡，告不王；于是乎有刑罚之辟，有攻伐之兵，有征讨之备，有威让之令，有文告之辞。布令陈辞而又不至，则增修于德而无勤民于远，是以近无不听，远无不服。"②（《国语·周语上》）

　　……故兵者不可不察。然夫乐兵者亡，而利胜者辱。并非所乐也，而胜非所利也。③（《孙膑兵法·见威王》）

　　恶战者，兵之王器也。④（《孙膑兵法·选卒》）

　　武侯……顾而谓吴起曰："美哉山河之固，此魏国之宝也！"起曰："……在德不在险……"⑤（《史记·孙子吴起列传》）

　　《晏子春秋》记载齐丁公讨伐曲城胜利后，迁出人民却扣留他们的财物，城中有人将财物装到运死人的车里，试图蒙混出城。丁公发现后说：用武力征服城池，凭借人多图谋别人的财物，这是不仁义的（"以兵降城，以众图财，不仁"⑥），于是放走了该人，

四、慎时动

　　对于"时"，《老子》只说了一句"动善时"⑦（第八章）。学者一般将"时"翻译为"时机"，不过"时机"有投机之意，除此之外，先秦语境中的"时"更多的是"按时"，尤其是指遵守天时。河上公注"动善时"道："夏散冬凝，应期而动，不失天时。"⑧对于上位者而言，时动是多方面的，它可以指养身方面的动，也可以指用民方面的动。就后者而言，先秦语境中的"时"，无处不体现着对人民"慈"的精神：

---

① 陈桐生，《国语》，第 2 页。
② 陈桐生，《国语》，第 2 页、第 5 页。
③ 骈宇骞：《孙子兵法 孙膑兵法》，北京：中华书局，2006 年，第 114 页。
④ 骈宇骞：《孙子兵法 孙膑兵法》，第 147 页。
⑤ 《史记》，长沙：岳麓书社，2011 年，第 396 页。
⑥ 汤化：《晏子春秋》，第 92 页。
⑦ 楼宇烈：《老子道德经注》，第 22 页。
⑧ 王卡：《老子道德经河上公章句》，北京：中华书局，1993 年，第 30 页。

二月乙酉朔，晋侯悼公即位于朝……节器用，时用民，欲无犯时。① (《左传·成公十八年》)

修民事，田以时。② (《左传·襄公四年》)

作事不时，怨讟动于民……③ (《左传·昭公八年》)

山泽各致其时，则民不苟；……无夺民时，则百姓富。④ (《国语·齐语》)

先君庄王为匏居之台，高不过望国氛，大不过容宴豆，木不妨守备，用不烦官府，民不废时务，官不易朝常。⑤ (《国语·楚语上》)

景公春夏游猎，又起大台之役。晏子谏曰："春夏起役，且游猎，夺民农时，国家空虚，不可。"⑥ (《晏子春秋·卷二·内篇谏下第二》)

作工不历时，使民不尽力。⑦ (《晏子春秋·卷三·内篇问上第三》)

昔者殷人诛杀不当，僇⑧民无时……⑨ (《晏子春秋·卷四·内篇问下第四》)

由以上引文中的粗体字不难看出：先秦有识之士所以对"时"特别重视，其中的一大原因是要与民休息，使民可以按时从事生产劳作，不因过度服役而缺乏休息的时间。否则，则会结怨于民，祸不远矣。理解了这层"时"的含义，再读《老子》的"动善时"，便多了一份"慈"的意味。

五、小结

综上可知，《老子》"慈"思想包括四个方面。第一，《老子》通过将民众之善与不善的责任归于上位的治理者，从而主张去除苛察之政，对于臣民的怨恨要还之以"德"。第二，上位的治理者应当节制自己贪图享乐的欲望、知足常乐，不要因为自己的个人享受而劳民伤财，否则一旦失去民心，积蓄得越多反而也将失去得越多。第三，对于战争要采取审慎、恬淡的态度，要善待士兵，以获得民众的支持。第四，要"按时"而用民力，不使民众疲于各种劳役。

值得注意的是，《老子》对民众的"慈"，并不等于放任民众自为。《老子》对于

---

① 郭丹：《左传》，第 1047 页。
② 郭丹：《左传》，第 1089 页。
③ 郭丹：《左传》，第 1704 页。
④ 陈桐生：《国语》，第 254 页。
⑤ 陈桐生：《国语》，第 601 页。
⑥ 汤化：《晏子春秋》，第 105 页。
⑦ 汤化：《晏子春秋》，第 229 页。
⑧ 僇——戮
⑨ 汤化：《晏子春秋》，第 277 页。

民众放任自为的状态是不信任的:"大道甚矣,而民好径。"①(第五十三章)"民之从事,常于几成而败之。"②(第六十四章)从《老子》中要为民众"立法"以指导民众这一点也可以看出对民众的不信任:"不尚贤,使民不争;不贵难得之货,使民不为盗;不见可欲,使民心不乱。"③(第三章)如果民众的"不善"应由上位的治理者负责,那么同样,民众的"善"也得通过上位治理者的引导才能实现。《老子》并不认为民众的放任自为可以达到和乐的"自然"状态。当然,《老子》的"为无为"④是在消极意义上而言的,"无为"之政只负责去除有害之政,而不进行具体的干涉。

---

① 楼宇烈:《老子道德经注》,第 145 页。
② 楼宇烈:《老子道德经注》,第 170 页。
③ 楼宇烈:《老子道德经注》,第 9 页。
④ 楼宇烈:《老子道德经注》,第 169 页。

《道德经》当代价值研究

《道德经》思想的完美展示

——论《道德经》对张良立身处世思想及实践的影响

魏周琳 *

内容提要：张良，字子房，战国末期西汉初年的伟大谋略家、军事家。曾为国家复仇，策划了击杀秦王嬴政的刺杀行动，轰动全国。后逃亡隐匿下邳时奇遇黄石公，得《太公兵法》，近十年参究，深得其髓。后参与刘邦的反秦队伍，为其谋划，终于推翻暴秦，赢得楚汉战争的胜利，建立了统一稳定的大汉王朝。他与韩信、萧何被并称为"汉初三杰"，但三杰中韩信被杀，萧何遭囚，善始善终且一直以"帝王师"被尊崇的唯有张良一人。那么他是如何在残酷的政治斗争漩涡中善始善终、受人尊崇、逍遥自适的呢？本文认为他主要是吸取了《道德经》的智慧来立身处世。主要表现在：以百姓心为心，辅助刘邦开创太平盛世；慈心于民，劝谏刘邦除秦贪淫、苛法；以知足、不争，慈敬、谦下的态度来立身处世；以贵生、轻利、超然世间的价值观来立身处世。

关键字：张良 《道德经》《黄石公书》 立身处世

一、张良其人

张良，字子房，其先祖为战国韩国人。祖、父两代共以宰相身份侍韩五位国君。秦灭韩时，张良尚小，未曾任官。但一心想为韩国复仇，以至于顾不得埋葬弟弟的尸体，就四处奔走谋划灭秦之计，后访得刺客，用重金收买以刺杀秦王。但刺杀行动失败。后张良便隐姓埋名于下邳（今江苏省睢宁县古邳镇）。

在下邳时，他曾遇仙人黄石公，被授之以《太公兵法》，从此有了运筹帷幄的本

---

* 魏周琳，武当山道教学院讲师。

领。在下邳时他行侠仗义，已聚青年党众一百余人。后遇起事的刘邦，刘邦很赏识他。他也称赞刘邦为："沛公殆天授。"①　至此，两人相识、相知、相惜。以后张良便辅佐刘邦南征北战，打下西汉赫赫江山。而刘邦也对张良称赞说："运筹帷幄之中，决胜千里之外，我不如子房。"后论功行赏，张良被封为留侯。

张良、韩信与萧何被并称为"汉初三杰"，但三杰中韩信被杀，萧何遭囚，善始善终且一直以"帝王师"尊崇的唯有张良一人。张良去世后，其子不疑继任留侯之位，后在文帝时因轻慢罪削去封爵。张良的八世孙为张道陵，开创了"天师道"，被学界称为"中国道教"的创始人，也被世人尊称为"祖天师"，其后天师之位传至六十三代天师张恩溥，这时已经到中华民国时期了。由此可见，张良立身处世之高明，为后世子孙所积福德之深厚，值得后世贤达学习参究。

二、《道德经》与张良的立身处世思想及实践

那么留侯张良何以成为立身处世"完人"呢？笔者认为他主要是运用了《道德经》的立身处世智慧。现探析如下：

（一）张良对《道德经》思想的学习

首先，战国中后期齐国稷下学宫成为黄老学说宣扬重镇，张良曾游历于此，当对黄老学说有一定的了解。张良因国破家亡，发奋图强，欲报家仇国恨。《史记·留侯世家》称："韩破，良家僮三百人，弟死不葬，悉以家财求客刺秦王。"②　他后曾"学礼于淮阳"③。学礼当是幌子，实则想结交豪杰，谋划灭秦之事。④　他在楚国没有遇到合适的人选，所以东游到齐国，访得沧海君，得遇大力士，后便有始皇东游、力士铁椎击秦王之事。齐国当时为战国思想学术最为活跃的地方，稷下学宫的黄老学说亦为当时之显学。张良作为一个有志向的贵族优秀子弟，对贵族主要修养的文化思想当然有极大的兴趣，所以也有淮阳学礼之说。在齐国寻访豪杰、谋划击杀秦王的近十年里⑤，他当对当时显学——稷下学宫的黄老之学应有所涉猎学习。

其次，刺秦王失败后，他改姓易名，匿居于下邳，其间奇遇黄石公，得《太公

---

①　张大可：《史记全书新注》，西安：三秦出版社，1990 年，第 1250—1251 页。

②　张大可：《史记全书新注》，第 1249 页

③　张大可：《史记全书新注》，第 1249 页。

④　张大可、徐日辉：《张良 萧何 韩信评传》，武汉：华中科技大学出版社，2022 年，第 9 页。

⑤　据《张良 萧何 韩信评传》考证，张良于公元前 227 年离开楚国淮阳到齐国寻访豪杰至公元前 218 年博浪沙刺杀秦王。参见，第 239—240 页。

兵法》,自此开始潜心揣摩黄老道家学说约十年时间 ①。《太公兵法》即《黄石公素书》,是一本黄老学经典著作。当代高道任法融曾在其《黄石公素书释义》中对其内容做了精要的概括:"《素书》是以道家思想为宗旨,集儒、法、兵的思想发挥道的作用及功能,同时以道、德、仁、义、礼为立身治国的根本,揆度宇宙万物自然运化的理数,以此认识事物、处理事物的智慧之作。" ②《老子》论的是道之宏观整体,《素书》是将道的整体与作用及表现形式(夫道、德、仁、义礼五者一体也)统为一贯,集为一体,同时《素书》不仅是一部修身处事的格言集,而且是一部治国统军的政论书。" ③ 所以《素书》中处处闪耀着《道德经》的智慧。比如其称"道者,人之所蹈,使万物不知其所由", ④ 正是《道德经》所讲的"道生万物"的道理。"德者,人之所得,使万物各得其所欲", ⑤ 正是《道德经》所讲的"德畜养万物"的道理。"神莫神于至诚"正是《道德经》"昔之得一者,天得一以清,地得一以宁,神得一以灵,谷得一以盈,万物得一以生。侯王得一为天下贞" ⑥ 此章所讲的道理。"绝嗜禁欲,所以除累" ⑦ "贬酒阙色,所以无污", ⑧ 正是《道德经》所讲"五色令人目盲,五音令人耳聋,五味令人口爽,驰骋畋猎令人心发狂,难得之货令人行妨" ⑨ 的道理。"仁者,人之所亲,有慈惠恻隐之心,以遂其生成", ⑩ "恭俭谦约,所以自守", ⑪ 正是《道德经》所讲"吾有三宝,持而保之。一曰慈,二曰俭,三曰不敢为天下先" ⑫ 的理论。"吉莫吉于知足,苦莫苦于多愿" ⑬ 正是《道德经》所讲的"祸莫大于不知足,咎莫大于欲得"。⑭ "阴计外泄者败" ⑮ 正是《道德经》所讲"以奇用兵" ⑯ 之道。"小功不赏,则大功不立;小怨不赦,则大怨必生" ⑰ 正是《道德经》所讲"合抱之木,生于毫末;九

---

① 据《张良 萧何 韩信评传》考证,张良于公元前 218 年得《太公兵法》至公元前 209 年 9 月在下邳起事。同年 7 月陈胜、吴广起义。参见,第 240—241 页。

② 任法融:《黄石公素书释义》,西安:三秦出版社,1993 年,第 47 页。

③ 任法融:《黄石公素书释义》,第 48 页。

④ 任法融:《黄石公素书释义》,第 58 页。

⑤ 任法融:《黄石公素书释义》,第 58 页。

⑥ 高明:《帛书老子校注》,北京,中华书局出版社,1996 年,第 9 页。

⑦ 任法融:《黄石公素书释义》,第 58 页。

⑧ 任法融:《黄石公素书释义》,第 58 页。

⑨ 高明:《帛书老子校注》,第 273 页。

⑩ 任法融:《黄石公素书释义》,第 58 页。

⑪ 任法融:《黄石公素书释义》,第 58 页。

⑫ 高明:《帛书老子校注》,第 160 页。

⑬ 任法融:《黄石公素书释义》,第 59 页。

⑭ 高明:《帛书老子校注》,第 48 页。

⑮ 任法融:《黄石公素书释义》,第 59 页。

⑯ 高明:《帛书老子校注》,第 101 页。

⑰ 任法融:《黄石公素书释义》,第 130 页。

层之台,起于累土"。① "患在不预定谋"② 正是《道德经》所讲 "为之于未有,治之于未乱"③ 的道理。"山将崩者,下先隳;国将衰者,民先弊"④ 正是道德经 "高以下为基" 的道理⑤ 等。可见《太公兵法》中到处充满着《道德经》的智慧。张良在下邳近十年间仔细揣摩玩味于此,当对《太公兵法》有着深刻的理解,在其后来帮刘邦出奇谋巨策便能窥见一斑。

（二）张良对《道德经》立身处世思想的具体实践

其一,以苍生为念,辅佐明君,推翻暴秦,开创太平盛世

秦以强弩铁骑荡平六国,结束了七国混战的局面,但并未给老百姓以安居乐业的生活。修建极奢华的宫殿,如阿房宫,项羽火烧它,竟然烽火连三月;修建西起临洮东至辽东浩浩万里的万里长城,孟姜女哭长城,就是当时百姓对繁重徭役悲苦呼唤的反映;还有严刑峻法、连坐制度等。这致使经历战国烽火摧残的老百姓们雪上加霜,苦不堪言。故司马迁在《史记·陈涉世家》中表达出人民的心声:"天下苦秦久矣!"⑥ 所以才能平平的农家子弟陈涉振臂一呼,天下响应,群雄并起,短短八年,立国近六百年,统一六国的强大秦国土崩瓦解、灰飞烟灭。

《道德经》曰:"圣人无常心,以百姓心为心。"⑦ 张良正处于此风起云涌的巨变时代,恨国破家亡,视民间疾苦,故决意杀死暴君秦王,推翻秦苛政,还天下一个清明盛世,而这正是天下百姓共同的呼声。于是其挟《太公兵法》"运筹帷幄",辅佐明主刘邦打下了天下。按《史记·留侯世家》所载,其 "运筹帷幄" 中最重要的谋略有:帮助刘邦克宛城、武关、峣关、蓝田进兵咸阳;劝说刘邦退出咸阳皇城,移居灞上,除秦苛法 "约法三章";帮助刘邦,封为汉王,并烧毁蜀道以绝项羽对刘邦的疑心;刘邦被围荥阳时,否决了谋士郦食其分封诸侯国以解围的不适宜策略;为刘邦选出对抗项羽的三股势力,黥布、彭越、韩信,并予以封王;广武对峙张良用计假和,项羽东撤,而趁撤追击,致使项羽彻底失败;劝刘邦封雍齿为什邡侯,安定官将群臣之心;附议刘敬定都关中,称关中有守可攻,且金城千里为天府之国;为刘邦出奇计离间陈豨部将荡平陈豨叛乱;建言萧何为丞相;献计请来 "商山四皓" 帮助汉惠帝刘盈保住了太子之位,登上了皇位,使政权稳定等。这些对刘邦夺取及安定天下来说都是重大决策。所以辅佐明君解除暴秦之苦安定天下是张良对汉代百

---

① 高明:《帛书老子校注》,第137页。
② 任法融:《黄石公素书释义》,第130页。
③ 高明:《帛书老子校注》,第135页。
④ 任法融:《黄石公素书释义》,第131页。
⑤ 高明:《帛书老子校注》,第14页。
⑥ 张大可:《史记全书新注》,第1192页。
⑦ 高明:《帛书老子校注》,第58页。

姓的最大贡献。

其二，以暴秦为鉴，劝诫刘邦戒奢、除苛法而爱民

张良劝刘邦以暴秦为鉴，戒奢、除苛法而爱民。最好的实例便是，劝刘邦退出皇城，移居灞上，废除苛法、定"约法三章"的法令。据《史记·留侯世家》载当时刘邦率先攻破咸阳城，被咸阳城的富庶繁华所诱惑，想留居皇城享受秦王般的奢华。樊哙劝谏不听。张良劝谏："夫秦为无道，故沛公得至此。夫为天下除残贼宜缟素为资。今始入秦，即安其乐，此所谓助桀为虐。且忠言逆耳利于行，毒药苦口利于病。愿沛公听樊哙言。"① 刘邦最终听取了张良的劝谏，封存宝物、舍弃美人而退居灞上。秦自商鞅以来实行法家思想治国。严刑苛法、连坐制度等，使民众饱受峻法与酷刑，苦不堪言。刘邦退回灞上，即颁布"约法三章"的法令，即"杀人者死，伤人及盗抵罪"②，同时除去了秦连坐等繁法、酷刑。法令一张贴便得到了关中秦民的认可与欢迎。《史记》载："秦人大喜，争持牛羊酒食献飨军士。"③ 其"爱民"思想还突出地表现在对"降将"的善待和对百姓的"安抚"上。在攻下宛城后，张良建议善待降将、安抚百姓，"诸所过毋得掠虏"④，此善举得到了南阳郡百姓官将的一致拥护。

《道德经》曰："常有司杀者杀。夫代司杀者，是谓代大匠斫。夫代大匠斫者，稀有不伤其手矣。"⑤ 这是讲代天杀伐者，很少有不伤到自身者。"夫兵者，不祥之器，物或恶之，故有裕者弗居。……勿美也，若美之，是乐杀人也。夫乐杀人，不可以得志于天下矣。……杀人众，以悲哀泣之；战胜，以丧礼处之。"⑥ 可见老子对杀人的战争的极力反对。而张良的那些对"黎民""降将"的举措正是《道德经》倡导的"不乐杀人"的表现，如此则可"得志于天下矣"！而项羽则相反。章邯归降后项羽怕秦军入关中后不听楚军调令，故坑杀章邯归降的兵卒二十余万。⑦

《道德经》曰："我有三宝，持而保之，一曰慈，二曰俭，三曰不敢为天下先。"⑧ "慈"者慈心于人、物，善待降将、安抚百姓、废除苛法、约法三章、不焚烧宫室等政策都是"慈"的表现；"俭"者，不淫于物欲，退出奢华的秦宫即是"俭"的表现；"不敢为天下先者"，不贪于名、利，移居灞上不以"关中王"自居正是这种谦让的表现。

---

① 张大可：《史记全书新注》，第 1251 页。
② 张大可：《史记全书新注》，第 196 页。
③ 张大可：《史记全书新注》，第 196 页。
④ 张大可：《史记全书新注》，第 196 页。
⑤ 高明：《帛书老子校注》，第 190 页。
⑥ 高明：《帛书老子校注》，第 387—395 页。
⑦ 张大可：《史记全书新注》，第 164 页。
⑧ 高明：《帛书老子校注》，第 160 页。

《道德经》曰:"法令滋彰,盗贼多有。"① 而秦正是以法家立国,法令繁多、惩罚严苛,致使民不聊生,困苦不堪。老子倡导一种清净自然、无为而治的治理社会的方式,而"刑法"者为最等而下之治理方式。老子曰:"故失道而后德。失德而后仁。失仁而后义。失义而后礼。夫礼者忠信之薄而乱之首。"② 而"法"之"刑法"(更倾向于恐怖威慑的"罚")更属于"礼"之后的治理方式。而废除苛法、约法三章而宽以待民,这正是张良对秦"法令滋彰"的回应。

以上可以看出张良正是利用《道德经》治国理念辅佐刘邦治理天下的。

其三,以节俭、知足、不争的态度来立身处世

关于张良节俭的节操从上文他劝刘邦不要以暴秦搜刮的民脂民膏来贪图享乐就可以窥见一斑。刘邦打下天下,大封功臣亲信之时,张良不择广大肥美的"齐三万户"封地,而选择了相对贫瘠狭小的封地"留地"。功劳列序,竟甘居第六十二位。尽管刘邦认为张良在反秦、楚汉战争中立了头功。刘邦与群臣讨论项羽失败而自己能胜的原因时明确了张良厥功至伟:"夫运筹帷幄之中,决胜千里之外,吾不如子房;镇国家,抚百姓,给馈饷,不绝粮道,吾不如萧何;连百万之兵,战必胜、功必去,吾不如韩信。此三者人杰也,吾能用之,此吾所以取天下也。"③ 刘邦让张良"自择齐三万户"④。而齐是当时天下最富有的地方,可见刘邦对张良首功的认可。而《史记·留侯世家》也记载了张良的推辞之语:"始臣起下邳,与上会留,此天以臣授陛下。陛下用臣计,幸而时中,臣愿封留足矣,不敢当三万户。"⑤ 相较于张良的知足、不争,而此时群臣正在争功竞赏。所以为稳住群臣争功不安之心才有张良建言刘邦封他最不喜欢的雍齿为什邡侯之事。⑥ 后来张良自称道:"家世相韩,及韩灭,不爱万金之资,为韩报仇强秦,天下振动。今以三寸舌为帝者师,封万户,位列侯,此布衣之极,于良足矣。愿弃人间事,欲从赤松子游耳。"⑦ 可见其知足、超然的心态。大史学家司马光在《资治通鉴考异》中对张良的"知足"精神也大加褒扬:"夫功名之际,人臣之所难处,如高帝所称者,三杰而已。淮阳诛夷、萧何系狱、非以履盛满而不止耶! 故子房托于神仙,遗弃人间,等功名于外物,置荣利而不顾,所谓明哲保身者,子房有焉。"⑧ 也正是他没有恃功争利,节俭、知足所以没有成为政治斗争的牺牲

---

① 高明:《帛书老子校注》,第 105 页。
② 高明:《帛书老子校注》,第 5 页。
③ 张大可:《史记全书新注》,第 206 页。
④ 张大可:《史记全书新注》,第 1254 页。
⑤ 张大可:《史记全书新注》,第 1254 页。
⑥ 张大可:《史记全书新注》,第 1255 页。
⑦ 张大可:《史记全书新注》,第 1258 页。
⑧ 司马光:《资治通鉴》,上海,上海古籍出版社,1987 年,第 73 页。

品，践行老子智慧，以养生、神仙事为人生终极追求而超然于世。

老子曰："上善若水，水善利万物而不争。"① 又曰："罪莫大于可欲，祸莫大于不知足，咎莫憯于欲得。故知足之足，常足矣。"② 又曰："知足不辱，知止不殆，可以长久。"③ "是以圣人为而不恃，功成而不处。其不欲见贤！"④ 张良所为正是《道德经》"节俭""知足""不争"精神的表现。

其四，以慈敬、谦下的态度来立身处世

张良慈心于人、物。以苍生为念，辅助刘邦打天下及劝刘邦崇俭不奢、宽民休养都是他慈心的另一种表现。敬爱长者，谦下处世也是他极高修为的表现。这在他与黄石公仙人相遇的故事中就有所表现。《史记·留侯世家》载曰："良尝间从容步游下邳圯上，有一老父衣褐至良所，直堕其履圯下，顾谓良曰：'孺子下取履。'良愕然，欲殴之，为其老，乃强忍下取履。父曰：'履我。'良业为取履因长跪进履之。父以足受之，笑而去。良殊大惊，随目之。父去里所复还曰：'孺子可教矣！后五日平明与我会期此。'良因怪之跪曰：'诺'。五日平明良往，父已先在，怒曰：'与老人期后何也？'去。曰：'后五日早会。'五日，鸡鸣良往。父又先在，复怒曰：'后何也？'去。曰：'后五日复早来。'五日，良夜未半往，有顷，父亦来，喜曰：'当如是。'出一编书曰：'读此是则为王者师矣！后十年兴，十三年孺子见我济北谷城山下，黄石即我矣。'已，遂去无他言。不复见。旦日视其书，乃太公兵法也。"⑤ 此事为张良34岁时所为。作为一个贵族公子，又刚刺杀完秦王，可谓血气方刚、豪气冲天之时，却能低头为一位素不相识的贫贱老者捡鞋、长跪穿鞋，真是能忍、能下、能慈！

老子曰："江海所以能为百谷王者，以其善下之，故能为百谷王。"⑥ 又曰："大邦者下流也，天下之牝。天下之交也，牝恒以静胜牡，为其以静也，故宜为下。大邦以下小邦，则取小邦；小邦以下大邦，则取于大邦。故或下以取，或下而取。故大邦者不过欲兼畜人，小邦者不过欲入事人。夫皆得其欲，大者宜为下。"⑦ 张良不正是有此品德吗！

其五，以贵生、轻利、超然世间的价值观来立身处世

慈心与人、物已表现出其悯爱苍生万物的贵生情结。当然热爱自己的生命也应然是"贵生"思想的极为核心的表现之一。他也甚爱自己的生命，寻求生命的进一

---

① 高明：《帛书老子校注》，第 253 页。
② 高明：《帛书老子校注》，第 48—49 页。
③ 高明：《帛书老子校注》，第 41 页。
④ 高明：《帛书老子校注》，第 206 页。
⑤ 张大可：《史记全书新注》，第 1250 页。
⑥ 高明：《帛书老子校注》，第 145 页。
⑦ 高明：《帛书老子校注》，第 121—125 页。

步升华之路。天下大定，张良跟随刘邦入关后，便以身体有病而闭门不出一年多，专心练习导引吐纳、辟谷食气等强生久视的神仙之道。后除了受命整理兵书、为太子出谋请来"商山四皓"、任太子少傅这些职事外，基本上都以退隐的姿态处世，不再过问朝事，而将更多精力和时间投入了导引、辟谷等轻身仙术上去了。《史记·留侯世家》记载："'愿弃人间事欲从赤松子游耳。'乃学辟谷、道引轻身。"① 如此者约十年时间，直至终了。

生命在世间的意义何在？"名与身孰亲？身与货孰多？得与亡孰病？"② 老子提出了这一引人深思的命题。老子在《道德经》中反问道："为什么拥有万乘战车的君主却以身轻于天下呢？""奈何万乘之主，而以身轻天下？"③ "故贵以身为天下者，若可寄天下；爱以身为天下者，若可托天下。"④ 此即"贵自身胜于贵天下，这样的人才可以寄天下；爱自身胜于爱天下，这样的人才可以托天下"。而张良也正是在"名""货""天下"与"身"间选择了"身"。在功名、利禄间选择了超然物外的"逍遥"。这正表现出了老子所提倡的天之道的处世精神："功遂身退，天之道。"⑤ "万物作焉而不辞，生而不有，为而不恃，功成而弗居。"⑥

生命最完美的归宿为何？老子认为源于"道"而归于"道"便是生命最完美的归宿。张良"功遂身退"后，便专心于延年轻身的神仙道术。"愿弃人间事欲从赤松子游耳。"赤松子者，得道成仙之人。《列仙传》中记载《赤松子》为："赤松子者，神农时雨师也。服水玉，以教神农，能入火自烧。往往至昆仑山上，常止西王母石室中，随风雨上下。炎帝少女追之，亦得仙俱去。至高辛时复为雨师。今之雨师本是焉。"⑦ 老子所说的"善摄生者"概同于此。"盖闻善摄生者，陆行不遇兕虎，入军不被甲兵；兕无所投其角，虎无所措其爪，兵无所容其刃。"⑧ "含德之厚，比于赤子。蜂虿虺蛇不螫，猛兽不据，攫鸟不搏。"⑨ 张良的人生理想境界大概是这种含德深厚，纯真无染如婴儿一般，而天地万物无所伤其身，长生久视，逍遥自在的境况。这正是张良超越常态世俗生命状态而走向进一步升华生命的终极"道"的真实写照。

---

① 张大可：《史记全书新注》，第 1258 页。
② 高明：《帛书老子校注》，第 40 页。
③ 高明：《帛书老子校注》，第 358 页。
④ 高明：《帛书老子校注》，第 282 页。
⑤ 高明：《帛书老子校注》，第 261 页。
⑥ 高明：《帛书老子校注》，第 232 页。
⑦ 王书岷：《列仙传校笺》，北京，中华书局，2007 年，第 1 页。
⑧ 高明：《帛书老子校注》，第 67—68 页。
⑨ 高明：《帛书老子校注》，第 90 页。

三、小结

由上可见，张良运用《道德经》思想来立身处世。"以百姓心为心"剪除暴秦，辅佐刘邦开创大汉太平盛世；戒奢、除苛法而爱民；以节俭、知足、不争的态度来立身处世；以慈敬、谦下的态度来立身处世；以贵生、轻利、超然世间的价值观来立身处世。大概张良心目中的人生理想境界便是功成身退，了却人间事而欲从赤松子游耳！从而超越世俗一般的欲望与境界，达到与天地贯通、逍遥自在的道的终极境界。这也为后世贤达树立了一个极好的典范，后世对其敬仰、传颂经久不绝。无数座"留侯庙"便是人们对他追思、敬仰的印证，无数热情洋溢的赞美之词验证着人们对他丰功伟业和高尚品质的赞许与向往！

张良的立身处世的思想也给我们提供了一个提升生命质量的一种路径。世间功德圆满后，趋向一种更高的生命追求，而不是沉迷于美色、锦衣、美食，不是恣意于无休止的名位、权势，不再满足于子孙满堂、承欢膝下，而是转向关爱生命的延年轻身之术、精神逍遥之途，正所谓"愿弃人间事，欲从赤松子游耳"。

明代高僧憨山大师曾在其《道德经解》中高度评价张良说："吾意自庄周以下，功名之氏，得老氏之精者，唯子房一人而已。以此较之，周善体而良善用，方朔得之而流为诡矣。其他何足以知之。"①宋代大儒、理学家、易学家邵雍在《读张子房传吟》赞颂道："汉室开基第一功，善哉能始又能终。直疑后日赤松子，便是当年黄石公。用舍随时无分限，行藏在我有穷通。古人已死不复见，痛惜今人少此风。"②张良真是历史上少有的能将《道德经》智慧活学活用的人物！

---

① 憨山：《老子道德经解》，武汉：崇文书局，2015年，第18—19页。

② 邵雍：《康节说易全书》（陈明点校），上海：学林出版社，2003年，第208页。

《老子》的思维范式论纲之比类式思维

路永照 *

内容提要:《老子》以比类式思维展开其思想体系,以天道比类人道建立社会治理的理想价值模范,使得其道论既建立在对现实政治困境走出的思考上,又富有深层的理论支撑,为中国哲学道论范畴的确立奠定了基础,也深刻影响了中国古代哲学的思维范式与言说方式。

关键词:《老子》 比类 思维

老子道学的传统解读,即以道为生成万物的来源,是事物存在的根据或本体。从老子道论的基本含义推究可以得出如上结论,这也是老子哲学比一般政治哲学深刻的地方,即他从事物的本质属性来论述无为政治的合理性。然而《老子》文本中涉及自然事物、人生经验的大量描述是不是阐明道之普遍作用的呢?这个问题是很容易弄混的。老子的道是社会治理之道,为了给这个社会治理之道找根据,便以天道规律作为比喻,这是其论述的基本方式。正因为这个天道是比类,所以它不是横亘天道与人道的"道"。比如,天道有均衡、自然的规律,这对人道没有约束,人之治道可以与之一致,也可以不一致,即天道是一示范作用。在《老子》中有明确的"天之道"与"人之道"的对举,多是直接述天道规律,进而转入人道论述的,作为比类思维材料的"天道"则有多种类型。

一、比类类型

《老子》中用以比类的事物类型不一,这缘于其所承担的主要论述功能不一。而正因为比类的丰富,读者恰应该从中明确比类事物取其理,以其理启治世之道,而

---
* 路永照(1971—),山东滨州人,主要从事道家哲学研究,温州大学哲学与社会发展研究所副教授。

不是反过来以为是老子给出的一种总体的道横亘自然、人生、政治等。

第一种类型为自然事物，如"柔"性的事物。第七十六章有："人之生也柔弱，其死也坚强。万物草木之生也柔脆，其死也枯槁。故坚强者死之徒，柔弱者生之徒。是以兵强则不胜，木强则兵。强大处下，柔弱处上。"这里"柔性"的有人体、草木、兵等，但老子并非一味尚柔，"柔"是作为对上文中"坚强"之徒的消解一面而出现的，即坚强未必就是好的，柔的事物亦有强大的一面。第十章有："载营魄抱一，能无离乎？专气致柔，能婴儿乎？涤除玄览，能无疵乎？爱民治国，能无知乎？天门开阖，能无雌乎？明白四达，能无为乎？生之、畜之，生而不有，为而不恃，长而不宰，是谓玄德。"这里的"专气致柔"处在"营魄抱一""涤除玄览"的比类序列之中，指向的是章旨归结的"玄德"。"雌柔"在此处传达的意思是"不干扰"，这与治国的"不有""不恃""不宰"是相当的。这种比类是多事物一性质，为《老子》所常用。当然，《老子》中最典型的"柔"是"水"。第八章有："上善若水。水善利万物而不争，处众人之所恶，故几于道。居善地，心善渊，与善仁，言善信，正善治，事善能，动善时。夫唯不争，故无尤。"其中"居善地，心善渊，与善仁，言善信，正善治，事善能，动善时"被称为"水德七善"，这是一事物多性质，亦为《老子》比类所用。多事物一性质、一事物多性质目的都是加强语气、强化论述效果。"几于道"明显指出，"水"性本身并不就是"道"，而只是与"道"相近。显然，这里的"道"便是"治世之道"，而不是自然之道或本体之道。第七十八章有："天下莫柔弱于水，而攻坚强者莫之能胜，其无以易之。弱之胜强，柔之胜刚，天下莫不知，莫能行。是以圣人云，受国之垢，是谓社稷主；受国不祥，是为天下王。正言若反。"这里有明显用于转折的"是以"，表明其前文为比类所用，是为"圣人云"的内容做论述证据的。"圣人"所云，没有"柔"的要求，而是受"垢""不祥"，其与"柔"的共同之处在于，这都是一般人不愿意选择的方向，以水柔为比的目的便在此。若因此推论老子价值归宿在"柔"，是未能理解《老子》论说方式的想法。

第二种类型为运动规律。老子特别引入事物辩证发展的自我否定规律来论说自然事物运动的自身自洽性与超越人的世俗认识特点，从而为无为治国、给事物以自然发展的空间找出依据。第二十二章说："曲则全，枉则直，洼则盈，敝则新，少则得，多则惑。是以圣人抱一，为天下式。不自见故明，不自是故彰，不自伐故有功，不自矜故长。夫唯不争，故天下莫能与之争。古之所谓曲则全者，岂虚言哉！诚全而归之。""曲则全，枉则直，洼则盈，敝则新，少则得，多则惑"这五"则"就是事物自我否定的特点。所谓"反者，道之动"（《老子》第四十章），老子是以事物运动的辩证规律来警示在上为政者不可自居其功。"是以"文下转入"圣人"治世之道，由"不自见故明，不自是故彰，不自伐故有功，不自矜故长"的四个"不自"得出

"不争"的结论，再回头与"曲全"相合，实际上是比类引出、比类为结。第三十六章说："将欲歙之，必固张之；将欲弱之，必固强之；将欲废之，必固兴之；将欲夺之，必固与之，是谓微明。柔弱胜刚强。鱼不可脱于渊，国之利器不可以示人。"这一章的四"欲"四"固"，也是正向作用、反向结果的比类，意在表述事物发展的复杂性，启示为政以无为而使得事物释放自身的内在活力。韩非的解老以此大做术、道文章，后世更以老子为阴谋家，实是未解比类之用。

第三种类型为修养方式。这里的修养方式指士德之修养，特别是精神层面的修养。第十五章说："古之善为士者，微妙玄通，深不可识。夫唯不可识，故强为之容。豫兮若冬涉川，犹兮若畏四邻，俨兮其若容，涣兮若冰之将释，敦兮其若朴，旷兮其若谷，混兮其若浊。孰能浊以静之徐清？孰能安以久动之徐生？保此道者不欲盈，夫唯不盈，故能蔽不新成。"借古为喻是古代论说常用的方式，此处之"古"实为理想模式。士是提升能力、增进修养与学识以求为世所用者。老子说这里的"士"是"微妙玄通"的，关键在于不外在表现，不以外在的追求作为满足自己主观意志的条件，后以"孰能"反问，归入"不欲盈"，便是老子用"为士"所比类的对象。第六十八章同样为"为士"之说："善为士者不武，善战者不怒，善胜敌者不与，善用人者为之下。是谓不争之德，是谓用人之力，是谓配天古之极。"这里以"为士"发起论说，关键都落在否定式的"不武""不怒""不与""为之下"上，"是谓"则是对比类材料伸展出的价值进行归纳，核心是由上述否定式表述落在"不争"。不争功、不以居上为狭隘选择对于为士与治国而言都是基本原则。

第四种类型为养生法则。从出土材料看，以术养生为春秋战国时期贵族圈流行之时尚。老子亦反复以养生原则为比类论治世之道。第五十章说："出生入死。生之徒十有三，死之徒十有三。人之生动之死地，亦十有三。夫何故？以其生生之厚。盖闻善摄生者，陆行不遇兕虎，入军不被甲兵，兕无所投其角，虎无所措其爪，兵无所容其刃。夫何故？以其无死地。"这里举出来两种养生作为对比，一是凭主观意愿胡折腾，结果是"动之死地"的，"以其生生之厚"。一是"善摄生者"，不惧野兽、甲兵，其摄生之道，在于"无死地"。"无死地"一词比较模糊，到底何指可能也无法论证清楚了，但从"无"这个否定式表达可以大致推论出，"无死地"应该是与"无为"同类范畴的，而这也正是此章比类材料引进来所要类归之处。第五十五章也是与养生有关的一则材料："含德之厚，比于赤子。蜂虿虺蛇不螫，猛兽不据，攫鸟不搏。骨弱筋柔而握固。未知牝牡之合而全作，精之至也。终日号而不嗄，和之至也。知和曰常，知常曰明，益生曰祥，心使气曰强。物壮则老，谓之不道，不道早已。"这里以"赤子"比喻"含德"，再进一步对比"益生"致祥（此处为妖祥之意）的现象，而由读者自己得出顺应自然之道治国的道理，是比喻加比类。或问，既然没有作为治世方向的"圣人之道"出现，为什么不能理解此章就是讲养生理念的呢？一方面老子对于"益生"和"生生"的嘲讽是跃然纸上的，决不会对此津津乐道，他只是就社会现象而引申治国之理；另一方面，分析老子观点必须把老子的相关论述放到他的整个哲学体系中去理解。如第五十九章说："治人事天，莫如啬。夫惟啬，是以早复，早复谓之重积德。重积德则无不克，无不克则莫知其极，莫知其极可以有国。有国之母，可以长久。是谓深根固柢、长生久视之道。"这一章也似乎仅就治身之道而言，但宋代注老学者林希逸分析道："啬者，有余不尽用之意。啬则能有而无，能实而虚，宜其可以治人，宜其可以事天。早复者，言啬则归复于根。极者，早矣，早，不远也。复，返本还元也。德至此，则愈积愈盛矣。重，愈积之意也。克，能也。德愈盛，则于事无不可能也。莫知其极者，用之不穷也。用之不穷，则可以为国而长久。母者，养也，以善养人者，服天下也。治国者如此，养生者亦如此。养生而能啬，则可以深其根，固其柢，可以长生，可以久视。根柢，元气之母也。久视，精神全可以久视而不瞬也。今之服气者，或有此术，虽非老子之学，可以验老子之言。此章乃以治国喻养生也。"① 应该说，对比一般治老者依文解义，林希逸的认识则深刻、精准了许多。

第五种类型为兵家之道。《老子》中谈兵的章节很多，以传世本看，明显涉及军事的论述有十章之多。怎么看这些论兵章节呢？古来有以《老子》源出兵家或《老子》为兵书之说，这种认识都有问题。举第三十一章为例，该章说："夫佳兵者，不祥之器，物或恶之，故有道者不处。是以君子居则贵左，用兵则贵右。兵者，不祥之器，非君子之器，不得已而用之，恬淡为上。故不美也，若美必乐之，乐之者是乐杀人也。夫乐杀人者，不可得志于天下矣。故吉事尚左，凶事尚右。是以偏将军处左，上将军处右，言居上势则以丧礼处之。杀人众多，以悲哀泣之。战胜，以丧礼处之。"该章有涉及军事斗争原则的"恬淡为上"，但更强调的是"兵"为"不祥之器""非君子之器"。如果说《老子》是兵书，还不如说它是反战著作。林希逸仍以比类视角看待相关论说。对于此章，他分析道："此章全是以兵为喻，兼当时战争之习胜，故以此语戒之。佳兵，喜用兵者也。以用兵为佳，此不祥之人也，以不祥之人而行不祥之事，故曰不祥之器。此天下之所恶，故有道者不为之。且君子之居，每以左为贵，而兵则尚右，便是古人亦以兵为不祥之事。非君子之所乐用，必不得已而后为之，不幸而用兵，必以恬淡为尚。恬淡，无味也，即是不得已之意也，虽胜亦不以为喜。不美者，言用兵不是好事也。若以用兵为喜，则是以杀人为乐，岂能得志于天下。孟子曰：不嗜杀人者能一之。亦此意也。偏将军之职位本在上将军

---

① 林希逸：《道德真经口义》，《道藏》第 12 册，第 717 页。

之下—今上将军居右，而偏将军居左，是古人以兵为凶事，故以丧礼处之。左，阳也。右，阴也。丧礼则尚阴，幸而战胜，亦当以居丧之礼，泣死者而悲哀之可也。以势而言，下反居上，故曰言居上势。此章之意，盖言人之处世，有心于求胜者，皆为凶而不为吉也。"① 林希逸对于具体文句的分析限于其时仅有传世本可参考尚有歧解之处，但他处理《老子》文本于专门基本视角的做法无疑是可取的。有为常基于恃强，军事活动中有居下反而会占得先机之现象，由此可反思过度有为之害。不过，从另一方面而言，对于《老子》中言兵之事不以比类看，亦能说得通。因为，老子要推行他的无为政治，就不能回避当时所要面对的具体问题。"国之大事，在祀与戎"（《左传·成公十三年》），遭逢乱世的春秋时期，哪个国家能置身战争之外？据统计，从公元前643年至前476年，春秋中后期仅齐国参加的重要战争就有39次之多。② 《老子》谈兵之论，也就是给出当无为政治遭遇战争危难怎么办的答案。一句话，打仗凭的是实力，但不能因实力雄厚，在上者就耀武扬威、穷兵黩武，打仗不是好事，不得不卷入战争也以迅速取得胜利为目的，而不能以好战牺牲百姓和空乏国力。

二、比类目的

正如《庄子》以寓言为论述特色，《老子》以比类为基本表述特点，只是在《庄子·天下》中，庄子对其本身语言特色做了总结，而《老子》限于文本之简并没有表明这一点。中国古代早期的哲学作品用寓言、比类是自觉所为，也是自然的选择，因为在文字于形上意义表述困难时，引类以比就是理想的选择，后世的禅宗不也是如此吗？也就是说，《老子》之所以引入大量比类，在于他要讲说的道理之深刻非借此不便说清。

第一，明确"天道"自然、无私、均衡的规律性，提示"人道"亦如此。《老子》比类类型虽出于多种，然而括而概之，可归于"天道"，这是对"人道"而言的。"天道"的特点是自然规律之作用，无论是自然事物的存在、发展，还是人自身生命的变化，都受到基本的自然规律约束，这种自然规律是非主观意志的、普遍的、均衡的，呈现出自我否定的辩证发展趋势。而"人道"是治理国家之道，出于主观设计。何种设计是最合理的？这可能永远也不太好形成定论，但有一点是清楚的，在上者权力在握，往往出于个人认识和个体欲望驱民于役，有为过度，而没有给百姓自身要求提供充足空间。因此，从这个意义上看，"人道"效法"天道"的普遍与无意志，给事物本身内在要求的达成释放一定空间就是一种选择了。所以，老子举"天道"

① 林希逸：《道德真经口义》，《道藏》第12册，第708页。

② 徐勇：《先秦时代齐国参加的主要战争述略》，《烟台大学学报（哲学社会科学版）》1997年第2期。

并不是言明它对于人道的决定作用，而是示范作用。

第七章说："天地所以能长且久者，以其不自生，故能长生。是以圣人后其身而身先，外其身而身存。非以其无私邪？故能成其私。"这是从人"私其身"出发去反观天道，天地是无意志存在，不自私，反而天长地久。"是以"后举出"圣人之道"，这是人道的理想，与天道相类，也是不自私的。言下之意，治世者当以天地存在得到启发，实践圣人之道，不以"私其身"为出发点治世。

老子以"天道"自然现象比类治世之道，指出强力的控制性手段难以持久奏效。第二十三章说："希言自然。故飘风不终朝，骤雨不终日。孰为此者？天地。天地尚不能久，而况于人乎？"暴风骤雨发动起来十分激烈，但是不可能持久，这是人们所熟知的自然现象。老子以此告诫在上为政者，面对社会治理的困局，往往想以强力的措施驱民进入某种秩序，但这就像强大如自然（"天地"）尚且不能以极端天气形式长期作用，强权政治、强力调控都无法持久为功。"天地"对应的是"人"，"人"指"有为之君"（蒋锡昌即如此看①）。"飘风""骤雨"对应的"人"的治世手段被省略了，但应该指什么，显然是清楚的。从"天道"类"人道"，这里强调的是社会的发展由复杂因素作用而有自身规律，完全主观干涉作用有限。

第二十四章道："企者不立，跨者不行，自见者不明，自是者不彰，自伐者无功，自矜者不长。其在道也，曰余食赘行。物或恶之，故有道者不处。"在此处，凭主观意志指挥社会变动的行为被与"企者""跨者"相类，想得远，意志强，但是现实条件却是导致站不住、走不远。完全凭自己主观意志，"自见""自是""自伐""自矜"（"自"便是主观），其结果却是"不明""不彰""无功""不长"的，所以明白人（"有道者"）不做这样的事。

第四十三章说："天下之至柔，驰骋天下之至坚，无有入无间，吾是以知无为之有益。不言之教，无为之益，天下希及之。""至柔驰骋至坚"，是属于自然现象（"天道"），"无为之有益"是治世之道（"人道"）。"至柔驰骋至坚"是不是绝对的自然规律？ 不是。柔能克刚，确实存在，但人们熟知的恐怕更是刚胜柔的现象，若非如此，便无法实现切菜、割草之类。但老子恰恰是举大家容易忽视的反面现象，以提示人们在国家治理活动中"无为"的价值也是被忽视了。因此，总结为"天下希及之"，即大家不知道。若以此种文字归为老子"尚柔"，正是没有弄清楚老子的比类式思维在文意表述中发挥的作用。相比"有为"，"无为"是终极手段。相比"至坚"，"柔"是奇迹力量。"无为"是老子依靠的，"柔"却未必是老子所肯定的不易选择，它只是作为比类出现的，谈不上贵不贵的问题。

---

① 蒋锡昌：《老子校诂》，上海：上海书店出版社，1996 年，第 157 页。

老子在第七十七章明确对举"天道"与"人道"："天之道，其犹张弓与！高者抑之，下者举之；有余者损之，不足者补之。天之道，损有余而补不足。人之道则不然，损不足以奉有余。孰能有余以奉天下？唯有道者。是以圣人为而不恃，功成而不处，其不欲见贤。""天道"以自我否定的方式呈现了一个基本规律，那就是均衡。老子把这种均衡规律的表现以张弓动作来刻画，加以一"犹"字，这是比类中有比喻。人张弓时，高的拉下来，低的拉上去，把两头长的拉短，把前后短的拉长，天道的均衡就像它一样。老子归论"天道"有"损有余而补不足"的均衡性特点，然后讨论所比类的"人道"。不过，他把"人道"分了两种，一种是"损不足以奉有余"的，这便是一般治世者的做法；一种是"有余以奉天"的，这是"有道者"的做法，是"圣人"所为。两种"人道"，一种符合"天道"，一种不符合"天道"。这进一步表明，"天道"对于"人道"不是约束作用，而是模范作用，亦不能完全置一种统一的"道"用以表明自然规律和社会生活。因为，一是客观作用，一是主观选择。

第二，以比类方式传达不易表述的概念。老子把他的思想形诸笔端时遇到一定困难，这里存在很多难以用语言传达的东西，是因为作为"无为"治国依据的"道"，是集整体性、自治性、决定性等于一体的，人们的经验生活中并没有这样的存在。这促使老子只能以比方的方式把道理讲出来，而选择打比方的对象就是需要认真考究的。

《老子》第六章说："谷神不死，是谓玄牝，玄牝之门，是谓天地根。绵绵若存，用之不勤。"老子认识到，"道"是事物所依赖的一种系统性，决定着其存在，也是其变化的根据和动力，有恒久作用的性质。他要阐明这个道理，以标出事物有被客观规律作用的特质，提示遵循这种规律，但此"道"性非常抽象，不仅不属人的经验所有，且很难用语言简明描述。于是，老子把这种规律性归结为一种母性，再进一步强调其非一般母性，乃伟大之母性，"玄牝"这个词就被造了出来。老子赋予它三个性质，一是"谷"，空义，指道虽存在，但不属于具体存在；二是"神"，生发义，指道有生机，是一种根本推动力；三是"不死"，不竭义，指道的作用是持久存在的。"天地根""绵绵若存""用之不勤①"实质是与"神""谷""不死"一一对应的稍细致一点的表达。这样，老子便把事物被系统决定性的特点概括为一种母性生发能力，而进一步比类为他发明的"玄牝"这个词。"玄牝"既属于独创，老子便以上述三个性质做了说明，以使自己要表达的思想与人们的经验认识能够联结起来。

"无为"是老子的治世原则设计的总纲，其基本原理是在上者不去干扰、破坏、

---

① "勤"，帛书本作"堇"，少的意思。"不堇"指不可穷尽。

阻碍百姓的积极性和创造力，以上"无为"引发下"自然"。"无为"被玄学家过度关注了"无"，成为一种本体意义存在，是思想史发展的结果，并非老子本意。但有一点在《老子》是存在的，那就是它强调了社会经济发展是被系统规律推动的，这种推动力不是显性存在，但又是真实的。这个道理要表达出来被人们接受就又是一个难题，它同样非经验生活所有。老子必须找到一个比类对象，它以"无"的体存在，但是有"有"的用。《老子》第十一章的设定就在于解决这个问题，其文曰："三十辐共一毂，当其无，有车之用。埏埴以为器，当其无，有器之用。凿户牖以为室，当其无，有室之用。故有之以为利，无之以为用。"老子拿三种东西打比方，车毂、陶器和房子，这三样东西都是中空的"无"配合具体形的"有"发挥功能，"有""无"结合而能"利""用"。"有"之"利"是人们所熟知的，而"无"的"用"便是老子刻意要突出出来的。以此比类，老子便是想强调，无形的存在照样有用，这在人们往往意识不到，但就像器物的"无"不可替代，社会发展的大推力恰恰来自一种无形的力量。

对于"无为"，人们总是充满疑虑的一个点在于，施政者不去指挥社会运行，那要取得的理想目标不也就没法实现吗？按道理，小事小举动、大事大折腾才是功绩奏效的依靠。《老子》第六十三章就以做事大小为话题讲了一番"人生经验"："为无为，事无事，味无味。大小多少，报怨以德。图难于其易，为大于其细。天下难事必作于易，天下大事必作于细，是以圣人终不为大，故能成其大。夫轻诺必寡信，多易必多难，是以圣人犹难之。故终无难矣。"《老子》各抄本这一章的文字均不太理想，传世本问题突出的是，"报怨以德"一句有羼入可能。今取马叙伦先生观点[1]，删除这一句，剩余文字的中心意思是：为政以无为、做事以无事、品味以无味皆为至高追求。为什么这么说呢？因为，大事之所以为大，是小的事情堆起来，所以要从小处干。难的事情之所为难，是各种轻视累加所致，所以要从简易处用心。由此，高明的治世者眼里不总盯着大的事情，最终成就的就是大事。他们对困难有戒惧、有准备，这使得他们就不会陷入困境。这一番做事的道理，显然是人人认可的处事经验，却未必是老子想告谕治世者的治理国家的"真经"，因为他的目标在于证实"为无为"的有理。简而言之，"无为"有大用的道理不易讲清楚，不易被理解，老子便以人生经验中的"大小多少"的辩证关系去申明，越是大事越要从小处做，延伸开来，治国这种"超大事"便从"无"处做了。

第六十四章载："其安易持，其未兆易谋，其脆易泮，其微易散。为之于未有，治之于未乱。合抱之木，生于毫末；九层之台，起于累土；千里之行，始于足下。

---

① 马叙伦：《老子校诂》，北京：中华书局，1974年，第540页。

为者败之，执者失之。是以圣人无为，故无败；无执，故无失。民之从事，常于几成而败之。慎终如始，则无败事。是以圣人欲不欲，不贵难得之货。学不学，复众人之所过。以辅万物之自然，而不敢为。"这一章与上文第六十三章的表述功能相似，差不多是同一种比类，读来若不注意章文宗旨所归之处，就有被材料带偏的可能，大多数《老子》读者的理解恰是如此。此文之复杂就在于，"千里之行，始于足下"之前和"民之从事，常于几成而败之。慎终如始，则无败事"这几句是两次比类，"圣人"所领的是两次章旨表述。两种文字掺和在一起，会给读者造成一定困扰。若不能把比类文字和老子归论之处区分开来，则会影响对老子思想的整体把握。本章比类文字集中在铺排一个道理上，那就是"慎终如始，则无败事"，意在指出事情的发展是由小到大的，处事也须防微杜渐才能避免失败。老子以此类比，引申的意思在于，人们总是关注处在事件"末尾"的显著表现，而忽略起点和微小的存在，但恰恰从小处入手是大智慧。由此，便知"圣人"选择"无为""欲不欲"的合理性了。客观说，由"小"的价值肯定"无"的意义，中间的逻辑关系并不够顺畅，但老子对此并不在意，他穿插在比类中的"为者败之""无为""以辅万物之自然而不敢为"已经把思想归结的目标反复确立了。

三、比类方式

《老子》所引入的揭示道用原理的材料属于比类性质，不仅是根据文意分析的所得结论，从文字形式上也能看出这一点。《老子》文本中有大量的"归结性"标识以联结比类材料和思想宗旨，最典型的就是"是以"与"故"等字眼。查今通行之王弼本，"是以"二字使用有38次之多，"故"字更是出现达64次。《老子》还有多达45处的"若"字，部分用于描摹道存在的体无用有的特殊性，其余部分则也用于比类。

先援引比类材料，然后导向治国之道，这是《老子》用比类最基本的方式。如第二十七章谓："善行无辙迹，善言无瑕谪，善数不用筹策，善闭无关楗而不可开，善结无绳约而不可解。是以圣人常善救人，故无弃人；常善救物，故无弃物，是谓袭明。故善人者，不善人之师；不善人者，善人之资。不贵其师，不爱其资，虽智大迷，是谓要妙。""善行""善言""善数""善闭""善结"的这五者是作为比类对象出现的，所谓"无"是"不凭借"的意思。他们能超出一般人的高明之处在于，不循"辙迹""瑕谪""筹策""关楗""绳约"等这些俗常依靠的对象而做，也就使得其效用在一般规矩限定之外的地方，因此"不可开""不可解"。文中"是以"之后便是治世之道的"圣人"的做法了。"圣人"不因循特定角度认知事物，因此无

"善人""不善人"之分的意识，使得一般人眼中的"善""不善"的存在都能获得发展的机会，看起来是"智"，其表现却似"迷"一般。"是以圣人"的出现表明前面的五"善"仍然是人处事经验的总结，虽高人一等，却仍是比类对象，并不是老子要训诫的道理。老子想要以之比类的道理在于，有角度、被形诸的事物就会被限制，由此，无为政治不以特定价值对待事物才可以最大限度地释放社会的积极性。这段话"是以"和"故"是双重表类比归结的标志，注意到这一点，便了解老子善以比类论说的特色。再如第六十章道："治大国若烹小鲜。以道莅天下，其鬼不神。非其鬼不神，其神不伤人；非其神不伤人，圣人亦不伤人。夫两不相伤，故德交归焉。"这一章也是先引入比类对象，后讲治国以道性为指导的效用的，不过比类的材料很简单，就是"烹小鲜"三字，是以"若"联结的。至于如何"烹小鲜"，老子一概都省了，因为人尽皆知，毋庸赘言。王弼注给出的"不扰也。躁则多害，静则全真"①，已经既是"烹小鲜"之道，又是治大国之道了。老子以烹调小鱼的"不扰"道理启示治国以道为原则，"鬼""神""圣人"都"不伤人"。为何如此呢？百姓安居乐业，顺遂各需发展，无外求之必要，于是"鬼""神""圣人"便皆无存在必要，更无可妨害民生。

《老子》文本有部分章文的比类方式是先讲道性无为的原理，然后援引比类材料的。如第三十二章："道常无名，朴虽小，天下莫能臣也。侯王若能守之，万物将自宾。天地相合以降甘露，民莫之令而自均。始制有名，名亦既有，夫亦将知止。知止可以不殆。譬道之在天下，犹川谷之于江海。"此一段在最后一句"譬道之在天下，犹川谷之于江海"前，皆在直陈以道治国的意义和原则。从意义而言，在于"自宾""自均"，也就是顺遂道性使事物发展呈现出自我管理和自我均衡。从原则而言，在于限制"名"施用范围，能够"知止"，即警惕调控的手段被过度运用。"犹"是联结"道之在天下"与比类对象"川谷之与江海"的比类标识词。"道"在天下是贯彻一切事物而起决定事物性质之作用的，这一点就如"川谷"注入"江海"而决定了江海的性质。注家多有解为百川归海喻天下归道，以示"道"之博大与吸引力，恰是没有明白老子此川谷归海与道归天下是不可颠倒过来理解的，它本来就是揭示道的决定性质说服人把社会发展交给道性作用的形象比类。再如第七十三章道："勇于敢则杀，勇于不敢则活。此两者，或利或害。天之所恶，孰知其故？是以圣人犹难之。天之道，不争而善胜，不言而善应，不召而自来，繟然而善谋。天网恢恢，疏而不失。"在这一章中，"天之所恶，孰知其故？是以圣人犹难之"是一组联结前述治世人道与后起比类对象的句子。老子首先指出，在治世手段和效果中，呈现了

---

① 王弼著，楼宇烈校释：《王弼集校释》，北京：中华书局，1980 年，第 158 页。

悖反的利害现象，勇敢的覆灭了，不勇敢的生存了下来。接下来，便以"天之所恶"从人道问题转入了天道的评述语境，因为显然下文引入的是"天之道"的自然均衡问题。人道措施与期待结果之间偏离对应的情况出现是由于施政者不能洞悉作用于事物的复杂因素，主观单向度联系造成的。"难之"既以承认识事物复杂性的困难，又是指对"天之道"把握的困难，因为天道有"不争""不言""不召""繟然"的表现，却取得"善胜""善应""自来""善谋"的"反效果"，这一点恰与人道的"勇敢"问题相类，都属于一般人难以理解的。最后老子以"天网恢恢，疏而不失"给出"天道"自然均衡的判断，便是意在引导读者思考前述悖反现象，而得出以顺应事物自身合理性为治理原则的结论。

比类式论述在《老子》文本较为复杂的方式是比类对象与老子宗旨的交叉出现。如第六十一章说："大国者下流。天下之交，天下之牝。牝常以静胜牡，以静为下。故大国以下小国，则取小国；小国以下大国，则取大国。故或下以取，或下而取。大国不过欲兼畜人，小国不过欲入事人，夫两者各得其所欲，大者宜为下。"这一章传世本文字语序存在问题，以至无法顺畅读通。"天下之交，天下之牝"帛书甲本作"天下之牝，天下之交也"（乙本有残缺，但语序同），则"天下之牝"从上句"大国者下流"，而"天下之交也"从下句"牝常以静胜牡"。这样，整个章文的结构是，对"大国者下流"一句，给出的何以如此判断，就是"天下之牝"这个比类式结论，接下来是以"天下之交也，牝常以静胜牡，以静为下"对于比类对象做出阐释，最后再归到"故大国以下小国"之后转向治理国家时处理外交事务之基本准则的论述。"牝"的特色在于"静"，"静"就不盲动，在关系的形成中，更选择为处下的一方，但其结果却常常是战胜了"牡"（盲动耗费资源与错失致胜因素），这是自然现象。老子以之比类，是要告谕治世者，在国与国关系中，大国想当老大，小国想抱大腿，都属于想有所作为的"牡"，反而不如以"不过欲"能够"得其所欲"。一句话，"无为"必适用于外交之道，外交之道是国家治理的一部分。

论老子对为政以德传统的反思与重构

彭思思[*]

内容提要：西周以降的政治传统以"德"为核心，君主有"德"是其合法获得王权的依据。孔子用"为政以德"总结了西周以降的政治传统，目的是使百姓自觉服从君主、拥护王权。不同于孔子正向继承以往为政以德传统的态度，老子则进行了反思，将以往弘扬的"德"归为"下德"，认为"仁""义""礼"是君主维护统治的工具。针对这种现象，老子提出了"玄德"思想，阐述了重构为政以"德"的新路径，统治者需要以"玄德"治国，即自身遵循"道"的规律，养"心"，养"气"，不以"心知"治理天下、不肆意干预百姓的自然生存。从老子的问题意识出发探讨老子的政治思想，把握老子思想与殷周以降政治传统的关系，有利于深化对老子思想的理解。

关键词：为政以德 老子 玄德

近年来，关于老子政治思想的讨论逐渐得到重视，可以概括为以下几种观点：一是认为老子思想的关键在于给君主提供政治谋略，如汉代学者把以《老子》为代表的道家思想概括为"君人南面之术"。[①] 二是认为老子政治思想的核心内容是"无为"，这是君主治理国家的根本原则。三是认为老子哲学"推天道以明人事"，其"自然无为"的政治思想依托于老子哲学中的天道观。

刘笑敢驳斥了将老子哲学的政治思想为"君人南面之术"的说法，认为《老子》中有关治天下的见解通常都是作为哲理、智慧来说的，其中心关切是天下、社会和

---

* 彭思思（2000—　），女，广西柳州人，北京师范大学哲学系硕士研究生，研究方向：先秦道家哲学。

① 《汉书·艺文志》："道家者流，盖出于史官，历记成败存亡祸福古今之道，然后知秉要执本，清虚以自守，卑弱以自持，此君人南面之术也。"

人文，而不是政治、权术。①《说文解字》："术，邑中道也。从行，术声。"（卷二·行部）"术"的本意指道路，可以引申为办法、策略，老子生活在当下的政治情境之中，面对当时剧烈的社会变革，老子自然会关注治理国家的方法问题，与其说老子提供了一种政治谋略，不如说老子通过反思、质疑早期的政治文化，提出了一些新的治理态度和原则。

王博指出，治理国家的关键在于权力的节制，权力需要结合节制与施与、通过对万物负责来证明自己的合法性。老子的"玄德"概念即强调权力的节制，其核心是"无为"，君主需要以"无为"的方式让万物如其所是般呈现。②他的说法得到广泛认同，但我们还需要结合老子所面对的实际社会现象进行深层探讨。郑开指出，道家哲学语境中的"道"是统一的，即使是涉及政治哲学的"人道"问题，也应该从天人之际的角度予以审视和理解，道家对政治问题的讨论借助抽象概念展开，其本质是"道"的展现。③"道"是老子哲学中其他概念的理论依据，是老子政治思想合法性的来源，但老子绝不仅仅将"道"作为其理论的核心，而是要以"道"为形而上依据，试图解决他所面对的现实问题。叶树勋认为，老子并不是要构建一个形而上的理境，而是出于挽救时弊的现实考虑，从现象界不断地向上追溯，尝试运用其体认的真理解决当下的社会问题。④

那么，老子面对的是什么样的社会问题呢？自殷周以降，"德"的观念逐渐成为政治统治的核心。陈来认为，早期的中国文化可以概括为"德感文化"，主要体现在政治领域。⑤郑开认为，"德"体现了西周以来的政治原则与社会准则，是孕育诸子哲学的胚胎。⑥诸子时期，"德"的含义进一步丰富，以至于孔子将以"德"为核心的统治概括为"为政以德"。但在老子看来，为政以德的传统在统治者的自我标榜中已经沦为需要予以批判的"下德"，老子正是在对为政以德传统的批判中提出了自己的"德"思想。

许多学者仍然以"道"释"德"，较少关注老子"德"思想的政治性，如陈鼓应先生认为"德"是"道"在化生过程中内化于万物的属性。⑦"德"固然以"道"为依据，具有形而上意义，但其同样应用于政治语境。叶树勋指出，可以从老子的

---

① 刘笑敢：《老子古今——五种对勘与析评引论》，北京：中国社会科学出版社，2006年，第197页。
② 王博：《权力的自我节制：对老子哲学的一种解读》，《哲学研究》2010年第6期。
③ 郑开：《道家政治哲学发微》，《中国哲学史》2020年第1期。
④ 叶树勋：《老子对"德"观念的改造与重建》，《哲学研究》2014年第9期。
⑤ 陈来：《古代宗教与伦理》，北京：生活·读书·新知三联书店，1996年，第291、8页。
⑥ 郑开：《德礼之间——前诸子时期的思想史》，北京：生活·读书·新知三联书店，2009年，第12页。
⑦ 陈鼓应：《老子今注今译》，北京：商务印书馆，2003年，第160页。

"德"思想出发探讨老子的政治原则，从而转换对老子哲学的理解方式。① 郑开通过比较西周以来的"明德"传统与老子提出的"玄德"思想，指出"玄德"思想体现了老子对西周以来的思想文化传统的批判，其政治意义尤为重要。② 然而，圣人如何达到"玄德"，并由此治理国家？还需要进一步讨论。

总之，学界关于老子政治思想的研究取得了一定的成果，但对老子的"玄德"思想还缺乏探讨。本文将首先对为政以德传统进行历史溯源，探讨西周以降的为政以德传统及孔子对为政以德传统的总结，明晰老子所面对的为政以德传统的具体内涵，而后梳理《老子》中对为政以德传统的批评，探讨统治者应该如何修"玄德"并以"玄德"治国，从而达到对"道"的复归。

一、为政以德传统的历史溯源

每一时期的思想必然受前期社会文化的影响，诸子时期思想创造力的源泉来自殷周之际到春秋末年以前的时代，也就是前诸子时期。西周以降，逐步形成了为政以德的传统，这一传统贯穿前诸子时期与诸子时期，是诸子共同面对的政治传统、思想资源。孔子延续了周代为政以德的传统并加以总结、深化，明确将"为政以德"视为其政治思想的核心命题，把"德"作为治国理政的关键。

（一）西周以降的为政以德传统

殷墟甲骨文中已出现"德"字，此时的"德"并不具有政治意味。西周的统治者十分看重"德"，并将其直接运用于政治语境。西周时期强调"以德配天"，王权的合法性来源于天，君主有"德"是其合法获得王权的依据。"皇天无亲，惟德是辅"（《左传》），上天不偏爱任何一个人，只依据是否有"德"来选择君主，倘若君主不符合"德"的要求，上天就会另择君主。因此，"惟王其疾敬德。王其德之用，祈天永命"（《尚书·召诰》），君主应该恭敬地施行德政，祈求上天赐予永久的命数，以维护自己的统治地位。

那么，如何执政才能称得上有"德"？统治者需要以"德"修身，"慎厥身，修思永"（《尚书·皋陶谟》），谨慎地行事，加强自己的道德修养，并将自己的德行应用于政事之中，以"德"来治理天下。具体落实到人才选拔制度上，就是要"知人安民"，推举众多贤人做辅弼之臣，才能安定民心，"欲至于万年，惟王子子孙孙永保民"（《尚书·梓材》）。对于西周的统治者来说，"德"既是王权合法性的来源，又是

① 叶树勋：《老子对"德"观念的改造与重建》，《哲学研究》2014 年第 9 期。
② 郑开：《玄德论——关于老子政治哲学和伦理学的解读与阐释》，《商丘师范学院学报》2013 年第 1 期。

安抚民心的工具，践行德政能使国家长治久安。

因此，"德"是为政的关键。马一浮曾指出："六经总为德教，而《尚书》道政事皆原本于德……离德教则政事无所施，故曰'为政以德'。"①"德"渗透于西周时期的政治、宗教、社会、文化各个方面，如果我们要深入探讨为政以德的传统、探讨老子对为政以德传统的反思与重构，就不得不探讨前诸子时期"德"的基本内涵。

"德"字的初文是殷墟卜辞中的甲骨文"值"，作𢔗、𢔖等形，从目、从丨、从彳，②彳指道路，直为笔直，即行走时目视前方，可引申为行为端正，商朝时"德"不具备明确的政治意涵。西周金文中明确出现"德"字，从彳、从直、从心，比初文多了一个"心"符，代表人有意识地行动。《广韵·德韵》说"德，德行，悳，古文"，"德"在战国时期的古文是"悳"字，"悳"从直、从心，强调"直心"。许慎《说文解字》曰："悳，外得于人，内得于己也。从直心。"（卷十·心部）段玉裁《说文解字注》："内得于己谓身心所自得也。外得于人谓惠泽使人得之也。俗字假德为之。"③二者皆以"得"释"德"，认为"德"有两重意涵：一是"内得于己"，将"德"内化于人心之中；二是"外得于人"，即用"内得于己"的标准来约束个人行为。此时的"德"强调将"心"与行为结合，发挥人的主观能动性。

"德"发展至西周时代，已具有明显的政治意涵，西周金文常见贵族颂扬其祖考之德，"德"常常被用来表示贵族在政治上的品行。《尚书》说"克明德慎罚"（《尚书·康诰》），"明德惟馨"（《尚书·君陈》），此时的人们已经主动效法先人崇高的美德，并将其运用于政治之中，将"德"推广至社会共同追求的标准，同时以"德"治理百姓。

总之，西周以降的政治传统以"德"为核心，"德"是一切政治活动的根本原则。"为政以德"既是对统治者修身的要求，又是内化于政治行为中的政治原则。

（二）孔子对为政以德传统的总结

周代为政以德的传统深刻地影响到了诸子思想，孔子对此加以总结深化，把"德"作为治国理政的关键，明确提出了"为政以德"的命题，其言曰："为政以德，譬如北辰，居其所而众星共之。"（《论语·为政》）何为"为政以德"？孔子提出了君主加强自身道德修养、用道德教化百姓、用礼乐规范秩序等主张。

首先，"为政以德"强调为政者自身的德性修养。孔子说："政者，正也。子帅以正，孰敢不正？"（《论语·颜渊》）君主就像一个国家的标尺，如果统治者以身作

---

① 马一浮：《复性书院讲录》，杭州：浙江古籍出版社，2013年，第138页。
② 马如森：《殷墟甲骨文实用字典》，上海：上海大学出版社，2008年，第48页。
③ 张舜徽：《说文解字约注》，武汉：华中师范大学出版社，2009年，第2552页。

则，没有人敢作恶。如何做到以身作则？孔子说："恭则不侮，宽则得众，信则人任焉，敏则有功，惠则足以使人。"（《论语·阳货》）统治者需要做到庄重、宽厚、诚实、勤敏、慈惠，这样就能够得到人民的拥护。"恭宽信敏惠"是"为仁"的体现，此外，与"仁"并列还有"礼"和"义"。孔子指出："上好礼，则民莫敢不敬；上好义，则民莫敢不服；上好信，则民莫敢不用情。"（《论语·子路》）君主自身讲"礼"讲"义"，百姓也会服从君主的统治。"为政以德"首先要求统治者做到"内圣"，然后才能"外王"，获得人民的拥戴。

其次，为政者需要用道德教化百姓、用礼乐规范秩序。西周时期制定了一系列等级严格的礼乐制度，规定了不同等级的人们的行为规范。礼乐制度在春秋时期日趋崩坏，面对礼崩乐坏的社会现状，孔子主张恢复礼乐的教化功能，建立良好的社会秩序。[①]"道之以政，齐之以刑，民免而无耻；道之以德，齐之以礼，有耻且格。"（《论语·为政》）倘若以行政的命令去引导群众，用刑罚来整顿他们，百姓只是短暂地收敛行为，而不会有羞耻之心；如果用仁义道德引导百姓，以社会伦理制度来规范他们的行为，百姓不但有羞耻之心，还会自觉遵守规范，只有人人都有一定的道德自觉，社会才能有条不紊地运转。

最后，孔子还倡导贤人政治，把是否拥有道德作为选拔人才的标准。子曰："骥不称其力，称其德也。"（《论语·宪问》）马不是因为有气力才被称赞的，而是因为它经过训练之后有良好的品质才被称赞的。应用到选拔人才的标准上也是同样的道理，对人才的评价要以其是否有"德"为核心，只有重用有"德"之人，民心才能归服。仲弓问政，子曰："先有司，赦小过，举贤才。"（《论语·子路》）统治者不仅需要以身作则地给百姓带头，还需要提拔有"德"的人才，所有的政治参与者都必须"以德配位"。

总之，孔子用"为政以德"总结并深化了自西周以降的政治传统。所谓"为政以德"，就是用"德"的原则去指导治国理政，将"德"作为治国的核心。从具体实践上说，为政以德的传统对君主提出了修身、任贤的要求，孔子更是强调君主需要用"德"去教化百姓。然而统治者的根本目的在于使百姓服从君主，拥护王权，百姓虽然被纳入君主的治理结构，但百姓的拥戴是君主维护统治的手段，为政以德的根本在于权力的运用。

二、老子对为政以德传统的反思

为政以德的政治传统以"德"为核心，要求君主提升道德修养、用"德"教化

---

① 孔祥安：《孔子的"为政以德"及其思想基础》，《学术探索》2015 年第 11 期。

民众、并以"德"作为选拔人才的标准。孔子将"德"的要求集中于"仁""义""礼"等"德目",其根本目的都在于维系君王的统治地位。面对这样的政治传统,老子批判了组成"德"观念的"德目"及以"德"为选拔标准的"尚贤"制度,本质在于批判以往的为政以德传统中君主积极运用权力维护统治的目的,强调君主的权力需要被限制。

事实上,西周为政以德的政治传统并未确定一以贯之的"德"的内涵。《尚书》中有正直、刚克、柔克的"三德"(《尚书·洪范》),也有"宽而栗,柔而立,愿而恭,乱而敬,扰而毅,直而温,简而廉,刚而塞,强而义"(《尚书·舜典》)的"九德",无论"三德"还是"九德"都合乎"德"的含义。孔子说"上好礼""上好义""上好信"(《论语·子路》),逐渐把"仁""义""礼"从"德"中凸显出来。然而,老子却对以"仁""义""礼"为核心的"德"予以了反思。在帛书乙本《老子》第一章(今本第三十八章)中,老子明确区分了"上德"与"下德",并将"上仁""上义""上礼"都纳入"下德",其言云:

> 上德不德,是以有德;下德不失德,是以无德。上德无为而无以为也,上仁为之而无以为也,上义为之而有以为也,上礼为之而莫之应也,则攘臂而扔之。故失道而后德,失德而后仁,失仁而后义,失义而后礼。夫礼者,忠信之薄也,而乱之首也。前识者,道之华也,而愚之首也。[1]

该章是《老子》"德经"的首章,关乎着老子哲学的基本精神。该章首句就点出了"上德"与"下德"的区别,王弼注曰:"上德之人,唯道是用,不德其德,无执无用。"[2] 上德是已得"道"的"德",它不执着于"德"之名,无心追求"德",是纯粹的、自然本有的"德";而"下德"时刻警惕着不失去"德",把"德"看作外在的事物去追寻,不是真正的"德"。以往为政以德传统中的君主都明确把"德"当作一个目标去追寻,以"仁""义""礼"为例,三者都不是君主和百姓内在本有的属性,而是社会上提倡的外在追寻之物,皆属破坏自然秩序的"为之"。当人们强调"仁""义""礼"时,就已经开始了"为之"的过程。"上仁"无所偏私、没有其他

---

[1] 为行文方便,本文所引《老子》一般据王弼本(王弼注、楼宇烈校释:《老子道德经注校释》,中华书局,2008 年)直接标出章数。若引据简帛本、其他传世本,将在文中另外指出。本文帛书《老子》均引自高明《帛书老子校注》(北京:中华书局,1996 年);汉简本《老子》均引自北京大学出土文献研究所《北京大学藏西汉竹书(二)》(上海:上海古籍出版社,2012 年),假字均以通行字直接写出。

[2] 王弼注、楼宇烈校释:《老子道德经注校释》,北京:中华书局,2008 年,第 93 页。

动机，普遍地爱所有人；①"上义"已经产生了其他动机，需要我们先判断是非对错来决定站在哪一边；"上礼"是一种具体的行为规范，甚至需要强迫人们执行。从"上仁"到"上礼"有价值高低的排序，意味着君主对百姓的干涉逐步增强。君王以弘扬外在的"德"为手段干涉百姓的主体性，只能得到"攘臂而扔之"的结果，导致君民之间的冲突。

此外，以往的德治传统试图在全社会层面推广"德"，不仅要求统治者修身正己，还需要让"德"成为人们心中根深蒂固的观念，这就涉及了人才选拔制度。所有的政治参与者都必须"以德配位"，符合"仁""义"等"德目"要求的人是"贤者"，百姓要不断地追求"德目"，才能为社会所赞誉。老子明确反对"尚贤"的人才选拔制度，其言云：

> 不尚贤，使民不争。(《老子》第三章)

王弼注曰："贤，犹能也。"②"贤"为才能，"尚贤"即统治者唯能是任。何为"能"？《庄子·天地》：说"至德之世，不尚贤，不使能。上如标枝，民如野鹿，端正而不知以为义，相爱而不知以为仁，实而不知以为忠，当而不知以为信。"③真正拥有"至德"的社会，既不需要以"贤"为选拔人才的标准，也不需要任用能人。统治者像山顶那棵树上最高的树梢，虽然高高在上，但无心炫耀他的尊荣；百姓虽然位于下位，但就像在草原上游玩的野鹿一样自由自在。人们行为端正但并不自觉有"义"；人与人之间相亲相爱，但不自觉有"仁"；每个人都待人诚恳，但并没有"忠"的观念；人们的行为正当，但并不自觉为"信"。《庄子》并未用"使能"来解释"尚贤"，而是进一步以"义""仁""忠""信"等"德目"来解释"贤""能"的标准。老子此处的"不尚贤"，应是不尚"仁""义"，百姓不会争相以"德目"为目标。

在老子所面对的为政以德传统中，君主积极干预百姓生活，既设置"仁""义""礼"等要求全民追寻的"德目"，又将"德"的观念贯彻到选拔人才的政治活动中，本质上是王权的高扬。然而，权力结构就像天平，君主和百姓作为权力结构的两端，二者之间是此消彼长的关系，君主高扬王权，百姓就得在一定程度上放弃自身的主体性，最后只能导致百姓与君主的对立冲突。老子敏锐地发现了这一点，指出了德治的不良后果。老子认为，在"德目""尚贤"等观念驱使下，人必

---

① 王弼注曰："无以为者，无所偏为也。内心无所求故能无偏私偏为。"见王弼注、楼宇烈校释：《老子道德经注校释》，第94页。

② 王弼注、楼宇烈校释：《老子道德经注校释》，第8页。

③ 陈鼓应：《庄子今注今译》，北京：商务印书馆，2007年，第381页。

然争相成为符合政治标准的贤人，以获得相应的政治权位，以至于忘却了自身本来就具有的真性，国家不仅不能得到良好的治理，反而会因此陷入混乱。

三、老子对为政以德传统的重构

以往的为政以德传统把君主与百姓都纳入了权力结构之中，尽管该传统以"安民"为目的，但百姓只是维护王权的工具。老子对为政以德的核心进行了反思，指出了它的不良后果。在老子构想的权力结构中，君主与百姓应是平衡的两端，百姓不是维护王权的工具，百姓的自然生存才是君主存在的目的。为此，老子对统治者提出了新的"修身""治国"要求，提出了以"玄德"为核心的"德"思想，阐述了为政以"德"的新路径。

（一）对统治者修"德"的探讨

西周以降的为政以德传统以统治者为主体，"为政"的主语是君主，百姓是统治者行为的对象。为政以德的传统重视"明德"①，有明照之意，正向强调君主的权力应该明照于国家当中。如果用提倡"明德"来概括西周以降的为政以德传统，那么与此相对的"玄德"正是老子针对其所提出的重要思想。"玄德"从"修身""治国"两方面对统治者提出了新的要求，其言曰：

> 载营魄抱一，能无离乎？专气致柔，能婴儿乎？涤除玄览，能无疵乎？……生之畜之，生而不有，为而不恃，长而不宰，是谓玄德。（《老子》第十章）

"营魄"即魂魄、精神，"抱一"即与"道"合一。圣人的魂魄首先需要坚守"道"而不偏离，而后集"气"至最柔和的境地，回到婴儿般柔顺的状态。养"气"的根本不在"气"本身，而在于养"心"，圣人需要扫除"心中"的尘埃，排除那些从外界获得的知识，使自己的"心"处于自然的发用状态，此时的统治者不会干预百姓的活动，也不会自恃有功，不主宰百姓，这就达到了"玄德"的境界。"玄德"首先要求统治者注重"心"的修养，不用自己的"成心"去主宰百姓。西周金文中的"德""惪"字强调"直心"，与行为相结合，发挥人的主观能动性，而老子则反对西周以来统治者肆意运用其主观能动性干预百姓生活的传统，认为统治者自身首先应该养"心"。《老子》有"心使气曰强"一句，"心"是一切行为开始的起点，是

---

① 《诗经·大雅》曰："予怀明德，不大声以色。"《尚书·康诰》曰："克明德慎罚。"《尚书·君陈》曰："黍稷非馨，明德惟馨。"以上均彰显美德。《易经·象传》说"君子以自昭明德"，强调将道德显发出来。

修身的根本。以"玄德"养"心"的圣人与"道"紧密结合，其感官也能发挥其本然的作用，而不受外界的杂染，就如同刚刚出生的婴儿一样"无心""无知"、至虚至柔。

"玄德"何以成为统治者修身的依据？在老子看来，"玄德"有其合法依据，修"玄德"的理由并不是西周以来为政以德传统强调的"天"，而是作为世界根本规则的"道"。"道"既是万物生长的依据，也是君主进行政治行为的依据。老子说"失道而后德""大道废，有仁义"，认为自西周以降的为政以德传统中所弘扬的"下德"是对"道"的背离，而圣人应该以"玄德"作为修身的核心，"玄德"是"道"的体现。帛书乙本《老子》第十四章（今本《老子》第五十一章）指出：

> 道生之，德畜之，物形之而器成之。是以万物尊道而贵德。道之尊也，德之贵也，夫莫之爵也，而恒自然也。道生之、畜之，长之、育之，亭之、毒之，养之、覆之。生而弗有，为而弗恃，长而弗宰，是谓玄德。

"道"生发万物的过程是自然的，它生发万物却又不占有万物、不自恃有功、不会对万物进行干预，这就是"玄德"。《说文解字》曰："玄，幽远也，黑而有赤色者为玄。象幽而入覆之也。"（《卷四·玄部》）"玄"的本意是赤黑色，引申为幽暗深远之意。"德"是"道"的体现，"道"的发用就体现为"玄德"，即幽暗深远、深奥难测的"德"。《老子》第六十五章中提到"玄德深矣，远矣，与物反矣，而后乃至大顺"，明确指出"玄德"的"深""远"特征，"乃至大顺"即复归于"道"，"玄德"即是"道"的发用，最终又回归于"道"。圣人坚守"道"而不偏离，生养百姓而又不自恃为百姓的主宰者，不会干预百姓的自然真性，当圣人与"道"紧密结合时，他对百姓的"不有""不恃""不宰"的统治行为也就被称作"玄德"。

总之，统治者首先应该遵循"道"的规律，养"心"、养"气"，回到婴儿般的状态，使自己的"心"明照万物而不受干涉，自身修"玄德"，才能做到以"玄德"治国，让社会自然运转。正如《老子》第四十九章云："圣人无恒心，以百姓之心为心。"① 理想的统治者"无心""无知"，"不言之教，无为之益，天下希及之"（《老子》第四十三章），唯有如此，百姓才能"无知""无欲"，有"道"者才能"辅万物之自然"②。

---

① "无常心"，汉简本、帛书乙本作"恒无心"。"无常心"指"没有常心"，以"有心"为前提，而"恒无心"则彻底否定了"成心"（《庄子·齐物论》），因而更具有批判意义。

② "为者败之，执者失之……是以圣人欲不欲，不贵难得之货；学不学，复众人之所过。以辅万物之自然，而不敢为。"（《老子》第六十四章）

（二）对统治者以"德"治国的探讨

西周以降的为政以德传统不仅要求统治者以"德"修身，还要求统治者在社会生活中推广"德"，将"德"作为选拔人才的基础。然而，在老子看来，统治者应该遵循"道"的规则，以"玄德"修身，消解自己滥用权力的欲望，老子进一步指出了如何在具体的政治行为中达到"玄德"。《老子》第十章说："爱民治国，能无知乎？"不同于以往政治传统中出于对民众力量的敬畏而重视百姓的行为，老子认为统治者应该始终把百姓放在最重要的地位，把百姓的幸福当作治国理政的最终目的，而不是以维持王权为最终目的、将百姓的拥护作为维护王权的手段。统治者需要消解自己的"心"的认识能力，不以"心知"主宰百姓。《老子》第六十五章中说：

> 古之善为道者，非以明民，将以愚之。民之难治，以其智多。故以智治国，国之贼；不以智治国，国之福。知此两者，亦稽式。常知稽式，是谓玄德。玄德深矣，远矣，与物反矣，然后乃至大顺。

擅长践行"道"的统治者，不是以巧诈的智慧引导民众，而是让民众回归淳朴、巧诈不生的自然状态。百姓之所以很难治理，是因为统治者以智治国。"玄德"要求统治者不"以智治国"，也就是时刻警醒已知的东西、不要自以为是地用自己的心知来治理国家。老子说"其政闷闷，其民淳淳；其政察察，其民缺缺"（《老子》第五十八章），统治者的政治混沌，没有各种分层次的、精细的制度教化，没有善恶、赏罚之辨，百姓也会纯朴憨厚；倘若政治严苛精细，百姓反而狡猾巧诈，若不堪忍受，则百姓也可能离叛。不"以智治国"正是"玄德"的减损性和否定性的体现。

需要注意的是，追求"玄德"并不是完全不运用"心知"，老子批评的是向外追求知识的"心知"、擅自运用知识干预社会的自然进程的巧诈智慧。老子说"常知稽式，是谓玄德"，老子支持的"知"是在"涤除玄览"之后的、用"心"的本然功能认识世界的"知"，此时的"知"同样是"心"的发用，但却并不受外界所干扰，也不会产生主宰百姓的意识，这才是"玄德"所追求的真正的"知"。《老子》第十章说：

> 天门开阖，能无雌乎？明白四达，能无为乎？生之畜之，生而不有，为而不恃，长而不宰，是谓玄德。

"玄德"要求统治者在通过感官而获取外界知识的时候需要紊然不乱、坚持守静，以"无为"的态度治理天下，具体来说，即生养百姓却又不占有百姓、不自恃有功、不会对百姓进行干预，统治者不应该把天下看作"我"的天下，而应限制权力的运用，不随意干预百姓的自然生活。

《老子》中涉及"玄德"的章节是第十章、第五十一章和第六十五章，"生而不有，为而不恃，长而不宰，是谓玄德"一句分别在《老子》第十章和第五十一章都有出现，这并不是简单的重复。第五十一章强调"玄德"与"道"的关系，而第十章更注重统治者在具体的政治实践中达到"玄德"，可能是对第十章内容的发展。在老子的思想中，"道"与圣人的行为是紧密相联的，圣人以"道"为行动的依据。《老子》第三十七章中说"道常无为而无不为。侯王若能守之，万物将自化"，既然"道"不会主宰万物，统治者也应坚守"无为"的观念，节制权力的运用，如此，便能达到"无不为"的效果。

总的来说，老子面对的是为政以德的传统，他批判了贯彻于为政以德传统中的"德目"以及"尚贤"的人才选拔制度，指出统治者不应积极地运用权力干涉社会秩序，而应采取"无为"的态度治理百姓，以"玄德"修身并将其运用到治国理政中。从老子的问题意识出发探讨老子的政治思想，有利于把握老子思想与殷周以来政治传统的关系，探讨老子政治思想的背景及其提出的原因。将老子对为政以"德"传统的重构集中于"玄德"概念，能够以小见大地探讨老子的政治思想逻辑，深化对老子思想的理解。